金融衍生品系列丛书

DERIVATIVES

中国期货业协会◎编

金融期权

（第二版）

中国财经出版传媒集团
中国财政经济出版社

图书在版编目（CIP）数据

金融期权 / 中国期货业协会编. --2 版. --北京：
中国财政经济出版社，2020. 3（2022.9重印）
（金融衍生品系列丛书）
ISBN 978-7-5095-9598-5

Ⅰ. ①金… Ⅱ. ①中… Ⅲ. ①期权交易-基本知识
Ⅳ. ①F830. 91

中国版本图书馆 CIP 数据核字（2020）第 029202 号

责任编辑：翁晓红　　　　　　　　责任校对：李　丽
封面设计：陈宇琰

中国财政经济出版社 出版
URL：http：//www. cfeph. cn
E-mail：cfeph @ cfeph. cn

社址：北京市海淀区阜成路甲 28 号　邮政编码：100142
营销中心电话：010-88191537
北京时捷印刷有限公司印刷　各地新华书店经销
787×1092 毫米　16 开　16. 75 印张　322 000 字
2020 年 1 月第 2 版　2022 年 9 月北京第 2 次印刷
定价：49. 00 元
ISBN 978-7-5095-9598-5
（图书出现印装问题，本社负责调换）
本社质量投诉电话：010-88190744
打击盗版举报热线：010-88191661　QQ：2242791300

序

20世纪70年代初期，随着布雷顿森林体系解体，汇率、利率等基础金融要素价格的波动加剧，企业与金融机构面临的风险骤然增加，金融市场脆弱性暴露更加明显。为了更充分、更平稳、更持续地发挥金融市场的功能，降低金融脆弱性累积带来的负面影响，外汇期货、国债期货以及股指期货等一系列金融风险管理工具应运而生。

40多年的发展实践表明，外汇期货、利率期货、股指期货等金融期货产品已经成为管理金融风险最基础、最高效的市场化工具，不仅对化解金融风险、避免市场脆弱性的积累具有重要意义，在全球金融定价体系的重构中也发挥了巨大作用，有效增强了金融服务实体经济的能力和效率。目前，金融衍生品的风险管理功能已得到全球主要经济体的广泛认可，已成为全球多层次资本市场体系中不可缺少的重要组成部分。据统计，2018年，在全球场内衍生品总成交量中，金融期货与期权成交量占比达到80%。其中，股票指数类、个股类、利率类、外汇类衍生品分别占33.67%、19.89%、13.12%、11.24%。

近年来，随着我国资本市场规模不断扩大，基础制度建设稳步推进，各项法律法规日益完善，我国的衍生品市场结合中国实际，借鉴国际成熟市场经验，也在逐步起步发展，并努力做好“一个扩面、两个加深”工作。“一个扩面”，就是扩大期货和衍生品对基础资产的覆盖面，加大产品供给，让资产定价和风险缓释的市场功能惠及更多行业、更广领域。2010年4月，我国坚定推出沪深300股指期货，标志着我国资本市场改革发展又迈出了全新的一大步，对完善资本市场体系具有重要而深远的意义。此后，上证50股指期货、中证500股指期货、5年期国债期货、10年期国债期货、2年期国债期货陆续上市，产品体系不断完善。“两个加深”，一是深化发展产品类型，每一类基础资产，既要有期货，又要有期权，满足不同的投资交易和风险管理需求。2019年12月23日，我国第一只股指期权品种——沪深300股指期权在中国金融期货交易所上市，这是资本市场供给侧结构性改革的崭新成果，是金融衍生品市场创新发展的全新尝试。二是深化投资者参与。既要培育和发展国内的产业和机构投资者，也要吸引境外投资者广泛参与我国期货市场。2020 年 2 月 14 日，中国证监会与财政部、中国人民银行、中国银保监会联合发布公告，符合条件的试点商业银行和具备投资管理能力的保险机构，可按照依法合规、风险可控、商业可持续的原则，参与中国金融期货交易所国债期货交易。这不仅可以优化投资者结构，完善市场生态，还有利于通过交易者充分博弈完善价格形成机制，提升市场运行质量，促进市场稳定运行。

现阶段，我国衍生品市场运行秩序平稳、风控有效，服务现货市场的各项功能逐步发挥，积极作用日益显现。2019 年，我国金融期货市场总成交量 0.664 亿手，累计成交金额 69.62 万亿元，同比分别增长 144.12% 和 166.54%，成交量和成交额占我国期货市场比重分别为 1.69% 和 24.06%。

人才是行业发展的核心要素。与金融期货的发展前景和市场需求相比，我国急需培养金融衍生品方面的专业人才，也需要普及金融衍生品方面的专业知识。目前，不仅普通投资者对外汇期货、金融期权、场外衍生品、结构化产品这些专业知识比较陌生，期货业内的从业人员也缺少系统和全面的知识储备。同时，金融衍生品是一把“双刃剑”，它能促进国民经济发展，但是如果运用不当，也会反受其害。纵观世界各国，金融衍生品市场的建设与发展都不是一帆风顺的。我国金融衍生品市场应始终将风险防范放在第一位，从全面深化资本市场改革大局出发，扎实做好市场监管和风险防范工作。要大力开展投资者教育和宣传普及工作，帮助实体企业、金融机构以及各类投资者加深对金融期货及衍生品规则和风险的认识，引导他们理性、有序参与和正确利用金融衍生品市场，逐步培育成熟的市场参与者队伍。

基于此，中国期货业协会推出《金融衍生品系列丛书》，一方面为期货从业人员提供了一套成体系的衍生品知识工具书，为我国金融衍生品市场尽一份微薄之力；另一方面帮助广大普通投资者了解金融衍生品的应用，使他们理性参与市场。希望这套丛书在金融衍生品的功能宣传和投资者教育方面发挥积极作用。

中国期货业协会

2020 年 3 月

前 言

从全球发展历程来看，金融期货市场是市场经济发展到一定阶段的产物，是现代金融体系不可或缺的重要组成部分。从世界范围看，金融期货在整个期货市场占据重要位置。一般来讲，期货市场中90%都是金融期货，剩下的10%是商品期货。随着我国利率、汇率市场化改革的不断推进，股指期货、国债期货以及股指期货期权陆续推出，以金融期货为代表的金融衍生品市场在整个国民经济发展中的重要性日益凸显，为各类市场参与者提供了基础的风险管理工具，提升了现货市场运行效率和资源配置效率。

2013年，中国期货业协会组织编写了《金融衍生品系列丛书》，旨在普及金融衍生品方面的专业知识，为期货业内及相关领域从业人员提供专业的参考书，帮助中小投资者了解金融衍生品市场，树立风险意识，理性参与期货交易，同时为金融衍生品方面专业人才的培养做出了努力。作为期货市场上第一套全面介绍金融衍生品理论与实操的权威性书籍，《金融衍生品系列丛书》一经面世，便受到了业内的广泛好评。随着国内外金融衍生品市场的不断发展，金融期货期权品种不断丰富，金融法律法规环境发生变化，《金融衍生品系列丛书》的部分理论、实操案例、数据已比较陈旧，故中国期货业协会再次组织了丛书的修订工作，形成了新版丛书。概括起来，本套丛书的特点如下：

一是新版丛书体系更加完整。全套丛书以金融衍生品的产品大类为主线，分为七册，即《股指期货（第二版）》《国债期货（第二版）》《外汇期货（第二版）》《场外衍生品（第二版）》《金融期权（第二版）》《结构化产品（第二版）》和《金融衍生品习题集（第二版）》，基本上包括了当今国际金融衍生品市场的主要品种。为了帮助读者加深理解，学懂弄通，方便自己测试及检验，特更新了配套习题集。

二是通俗易懂，可读性强。新版丛书依然力图通俗易懂，在语言表达上力求清晰、准确、深入浅出，还辅以“小贴士”“延伸阅读”等内容以增加信息量、可读性和阅读趣味性，更利于读者扩展金融衍生品相关内容的知识面。

三是案例丰富，操作性强。新版丛书的编写更强调案例与习题的重要性，要求对基本原理与公式都通过案例加以说明，一些应用公式的推导、使用方法，也要通过对习题讲解和运算来使读者深刻领悟。在实务操作层面，丛书重点讲清楚了各类投资者及相关企业如何利用这些衍生工具，将金融衍生品知识与金融机构或实体企业的投资与经营相结合。与风险管理相结合是新版丛书的一个突出特点。

本次修订工作得益于中国期货业协会“期货投资者教育专项基金”的设立。自2009年这一公益性基金运作以来，中国期货业协会在出版、拍摄制作投资者教育产品和组织投资者教育活动方面得到了该基金的大力支持，一大批投资者教育产品投放市场，获得了业内和广大投资者的高度评价。新版《金融衍生品系列丛书》的修订工作和出版发行同样是在该基金的资助下完成的。在此，我们特别感谢中国证监会有关部门对中国期货业协会投资者教育工作及本套丛书的指导和支持。

最后，衷心希望新版《金融衍生品系列丛书》能够为金融衍生品市场的参与者了解金融衍生品市场、树立风险意识、理性参与交易提供有益帮助，也祝愿中国金融衍生品市场充分发挥功能作用，更好地服务于实体经济。

《金融衍生品系列丛书》编委会

2020年3月

目　录

第一章　期权基础

本章要点

> 本章主要介绍了期权基础知识。包括期权的概念、期权的基本要素、期权的产生与发展，以及根据期权的不同特点对不同的期权类型的划分。期权与期货、股票等金融产品截然不同，它代表的是未来的一种权利。期权极大地丰富了金融产品，是金融衍生品中极为重要的一只产品。期权的交易由来已久，虽然发展道路颇多曲折，但是从 1973 年全世界第一家期权交易所——芝加哥期权交易所（CBOE）成立以来，期权交易日益规范，期权品种创新层出不穷。金融行业的从业人员或是对金融投资感兴趣的投资者应该对期权有一定的了解。

一、什么是期权？

2018 年 8 月，上证 50ETF 从年初的 3 元以上跌至 2.5 元左右，我看着自己和上证 50 指数高度相关的股票组合的账户资金较几个月前严重缩水，心情郁闷而懊悔：要是几个月前我把手里的股票全卖掉该多好啊！可惜的是世界上没有后悔药，但是如果当时购买了上证 50ETF 看跌期权该多好啊，就能给我“回到从前”的权利。假设在 2018 年 2 月，我购买了 2018 年 9 月到期、行权价格为 3 元的上证 50ETF 看跌期权。再过几天期权到期时，如果上证 50ETF 基金的价格还是 2.5 元左右甚至更低，我不仅不会担心我的股票价值跟着缩水，还会庆幸因为自己购买了看跌期权，能够使自己的股票价值保持在与上证50ETF基金3元左右相当的水平上，我此时心情一定会非常愉悦。这个期权产品为什么能够有如此“神奇”的魔力？

期权的英文单词“option”在字典里的解释是：选择权，获准进行选择。对于“option”这一金融工具的称呼不同地区各有不同。中国大陆将其译为“期权”，台湾地区将其译为“选择权”。我们从汉字的字面含义来理解，“期”代表了未来，“权”代表权利，合起来就是“未来的权利”。这一译法很好地突出了期权的特点，简单来说，交易期权就是交易未来的一种权利。在开篇那个故事里，我买入的是一份卖权，即在某一约定的时间以约定价格出售某一资产的权利。如果我买入的是一份买权，则是在某一约定的时间以约定价格买入某一资产的权利。当然，如果2008年10月28日，股市不是1664点，而是16640点，我们可以不用理会买入的这个卖权，待其过期即可。

从另外一个角度，还可以将期权理解为一种保险。买入一份期权，类似于买入一份保险。这一次举一个买权的例子。还是在2018年10月，放空一份以上证指数为标的的指数期货，但是当时股市已经跌得太多，我也很怀疑这笔空单是否能够盈利，因此我买入一份以股指期货为标的物的买权。当市场证明我的判断正确，价格继续下跌，尽可以不管买入的这份买权，让利润尽情放大；而一旦“不幸”发生——股市反转，甚至上升到买入买权的执行价格以上，则期权的“保险”功能发挥作用，我们可以至少以期权的执行价格买入股票。执行价格与当时股价之间的差额是“期权保险”进行的赔付。可见，期权提供的是这样一份保险：保证在市场运行方向与持有头寸相反的时候，至少可以以期权的执行价格将手中的头寸处理掉。为此，我们为买入期权付出的期权费就是保费。

二、期权是怎样产生的?

作为衍生品的一种，期权的产生与发展无不与“风险”两个字紧密相连。人们为了管理和转移经济生活中出现的风险发明了期权，而在使用过程中由于人性的贪婪与监管的乏力使得风险反而扩大。期权发展的过程并不充满阳光，相反，对于期权的质疑始终贯穿其中，期权发展的历史是人类对于衍生品的认识不断深入的历史，也是一部监管者与市场操纵者的博弈史。早在公元前期权就已经存在了。它随着人类生产活动的发展而发展，从最初的一个简单朴素的概念发展到今天已占据全球衍生品交易的半壁江山。中外学者一般习惯将期权的发展划分为三段，虽然划分的具体年份有所不同，但是基本上都可以分为萌芽阶段、自由发展阶段与在政府监管下有序发展的现代期权阶段。

萌芽阶段的期权对应着古代人类生产力低下、自给自足的小农生产的生产力水平。期权作为一个概念开始出现，是从传说中罗马人和腓尼基人在船运活动中采用类似期权的合约开始的。这一阶段期权的故事最著名的有两个：一个是《圣经》故事中记载的关于公元前1700年雅各布用劳动换取与心仪女子结婚权利的故事；另一个是在亚里士多德的《政治学》一书中记载的公元前500年左右的古希腊哲学家、数学家泰利斯通过买入橄榄油压榨机致富的故事。从目前的资料来看，这个时期的期权使用并不广泛。

随着生产力的进步，资本主义生产方式开始出现，农业向半机械化发展，生产经营规模和商品生产逐渐扩大，使用期权的人越来越多，但是仍然没有成熟的理论基础，没有严格的期权法律制度。这一阶段的期权是经验科学，靠的是市场经验和教训的积累。这一阶段比较有名的代表性事件是发生在荷兰阿姆斯特丹的“郁金香事件”。17世纪30年代的荷兰已经出现了买权与卖权的概念，种植郁金香的农民与收购郁金香的贸易商分别利用这两种期权为自己的实体经营进行保值，但是，随着越来越多的投机商的参与且市场缺乏有力的监管，人性中疯狂的一面被充分放大，郁金香球茎的价格被哄抬到不可思议的地步。最终，需求市场上一点小小的异动——德国市场对鲜花需求乏力导致了整个系统的崩溃。这一事件大大损害了期权的形象，直至100多年后，伦敦期权交易也依然被认为不合法。

18世纪，欧洲与美国分别出现了期权的场外交易市场，期权交易继续向前发展。由于投机泛滥，期权依旧名声不佳。1929年美国股灾后成立的美国证券交易委员会（Security and Exchange Commission，SEC）一度建议国会取缔期权交易，幸而通过激烈的辩论，期权经纪人荷尔伯特·菲勒尔说服了SEC，使SEC相信期权存在的经济价值。这使美国的期权业得以存在，同时也为后来期权在加强监管的前提下规范发展埋下了伏笔。1973年4月26日，全世界第一个期权交易所——芝加哥期权交易所（CBOE）成立，标志着真正有组织的期权交易时代的开始。虽然一开始CBOE只是在芝加哥期货交易所（CBOT）的一间吸烟室内办公，首批推出的也只有16只股票的看涨期权，但是在上市首日的911张成交量之后，芝加哥期权交易所的交易量迅速增加到平均日成交20 000张，获得了巨大的成功。芝加哥期权交易所的第一任总裁约瑟夫·W. 索利凡（Joseph W. Sullivan）吸收了场外交易市场与期货市场发展的经验，并作出以下安排：首先将合约标准化，以利于人们进行交易，提高交易量；其次是提出了建立期权清算公司的初步设想，建议成立一个辅助期权立即成交并保证成交的交易中介机构；最后是采取做市商制度。后来芝加哥期权交易所快速增长的成交量证明了这一系列制度安排的成功。同年，费舍尔·布莱克（Fisher Black）和迈伦·斯科尔斯（Myron Scholes）发表了《期权定价与公司负债》的论文，该论文推算出了任何已知期限的金融工具的理论价格，使期权定价变得“有据可依”。这一公式一经推出立即在实务界得到广泛应用。很快，有更多的股票期权上市交易，1974 年美国证券交易所、1975 年费城证券交易所、1976 年太平洋证券交易所和中西部证券交易所先后推出了股票期权交易业务。标准化期权合约在有了统一的场内交易场所之后，交易量快速提升，交易品种也获得了突飞猛进的发展。1977 年 3 月美国 SEC 批准交易所可进行股票卖权交易后，股票的看跌期权也在 1977 年 6 月 1 日正式挂牌。股票期权的迅猛发展反映了市场投资者旺盛的需求。纽约证券交易所于 1982 年开始股票期权交易。1983 年，S&P100 股票指数期权和 S&P500 股票指数期权相继在芝加哥期权交易所上市，纽约期货交易所也随之推出了股票指数期货期权交易。伴随着市场对期权交易越来越高的热情，各交易所纷纷开发新的金融期权交易品种。当前，全美国所有交易所共有 60 余种股票指数和 2 500 多只股票开展期权交易。芝加哥期权交易所是目前全世界最大的期权交易所。在欧洲，英国的伦敦证券交易所、荷兰的欧洲期权交易所最早于 1978 年开始股票期权业务。20 世纪 80 年代以后，德国、法国等也都纷纷开始了股票期权交易。1984 年，伦敦国际金融期货交易所推出的英国金融时报 100 指数期权是欧洲最早的股指期权合约。随后，法国股票期权交易所于 1988 年推出了 CAC40 股指期权合约；德国期货交易所于 1990 年推出 DAX30 股指期权合约。1998 年由德国期货交易所与瑞士期货期权交易所合并成立的欧洲期货交易所（EUREX）是目前欧洲最重要的期货交易所。2011 年，股指期权在欧洲期货交易所的交易量约占整个欧洲总交易量的 81.4%。

随着国际贸易的持续发展和国际金融市场上汇率波动的愈演愈烈，最早的外汇期权于 1982 年诞生于美国费城股票交易所（PHLX），当时最早交易的外汇期权是英镑期权和德国马克期权。之后，随着投资者对外汇期权日益高涨的需求，芝加哥商业交易所（CME）、美国国际证券交易所（ISE）、伦敦国际金融期货及期权交易所（LIFFE）、新加坡国际金融期货交易所（SIMEX）、东京国际金融期货交易所（TIFFE）和澳大利亚悉尼期货交易所（SFE）等也都相继挂牌外汇期权合约。虽然相对于股票期权和股指期权，外汇期权交易量相对较小，但其自身发展仍比较迅速。1992 年时，全球外汇期权的年交易合约数已达 12 000 万份，为 1982 年时的 60 倍。

随着市场利率波动性的增加，投资者对于利率避险工具的需求不断提升。最早的利率期权是 1985 年在场外市场交易的利率上限期权，是为了满足投资者规避银行发行的浮动利率票据而产生的。1989 年开始，芝加哥期权交易所推出了场内交易的利率期权，包括 13 周国债短期利率期权、5 年期国债期权、10 年期国债期权及 30 年期国债期权等。

图 1－1 以时间为轴，展现了期权发展的一段简史。

发展到今天，期权早已在各国获得了合法地位，成为举足轻重的金融工具。美国期货业协会（Futures Industry Association）统计的全球场内衍生品交易数据显示，2005～2011 年全球期权市场发展迅猛，交易量从 2005 年的 59.39 亿张上升至 2011 年

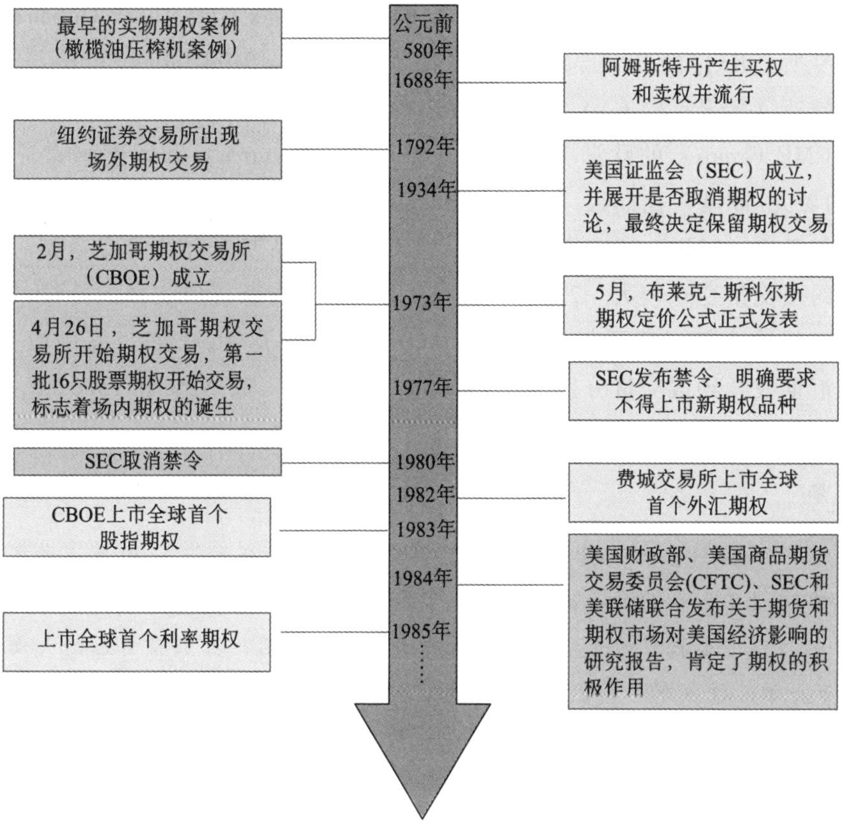

图 1－1　期权发展简史

的 120.27 亿张，增长幅度达到 102.5%。截至 2011 年底，全球期货和期权交易总量达到 249.72 亿张，同比增长率达到 11.4%，其中期货成交量 129.45 亿张，同比增长 7.4%；期权成交量 120.27 亿张，同比增长 15.9%。从全球衍生品种类看，2011 年金融期货及期权仍占主导地位，其中股指类和个股类衍生品的市场规模较为突出，其成交量分别占据整个衍生品市场的 33.9% 和 28.3%；其次是利率类和外汇类的期货与期权，而商品类的期货与期权的比重则约为 10.3%。

2018 年，全球衍生品市场成交量创历史新高，据 FIA（Futures Industry Association）统计，全球期货与期权合约成交量 302.8 亿手，首次突破 300 亿手大关，较上年增长 20.2%。其中，期货合约成交量 171.5 亿手，较上年增长 15.6%；期权合约成交量 131.3 亿手，较上年增长 26.8%。2018 年全球期货及期权成交量增速为 2010 年以来的最高水平。

2019 年全球衍生品成交量进一步增长，期货与期权合约成交量 344.75 亿手，较上年增长 13.70%。其中，期货成交量 192.41 亿手，增长 12.00%；期权成交量 152.34 亿手，增长 16.00%。就市场份额而言，2019 年期货与期权成交量分别占全球场内衍生品总成交量的 55.81% 和 44.19%。金融衍生品成交量排名前 5 位的分别为印度国家证券交易所（NSE）的银行 Nifty 指数期权（Bank Nifty Index Option）、巴西证券期货交易所（B3）的 Bovespa 迷你指数期货（Bovespa Mini Index Futures）和印度国家证券交易所（NSE）的 CNX Nifty 指数期权（CNX Nifty Index Option）、芝加哥交易所集团（CME Group）的欧洲美元期货（Eurodollar Futures）和印度国家证券交易所（NSE）的美元/印度卢比期权（US Dollar/Indian Rupee Options）。

就期权而言，2010～2019 年的十年，全球各类商品期权合约成交量相对稳定，金融期权合约成交量变化较大。2017 年开始，得益于股指期权成交量的持续增长，金融期权成交量连续 3 年保持两位数的增幅，2019 年增幅达 16.35%，其中股指、个股、利率及外汇期权合约成交量分别增长 24.63%、2.66%、22.52%和 15.07%。

雅各布的故事

据《圣经·创世记》第 29 章记载，大约公元前 1700 年，雅各布爱上了自己叔叔拉班的小女儿拉结，于是雅各布跟拉班达成协议，免费为拉班劳动 7 年，7 年后可以迎娶拉班的女儿为妻。第一个 7 年过去后，拉班将自己的大女儿利亚嫁给了雅各布，于是雅各布购买了另一个期权，即再劳动 7 年以换得与拉结结婚的权利。第二个 7 年后，雅各布如愿娶到了拉结。通过这两次期权交易，雅各布娶到了两个老婆，生了 12 个儿子。在这个故事里，由于“标的物”的非标准化，所以让拉班有了可乘之机，在“第一次交割”的时候偷梁换柱。

哲学家泰利斯（Thales）

据说泰利斯是第一个利用期权交易致富的人。

泰利斯生活在公元前 500 年左右古希腊的米利塔斯市，位于今天土耳其的西南海岸。他是古希腊最早的科学家之一，也是苏格拉底思想学派的奠基人之一，是“希腊七贤”之一。在哲学上，他首先摆脱神创说，提出水是万物的本源，其思想被视为西方哲学的开端。科学上，泰利斯以他的天文学和航海学知识著称，他曾经准确地预见了公元前 585 年 5 月 28 日的日食。作为一名哲学家，他曾经被指责，过着贫困的生活。当然，他也闻名于以期权投机而致富。泰利斯运用自己的天文知识，在冬季就预测到橄榄在来年春天将获得丰收。虽然没有什么钱，然而他用自己所有的积蓄在冬季淡季就以低价取得了希俄斯岛和米利塔斯市春季旺季所有压榨机的使用权。当然，他支付的价格也很低，因为当时没有人认为有必要为这些压榨机来竞价。当春天橄榄获得大丰收时，每个人都想找到压榨机，这时，泰利斯执行他的权利，将压榨机以高价出租，结果赚了一大笔钱。最

终，他向世界证明，只要哲学家愿意，他们都可以很容易成为富人。

荷兰郁金香事件

拉伦斯·麦凯在1841年发表的《忆出奇盛行的错觉和疯狂的人群》中记载了17世纪30年代在荷兰阿姆斯特丹发生的郁金香事件。大约在1600年，郁金香红遍荷兰，美丽的郁金香及郁金香花球身价百倍。花农为了保证能以高价将花球售出，采用买入看跌期权和卖出期货的办法来进行保值。同样，分销商则通过买入看涨期权和期货的方式来保护自己免受价格上涨带来的损失。如果只是花农与经销商的参与，期权作为一种避险的工具为稳定经济做出了巨大的贡献，但是面对巨大的利润，投机商也参与进来。在1634年的时候，荷兰全国除了极少数人之外，大部分人都参与了郁金香的交易。然而，1636年10月德国在与瑞典的战争中失败，德国农民开始叛乱，德国对郁金香的需求锐减，郁金香的价格坠入谷底。1637年2月，在经过几个月疯狂的交易后，这个市场在奇高的价格点崩溃了。1637年的冬天，期货的买方试图通过改变市场规则来减少损失。大家通过协商将买方原先必须以某一固定价格买入球茎的义务突然改变为一种机会，他们将郁金香花球期货转变为郁金香花球期权。根据这一新的协议，投资者没有必要在春天支付高价，除非球茎的期货市场价格或者现货市场价格更高。当然，为了补偿种植商们的损失，也就是为了防止万一市场价格低于合约价格，投资者同意支付合约价格的一小部分给种植商，作为了结合约的代价。1637年2月24日，荷兰花商宣布自1636年11月30日以来，直到开春时节所卖出的郁金香期货合约全部变成期权合约。最终，荷兰法律批准该举措生效。不幸的是，当市场崩溃的时候，许多投机商未能履行他们的义务，经济也受到了极大的损害。毫无疑问，这样的事情损害了期权在人们心目中的形象，直至100多年后，伦敦期权交易也依然被认为不合法。

三、什么是看涨期权与看跌期权？

看涨期权是指期权的购买者拥有在期权合约有效期内按执行价格买入一定数量标的物的权利，但不负担必须买入的义务。看涨期权又称“买权”，是当投资者“看涨”市场时愿意买入的权利。看跌期权是指期权的购买者拥有在期权合约有效期内按执行价格卖出一定数量标的物的权利，但不负担必须卖出的义务。看跌期权又称为“卖权”，当我们“看跌”市场，认为指数可能下行的时候，为了避免不确定性，可以选择买入卖权。

在期货世界里，当投资者看空或者看多一个市场，可以采取的策略无非是卖空与买入两种，而在期权世界里，因为买权与卖权这两种基本权利的存在，投资者可以选择的操作策略大大丰富了。当看空一个市场时，不仅可以选择卖出一个买权，也可以选择买入一个卖权；当看多一个市场时，则可以选择买入一个买权，或者卖出一个卖权。

【案例1－1】

某日，交易者以0.3港元的价格购买了2018年6月到期、执行价格为5港元的香港交易所中国农业银行股票美式看涨期权1张（该期权为美式期权，1张该股票的期权合约为10手标的股票，每手1 000股）。该交易者便拥有了在2018年6月某日（合约到期日）前的任何交易日、以5港元的价格购买10 000股中国农业银行股票的权利，但不负有必须买入的义务。如果在合约有效期内股票价格一直低于5港元，该交易者可放弃行使权利，其最大损失为购买该期权的费用0.3港元；他也可以在期权到期日前将期权卖出，可以部分冲抵买入期权的权利金损失。

【案例1－2】

案例1－1中，到期日和执行价格相同的中国农业银行股票看跌期权的价格为0.5港元，如果交易者买入1张看跌期权，该交易者便拥有了在2018年6月某日（合约到期日）前的任何交易日，以5港元的价格卖出10 000股中国农业银行股票的权利，但不负有必须卖出的义务。如果在合约有效期内股票价格一直高于5港元，该交易者可放弃行使权利，其最大损失为购买该期权的费用0.5港元；他也可以在期权到期日前将期权卖出，可以部分冲抵买入期权的权利金损失。

持有现金相当于持有看涨期权

《滚雪球：巴菲特和他的财富人生》的作者Alice Schroeder表示，对巴菲特而言，现金并非是一种接近零回报的资产，而是一个可以定价的看涨期权。当他认为资产收益很低时，他宁愿将钱放在利息极低的银行里，也不愿用其购买资产；2012年，巴菲特的伯克希尔哈撒韦公司有巨额美元现金，这一是因为美元是安全资产；二是因为："巴菲特对现金的看法与普通投资者不同。现金具有选择性，这是我从他身上学到的最重要的东西之一。他认为现金是一种永不过期的看涨期权，可以购买任何资产，而且不受行权价限制。"

Alice Schroeder说："有一种观点认为，巴菲特只是喜欢现金，喜欢看着现金堆积如山，但事实上，这种选择性是基于复杂的数学计算得到的。即便很多时候巴菲特只是在脑子里算算。"

一个投资者的资产组合并不是要么持有现金，要么购买债券和股票的简单二元论，关键在于持有多大比例的现金，才能在机会出现时购买资产，同时还要考虑前期持有现金的机会成本。

当我们和巴菲特一样将现金视为看涨期权，持有现金去寻找被低估资产的时候，我们付出的“期权费”将是机会成本，即投资其他资产收益与持有现金获得几乎零回报之间的差距。

四、什么是欧式期权与美式期权？

关于欧式期权与美式期权这一说法的来由已无从考据，虽然世界上第一只在交易所交易的期权的确是在美国芝加哥期权交易所上市的美式期权，但是实际上所谓的欧式期权和美式期权与期权发行地并无关联，只是按照期权行权方式的不同对其进行的一种划分。按照行权方式的不同，期权可以分为欧式期权、美式期权与百慕大期权。

欧式期权是指期权的买方必须在期权到期才能行权的期权。如果一份欧式期权合约的期限是 6 个月，那么这份合约的购买者只有在 6 个月后才能执行这份期权。目前我国的外汇期权交易都是采用欧式期权合同方式。欧式期权的最终收益取决于执行价格和到期日那天基础资产的市场价格的差价。而一旦过了行权时间，再有价值的期权都会自动失效作废。

美式期权是指期权的买方在到期日前或者到期日当天都能够选择行权的期权。绝大多数的股票期权都是美式期权。美式期权的最终收益是由执行价格和到期日之前任何一天的基础资产的市场价格之差来决定的。

百慕大期权（Bermuda Option）是一种可以在到期日前所规定的一系列时间行权的期权。比如，期权可以有 3 年的到期时间，但只有在 3 年中每一年的最后一个月才能被执行。它常常应用于固定收益市场。百慕大期权可以被视为美式期权与欧式期权的混合体，如同百慕大群岛混合了美国文化和英国文化一样。

在直觉上我们觉得既然投资选择权取得的是权利，那么这个权利愈有弹性，就应该愈有价值。而美式期权较欧式更具弹性，似乎应该比欧式更值钱。但是通过后面章节的推算，在不考虑分红的前提下，美式选择权和欧式选择权的价值应该相等。在没有分红的前提下，美式期权持有到期是最优选择。当存在较大金额的分红时，比如甲公司突然宣布发放较预期金额高的现金股利时，持有该公司股票美式选择权的投资者一般会选择立即要求履约，将选择权转换为股票，领取该笔现金股利；而持有该公司欧式选择权的人就只能干瞪眼，无法提前履约换股、领取现金股利了。

五、如何区分商品期权和金融期权？

商品期权也称为实物期权，期权的标的资产是实物资产，可以是商品现货资产，也可以是商品期货合约。标的资产为商品现货资产的期权称为商品现货期权，标的资产为商品期货合约的期权称为商品期货期权。目前我国境内三家商品交易所各推出了两种期货期权，大连商品交易所上市的期权标的为豆粕期货合约和玉米期货合约；郑州商品交易所上市的期权标的为白糖期货合约和棉花期货合约；上海期货交易所上市的期权为铜期货合约和天然橡胶期货合约。另外，2019 年 11 月 11 日，上海期货交易所发布公告，就《上海期货交易所黄金期货期权合约》公开征求意见。这意味着以黄金期货为标的的黄金期权也即将在上海期货交易所上市交易。

金融期权是指以金融资产或金融指标为标的的期权，金融期权的标的可以是金融现货资产，如股票、债券、一国货币（外汇）等；也可以是金融期货合约，如股票期货合约、国债期货合约、欧洲美元期货合约、外汇期货合约等；还可以是金融指标及指标的衍生品，如股票价格指数和股指期货合约等。金融期权是金融工具的创新。例如，外汇期权交易可以追溯到最简单的即期外汇交易，当即期外汇交易的交割日期延长到两个营业日以上时，就成为一种新的外汇交易，即远期外汇交易。当远期外汇交易改变其交易方式，由场外的自由签约转变成为在交易所内按标准合约进行交易，便产生了外汇期货这种新的金融工具。如果外汇期货再改变其交易对象，即由买卖有形外币改为买卖无形外币的选择权，就是外汇期权交易。因此，外汇期权是即期外汇交易的一种创新。场内交易的金融期权主要包括股票期权、股指期权、外汇期权和利率期权。

股票期权是在单个股票基础上衍生出来的选择权。香港交易所单个股票期权品种较为丰富，并对多只内地上市公司在香港交易所挂牌的股票推出了股票期权，如中信银行、工商银行、农业银行、民生银行、平安保险、华泰证券、中国电信、中国移动、联想集团等均有股票期权。

股指期权主要分为两种：一种是股指期货衍生出来的股指期货期权，例如新加坡交易所交易的日经 225 指数期货期权，是从新加坡交易所交易的日经 225 指数期货衍生出来的；另一种是从股票指数衍生出来的现货期权，例如大阪证券交易所日经 225 指数期权，是从日经 225 指数衍生出来的。两种股指期权的执行结果是不一样的，前者执行得到的是一张期货合约，而后者则进行现金差价结算。

外汇期权也称为货币期权，指合约购买方在向出售方支付一定期权费后，所获得的在未来约定日期或一定时间内，按照规定汇率买进或者卖出一定数量外汇资产的选择权。目前我国可以在银行间市场进行外汇期权交易。

利率期权有多种形式，场外常见的主要有利率上限期权、利率下限期权、利率上下限期权。利率上限是买卖双方达成一项协议，确定一个利率上限水平，在规定的期限内，假如市场参考利率高于协定的利率上限，则卖方向买方支付市场参考利率高于协定利率上限的差额部分；利率下限是指规定一个利率下限，在规定的有效期内，假如市场参考利率低于协定的利率下限，则卖方向买方支付市场参考利率低于协定的利率下限的差额部分；利率上下限，是指将利率上限和利率下限两种金融工具结合使用，具体地说，购买一个利率上下限，是指在买进一个利率上限的同时，卖出一个利率下限，以收入的手续费来部分抵消需要支出的手续费，从而达到既防范利率风险、又降低费用成本的目的。

国际上，发达国家期货交易所上市的期货合约，几乎都推出了相应的期权合约。例如，CME 集团上市的短期利率期权品种与其上市的利率期货品种对应，有欧洲美元期货期权，2 年期、5 年期、10 年期和长期美国国债期货期权等。

20 世纪 90 年代后，随着金融创新的发展，期权与其他金融工具的结合越来越多，比如与公司债券、各类权益凭证以及保险产品相结合，形成了一大类新的金融期权产品。

目前，我国境内交易所上市的金融期权品种只有股票期权和股指期权，50ETF 期权是交易所最早问世的期权品种，在上海证券交易所上市，期权标的是上证 50ETF，因基金管理人是华夏基金管理有限公司，因此也被称为华夏上证 50ETF，基金代码是 510050。

为便于投资者了解期权基本知识、掌握期权交易技能，为后续股指期权上市并平稳运行奠定基础，在 50ETF 问世前，中金所于 2013 年 11 月 8 日正式启动全市场股指期权仿真交易，合约标的为沪深 300 指数，2014 年 3 月 28 日正式启动上证 50 股指期权仿真交易。

近期，国内交易所 ETF 期权和股指期权扩容，2019 年 12 月 23 日，中金所、上海证券交易所（上交所）和深圳证券交易所（深交所）同时上市了期权品种，上交所新推出的期权品种和深交所推出的期权品种均为沪深 300ETF 期权。上交所新推出的期权标的为华泰柏瑞沪深 300ETF，深交所的期权标的为嘉实沪深 300ETF；中金所推出的期权为沪深 300 股指期权，合约标的不是该交易所上市的沪深 300 股指期货合约，而是中证指数有限公司编制和发布的沪深 300 指数，指数代码为 000300，属于金融现货期权。

六、期权还有什么分类方式？

按照标的资产价格与执行价格的关系，可以将期权分为实值期权、平值期权与虚值期权。实值期权是指内涵价值大于零的期权（内涵价值和时间价值的概念见第四章），对应到买权就是执行价格低于标的资产价格的期权，对应到卖权则是执行价格高于标的资产价格的期权。不论买权或是卖权，平值期权是指执行价格与标的资产价格相等的期权。考虑到期权费，在平值期权的状态下，期权的买方是处于亏损状态的。虚值期权是指内涵价值为零且此时对于买权执行价格高于标的资产价格、对于卖权执行价格低于标的资产价格的期权。因为内涵价值不可能小于零，考虑到时间价值，对于虚值很多的期权，价格也不会小于零。

按照期权合约是否标准，可以将期权分为普通期权和奇异期权。普通期权从英文直译又称为“香草期权”，指的是那些具有标准化的期权条款的期权。奇异期权与普通期权的概念相对应，指的是那些在标准的期权合约上加以变化、更为复杂的期权。一般的，奇异期权可以分为三大类：合同条款变化型期权 、路径依赖型期权、多因素型期权，在每一大类下又可细分为许多小的品种。具体可见表 1 – 1。

按照期权交易的场所，可以分为场内期权与场外期权。场内期权是指在交易所内交易的期权，场内交易的期权多为标准期权。在柜台交易市场（OTC）交易的期权称为场外期权，场外期权往往更为个性化，可以由期权供给方根据需求方的要求进行个性化的设计。

表 1 – 1　　　　奇异期权的类型

合同条款变化型期权	数字型期权（二元期权、非全有即全无期权）	其收益只与是否赢利的状态有关。如果期权到期时是价内的话，其收益为预先确定的一个固定数额，否则就为零
	迟付型期权（或有期权）	是指在购买时可以先不支付价格，然后视是否行使再决定支付价格的期权
	延期型期权（可扩展期权）	期权的所有者有权在未来某时刻自动获得另一种期权，且该期权的约定价格是当日基础资产的市场价
	买卖权可选期权（后定期权）	这种期权在交易之初没有规定是属于买权还是卖权，而是在到期之后再由持有者选择是买权还是卖权
	障碍期权（挡板期权）	执行价格之外约定一个障碍价格作为临界值，当基础资产触及该临界值，期权的权利可能被触发或者触消
	幂期权	其支付函数并非基础股票的价格与行使价格的差，而是这个差的高次幂
路径依赖型期权	亚式期权（平均价格期权）	用期权合同期内某段时间标的资产价格的平均值确定期权到期日收益
	阶梯形期权	事先确定了一系列价格水平，并约定当基础资产价格达到下一个价格水平时，就要重新约定行使价格
	棘轮期权（履约价期权）	约定了一系列的执行价格重新约定日，在某子期限开始通常可重新约定执行价格
	回望期权	执行价格或者基础资产的结算价格并非事先确定，而是在到期时通过回望最优价格来确定的
	呼叫期权（叫停期权）	由期权购买人自行判断，在其认为最有利的时候通过“呼叫”（即叫停）来重新约定行使价格

续表

多因素型期权	彩虹期权（极大或极小值期权）	彩虹期权的收益取决于两个或多个基础资产的最高价或最低价与行使价格的差
	一篮子期权	收益是由一篮子基础资产的加权平均价格与行使价格或行使价格的加权平均价格的差来决定的
	互换期权（价差期权）	其基础资产是利率互换，其收益来自互换交易中资产的利息之差
	双币种期权（币种转换期权）	其基础资产以货币 A 计价而以货币 B 结算，其收益取决于非本币资产价格与其行使价格的差，但其风险来源还包括本币与基础资产货币之间的汇率变动
	复合期权（期权的期权）	以期权为基础资产的期权的期权

什么是亚式期权

亚式期权同样是一类名称与地域有关的期权，但是同欧式与美式以及百慕大式期权不同，亚式期权并不是根据期权的到期时间来进行区分的。

亚式期权又称为平均价格期权，是在股票期权的基础上发展起来的。最早由美国银行家信托公司（Bankers Trust）在日本东京推出。它是当今金融衍生品市场上交易最为活跃的奇异期权之一，与通常意义上股票期权的差别在于对执行价格的限制。亚式期权在到期日确定期权收益时，不是采用标的资产当时的市场价格，而是用期权合同期内某段时间标的资产价格的平均值，这段时间称为平均期。在对价格进行平均时，采用算术平均或几何平均。按照计算基础价格的不同，亚式期权可分为平均价格期权和平均执行价格期权。

（1）平均价格期权的收益为执行价格与标的资产在有效期内的平均价格之差。平均价格期权比标准期权廉价，因为标的资产价格在一段时间内的平均值的变动比时点价格的变动程度要小，这就减少了期权风险，从而降低了其时间价值，并且可能更适合客户的需求。

（2）平均执行价格期权将预定平均期的标的资产价格的平均值作为执行价格，收益为执行时的即期价格与标的资产的平均价格之差。平均执行价格期权可以保证购买在一段时间内频繁交易的资产所支付的平均价格低于最终价格；另外它也能保证销售在一段时间内频繁交易的资产所收取的平均价格高于最终价格。

七、期权与权证、涡轮有什么区别?

权证有认购权证和认沽权证之分，相当于股票的买权和卖权。比较期权与权证的定义，发现二者其实十分相似，都是赋予买方未来一定的权利，可以认为权证其实就是期权的一种。对应于期权的买权与卖权，权证有认购权证与认沽权证两种。那么一个股票期权与权证的区别在哪儿呢?

第一，对公司股本的影响不同。股票期权的标的物是本来就存在的股票，期权交易不会改变公司股本规模。而权证不同，认购权证被执行时，公司把股票创造出来或增发股票；认沽权证被执行时，公司买回股票并注销。所以，权证被执行时，公司的股权会随之增加或减少。

第二，期权市场可运用的策略远较权证市场丰富。投资者参与期权投资，除了可以像买卖权证一样买入认购（或认沽）期权，还可以卖出认购（或认沽）期权，赚取权利金；而在权证市场，只有发行人才可以卖出备兑证收取权利金，投资者只能付出权利金买入认购证或认沽证。例如，买入认沽期权和卖出认购期权两种操作，表面上看都是看跌的策略，但实际的投资效果大不一样，所适合的市况也有差异，如果再把买进和卖出期权进行组合，其策略就更加丰富。

第三，期权是一种标准化合约，只要有成交就会产生一份期权合约，因此理论上，期权成交的数量可以是无限的。而单只权证的发行量通常会在发行文件中给出一个上限，并在一定的条件下可以增加发行量。

对于“warrant”，字典里的解释是：名词，证明；动词，保证、担保。其作为金融专业术语，在我国大陆和香港分别译作“权证”和“涡轮”。它指的是发行人与持有者之间的一种契约，允许权证持有人在约定的时间（行权时间），可以用约定的价格（行权价格）向发行人购买或卖出一定数量的标的资产。

本质上权证与涡轮并无区别，但是因为市场规则的不同，二者又有所不同。最大的区别在于：

第一，香港涡轮是由投资银行而非上市公司本身发行，具有发行资格的投资银行能针对任何一只正股创设涡轮（也称为备兑证），比如2005年建设银行（发行价2.35港元）刚一上市，包括瑞士第一波士顿、法国兴业证券、瑞士银行等13家涡轮发行商共同推出24只建行涡轮，其中有22只为认股证，行使价为2.38～2.88港元；瑞士银行及法国巴黎银行各推出一只认沽证，发行价分别为0.33港元与0.26港元，行使价分别为2.68港元与2.63港元。

第二，发行人的不同造成了涡轮行权以后的效果也不尽相同。权证是由上市公司发行的，当一个权证被执行时，将带来公司股份的增加以及每股净资产的变动，权证主要被用来筹集资金或对公司高管进行激励。而如果一个涡轮被执行，其交易的是市场上已有的股份，不会带来股份以及每股净资产的变动，主要用来进行避险与套利。

第三，由于香港采用做市商制度，如果涡轮估价过高，发行商就会无限发行以增加供给，平抑价格；但如果估价太低，投资银行就会买进并且注销。因此，在香港市场上涡轮的投机性低于国内的权证市场，整体的市场风险比权证低。

第四，从市场制度来看，场内交易的期权市场是属于交易所的产品，是一种标准化合约，其行权价格、到期日等条款已标准化，由多家做市商针对同一只产品一起提供报价。而涡轮市场则不同，针对同一只股票，不同的投资银行可以发行不同的权证产品，并分别对其进行报价。做市商会更有动力在权证上投入更多的资源，开出较有竞争性的价格、维持较窄的买卖价差和足够数量的买卖接盘（流动性），以吸引投资者进入。这一制度安排的差异，直接造成了香港市场上涡轮发行量及交易量都远大于期权市场。

第五，由于期权合约已经标准化，投资银行可以对其进行创新的地方较少，而备兑证市场可创新的空间很大，针对各种不同市况以及针对一些有较明确观点的投资群体，发行人可以适时推出带有特殊结构的备兑证，如锁定回报权证、跨价权证、一揽子股票权证等，方便投资者选择符合自己观点的备兑证进行投资。与权证挂钩的相关资产的数量远较期权的选择多。通常情况是活跃股票的权证品种多，而活跃股票的期权较少，投资者往往较难找到合适的期权。而每当市场出现一些新的持续性热点，只要发行人看准时机，就可发行新的备兑证，在符合香港交易所上市规则的前提下，适时为投资者提供更多的选择，以满足市场的需求（见表 1 – 2）。

表 1 – 2　　　　期权与权证的区别

项目	期权	权证
发行环节	直接上市成交	需要单独发行
可采取的交易策略	丰富	单一
成交量	没有限制	有发行数量的限制
种类	标准化	个性化

可转换债券（Convertible Bonds）

可转换债券是以公司债券为载体、允许持有人在规定时间内按规定价格转换为发债公司或其他公司股票的金融工具。可转换债券可以视为普通公司债券与期权的组合体。因为包含选择权，所以可转换债券的票面利率一般要低于相同公司的普通债券的利率。

一份可转换债券合约中所包含的条款一般有：

转换条款：规定了债券持有者可以在什么时候、以什么价格将手中的债券转换为普通股权。

赎回条款：规定了债券发行公司在何种条件下可以在债券到期日之前提前赎回债券，是可转换债券的基本要素之一。该条款一般规定：如果公司的股票价格在若干个交易日内满足赎回条件，公司有权按照赎回价格赎回公司剩余的可转换债券。由于公司的赎回价格一般远远小于转换价值，所以此条款最主要的作用就是实现强制性转股，缩短可转换债券的期限。

回售条款：规定了当发行公司的股票价格在一段时间内连续低于转股价格并达到某一幅度时，债券持有者有权按事先约定的价格将所持债券卖给发行公司。对投资者而言，是否要回售，取决于可转债价值和回售价格的大小。

转换调整条款：在发行可转换债券后，如果公司股票价格满足转股价格调整条件时，公司董事会有权在一定幅度内调整转股价格。有的还规定超过一定幅度需要股东大会通过。

从这些条款中可以发现一份可转换债券中包含很多份选择权，它包含的期权可以有：

(1) 投资者按照一定价格在一定期限内将债券转换成公司股票的期权（转股权）。

(2) 投资者在一定条件下将债券按照一定价格回售给公司的期权（回售权）。影响回售权价值大小的因素有回售期限、回售价格、回售条件、股票价格波动率等。

(3) 公司在一定条件下调整转股价格的期权（转股价格调低权）。

(4) 公司在一定条件下赎回可转债的期权（赎回权）。影响赎回权价值大小的因素包括赎回权的期限、赎回条款、股票价格波动率等。

八、期权与其他金融工具相比有什么特点?

期权与其他金融工具相比最大的不同之处在于权利与义务的不对等性。买入股票或债券，投资者固然能够享受价格上涨带来的收益，但是当价格下跌，如果不止损出场，投资者也不能逃避随之而来的损失。期权则不一样，以买权为例，当投资者买入一个买权，价格上升时可以享受与股票或债券几乎一样的价格上涨的收益；但是当价格下跌到行权价格以下时，只需要放弃行使这一买权即可，而不必面对接下来的损失。可见，作为期权的买方，拥有价格朝着有利于自己的方向运行时获利的权利，同时不用承担当价格往不利方向运行时的义务。作为期权的卖方，价格朝着不利于自己的方向运行时承担了行权的义务，同时也没有当价格往有利方向运行时获利的权利，其最大收益不过是期权费而已。这种看似“很不公平”的交易为什么会顺利进行呢？这里说的“不对等”，指的交易完成之后权利与义务的不对等。卖方收取权利金让渡了自己的权利，买方支付权利金免除了自己的义务。在交易进行的那一刻，它必然是按照双方认可的公平价格进行交易的。

期权交易中，买卖双方的权利义务不同，使期权具有独特的损益结构。期权买卖双方面临的风险状况是不一样的。期权价格（即权利金）的变动给买卖双方带来的风险与期货价格变动所带来的风险并无区别，但是，与期货不同的是，期权多头的风险底线已经确定，其所承担的最大风险不过是其全部的权利金。期权空头持仓的风险则存在与期货相同的不确定性。要注意的是，期权买方的最大损失额虽然确定，但是一旦损失就是他投资的全部，即便是买入期权也应谨慎。期权独特的损益结构使期权在风险管理、组合投资方面具有明显的优势。通过不同期权、期权与其他投资工具的组合，投资者可以构造出不同风险收益状况的投资组合。

影响期权价格的因素远比影响其他金融产品价格的因素要多，对期权的定价更为复杂，由此带来的交易策略也更为丰富。期权不仅可以通过对价格的判断来赚钱，还可以通过交易时间价值、波动率等其他方式来赚钱。

以上是对期权总体特点的分析，下面以期货为例，具体分析比较期权与期货有何异同（见表1-3）。

表1-3　期权与期货的区别

项目	期权	期货
标的物	一种权利	商品（包括实物商品和金融商品）
权利和义务对等性	买卖双方权利与义务不对等	买卖双方权利与义务对等
保证金缴纳	买方不需缴纳保证金	买卖双方均需缴纳
现金流转方式	起初买方付出权利金后，除非头寸结束，不再发生资金流转	每日结算，每天资金在盈亏双方流转
损益结构	理论上，对看涨期权来说，买方损失有限，收益无限；卖方收益有限，损失无限。对看跌期权而言，以标的资产价格跌到零为限	买卖双方损益结构一样
交易场所	场内、场外	场内
套保效果	防止价格不利变化，同时保留价格有利变化的机会	防止价格不利变动，同时放弃了价格有利变化的机会

第二章　金融期权市场及交易

本章要点

现代金融期权自1973年在芝加哥期权交易所（CBOE）诞生至今已经走过了40多年，在这期间全球主要的交易所纷纷推出金融期权产品，金融期权交易量快速提升，对金融期权交易的监管也越来越规范。与此同时，源于旺盛的需求而产生的场外交易的金融期权也得到了较快的发展。本章介绍了全球主要的期权交易所，分别解释了场内期权和场外期权的特征和区别，并就期权交易中的一些具体问题进行了细致的说明。

一、国际上主要的期权交易场所有哪些？

（一）欧洲期货交易所（Eurex）

欧洲期货交易所是世界上最重要的衍生品交易所之一，和纽约泛欧交易所集团（NYSE Euronext）、芝加哥商品交易所集团（CME Group Inc.）并称为世界三大衍生品交易所。目前有大约200种标的物为欧美各国股票的股票期权在Eurex交易，上市的股指期权合约则包括欧元区50股票指数期权（STOXX Europe 50 Index）、欧元区600股票指数期权（STOXX Europe 600 Index）、欧元区中盘200股票指数期权（STOXX Europe Mid 200 Index）、道·琼斯全球顶尖50股票指数期权（Dow Jones Global Titans

50 Index）等。

2019 年，欧洲期货交易所（Eurex）衍生品成交量 22.57 亿手，位居全球衍生品交易所第 4 位。

（二）芝加哥期权交易所（Chicago Board Options Exchange，CBOE）

芝加哥期权交易所于 1973 年由芝加哥期货交易所（CBOT）倡导成立，是美国最大的期权交易所，在 2007 年底时其年期权交易量已达到 10 亿张合约。目前，在该交易所挂牌交易的期权品种包括 2 200 家公司的股票期权、各期限即期利率期权和 20 余种指数期权等。指数期权品种中比较重要的有标普 500 指数期权（S&P 500 Index）、标普 100 指数期权（S&P 100 Index）、道・琼斯工业指数期权（Dow Jones Industrial Average）、纳斯达克 100 指数期权（NASDAQ－100 Index）等。

2019 年，该交易所衍生品成交量 19.12 亿手，位居全球交易所衍生品成交量第 6 位。

（三）纽约泛欧交易所 Liffe（NYSE Euronext Liffe）

纽约泛欧交易所 Liffe 总部在伦敦，前身是伦敦国际金融期货与期权交易所（LIFFE）。2002 年 LIFFE 被泛欧证券交易所（Euronext N. V.）兼并。2007 年 4 月，纽约证券交易所集团（NYSE）和泛欧证券交易所（Euronext N. V.）合并之后，LIFFE 转至纽约泛欧交易所集团（NYSE Euronext）旗下，称为 NYSE Euronext Liffe。目前在纽约泛欧交易所 Liffe（NYSE Euronext Liffe）交易的期权品种主要包括英国 FTSE 100 股指期权、法国 CAC40 股指期权、荷兰 AEX 股指期权及部分欧洲的利率期权等。其中英国 FTSE 100 股指期权和荷兰 AEX 股指期权的交易量较大，这两个品种的交易量占到 NYSE Euronext Liffe 股指期权交易总量的 80% 以上。

（四）芝加哥商业交易所（Chicago Mercantile Exchange，CME）

芝加哥商业交易所成立于 1898 年，在 2007 年时与芝加哥期货交易所（CBOT）合并成立芝加哥商品交易所集团（CME Group Inc.）。2008 年 NYMEX 和 COMEX 又加入进来，形成了基本统一的芝加哥期货市场，CME Group 已经成为全球最大的衍生品交易所集团，衍生品成交量一直位居全球交易所前列。在 CME Group 上市的金融期权品种包括外汇期权、利率期权和股指期权等各类金融品种。2019 年，CME Group 衍生品成交量 48.30 亿手，排名全球衍生品交易所第 2 位。

（五）美国国际证券交易所（ISE）

美国国际证券交易所成立于 2000 年 5 月，2007 年 12 月被欧洲期货交易所（Eurex）并购，成为 Eurex 属下的独立子机构。美国国际证券交易所是全美最早实行全电子化交易的期权交易所，也是当前全球最大的期权交易所之一。目前在该交易所挂牌上市期权的标的物包括各种股票、各类股指、ETF 和外汇等，共计 2 000 多种。2008 年 9 月 18 日，该交易所日交易 7 903 304 张期权合约，交易量达到历史新高。在该交易所上市的重要指数期权合约包括标普小盘 600 股票指数期权（S&P SmallCap 600 Index Option）、标普中盘 400 股票指数期权（S&P MidCap 400 Index Option）、摩根士丹利技术指数期权（Morgan Stanley Technology Index Option）等。

（六）韩国证券期货交易所（Korea Exchange，KRX）

韩国证券期货交易所总部位于韩国釜山，是由韩国股票交易所（Korea Stock Exchange）、韩国期货交易所（Korea Futures Exchange）和韩国 KOSDAQ 股票市场（KOSDAQ Stock Market）整合而成的，其期权交易量发展速度非常迅速。目前在韩国证券期货交易所交易的期权品种包括以韩国市值最大的公司组成的 KOSPI 200 股票指数为标的的期权、3 年期韩国国债期货期权、美元期权和大量的股票期权。

（七）纳斯达克 OMX 费城交易所（Nasdaq OMX PHLX）

纳斯达克 OMX 费城交易所的前身是成立于 1790 年的美国最古老的股票交易所——费城股票交易所（PHLX），PHLX 于 2008 年 7 月 24 日被纳斯达克 OMX 集团收购。费城股票交易所是全球最早推出外汇期权的交易所。目前在纳斯达克 OMX 费城交易所交易的大约有 2 700 种股票期权、20 余种指数期权和一系列的外汇期权。其中，该交易所品种中最有特点的是各类行业指数期权，包括贵金属行业指数期权、石油服务行业指数期权、半导体行业指数期权、KBW 银行指数期权，以及公用事业行业指数期权等。

（八）新加坡交易所（Singapore Exchange，SGX）

新加坡交易所也是国际上重要的衍生品交易所。新加坡交易所于 1999 年 12 月 1 日由新加坡国际金融交易所（SIMEX）和新加坡证券交易所（SES）合并成立。新加坡国际金融交易所于 1984 年 9 月成立，是亚洲最早的金融期货交易所。新加坡国土面积小，自身金融资源有限，因此，新加坡交易所从成立之初就重点开发以其他国家股市指数作为标的物的衍生产品。在新加坡交易所交易的最重要的期权产品是日经 225 股票指数期权，从事该产品交易的人员大部分是来自日本、美国、欧洲等的国际投资者。不过近年来由于该交易所推出的许多衍生交易品种在标的物所属国也推出了同样的衍生品，因此交易量有所下降。

二、场外期权市场的交易特点和交易品种是怎样的?

上文介绍的场内交易所交易的期权通常为普通期权，合约都是标准化的，违约风险极低。随着全球金融业的发展，场内交易的标准化合约往往无法满足某些特定客户对期权合约参数的专门化需求，因此场外期权交易市场开始迅速发展。自 20 世纪 80 年代初开始，场外交易的期权交易量和重要性与日俱增。当前，场外期权市场的交易规模已经比肩甚至超过场内期权交易规模。场外期权市场的主要风险在于期权卖方有可能违约而导致买方面临信用风险。为了规避这类信用风险，有时候在场外市场上期权的卖方会被要求提供抵押品。场外市场交易的金融期权主要包括各类奇异期权（当前主要的奇异期权介绍请见第一章）。奇异期权的卖方一般是银行等金融机构，通常是为满足专业客户特殊的需求而定制的。这类奇异期权在到期期限、执行价格或执行条件等参数上具有较大的灵活性。尤其是利率期权和外汇期权，交易额大，参与者多为国际大型机构，其对风险管控有独特的需求，很多时候不具备在交易所内进行标准化交易的条件。因此在利率期权和外汇期权的交易中，场外市场占有很大的比重。

三、境内期权市场的交易现状是怎样的?

目前我国境内交易所推出的期权品种既有金融期权，也有商品期权。

中金所、上交所和深交所上市的期权品种即为金融期权。上交所上市的 50ETF 期权是境内交易所最早上市的期权品种，该期权品种于 2015 年 2 月 9 日在上海证券交易所正式挂牌上市，合约标的为上证 50 交易型开放式指数证券投资基金（“50ETF”），合约单位为 10 000 份，合约月份有 4 个，即当月、下月及随后两个季月，行权方式为到期日行权（欧式），交割方式为实物交割，到期日和行权日为到期月份的第四个星期三。该期权品种与上交所和深交所于 2019 年 12 月 23 日推出的沪深 300ETF 期权均属于股票期权。

中金所于 2019 年 12 月 23 日推出的沪深 300 股指期权和之前交易的沪深 300、上证 50 股指仿真期权，合约标的均为对应的指数，均为指数期权，而非指数期货期权，期权的合约乘数均为每点 100 元，不同于相同指数期货合约的合约乘数。交割方式为现金交割，行权方式为到期日行权（欧式）。2017 年 3 月 31 日和 4 月 19 日，大连商品交易所和郑州商品交易所分别推出了豆粕期权和白糖期权，迎来了境内交易所金融期权和商品期权共同发展的新时代。

目前我国境内2家证券交易所和4家期货交易所均推出了各自的期权品种。3家商品期货交易所的期权合约标的均为对应的期货合约，2家证券交易所的期权标的为ETF基金，中金所的期权标的为股票价格指数。

在国内交易所未推出期权前，场外期权交易已开展多年，较为规范的场外期权市场是人民币对外汇期权交易和黄金期权交易市场。

2011年2月，国家外汇管理局发布《国家外汇管理局关于人民币对外汇期权交易有关问题的通知》，批准自2011年4月1日起中国外汇交易中心在银行间外汇市场组织开展人民币对外汇的场外期权交易，该人民币对外汇期权为普通欧式期权，客户办理该业务应遵照实需原则，银行开办此业务需备案。国家外汇管理局批准此交易旨在为各类机构提供规避人民币汇率风险的更多途径。人民币汇率期权首日即成交4 190万美元，银行报价和询价十分活跃，报价共涵盖全部13个标准期限。由于近年来人民币汇率弹性不断增强，且国内外汇市场已有一定的深度，国内商业银行开展外币对期权交易也有一定经验，因此，推出人民币对外汇期权交易恰逢其时，并有利于人民币利率市场化的进一步推进。

我国另一个场外交易的期权市场是黄金期权市场，最早由中国银行于2006年底推出。黄金期权的历史并不长，全球第一个开展黄金期权交易的是荷兰阿姆斯特丹交易所，于1981年4月正式推出黄金期权交易。之后，加拿大、英国、瑞士、美国也都纷纷开展此项交易。黄金期权投资有不少优势：由于杠杆率高，可利用较少成本进行较大的投资；避免了直接投资黄金现货而必须考虑的存储和成色问题；可用来规避黄金价格剧烈波动带来的风险等。目前中国银行的黄金期权产品包括1周、2周、1个月、3个月等不同期限的欧式期权，深受投资者的欢迎。

四、成熟期权市场的做市商制度具体内容是什么，做市商如何参与期权市场？

做市商制度是金融市场上非常重要的一种市场交易制度，实行做市商制度的市场机制称为报价驱动机制（Quote - driven）。做市商通常由具备资质的有高度实力和信誉的法人承担，不断向市场投资者提供买卖的交易价格，并按照所报的买卖价格与市场投资者进行交易，通过买卖价差赚取利润的同时为市场提供流动性和即时性。在做市商制度下，投资者的直接交易对象是做市商，这和当前我国证券期货市场采用的指令驱动机制（Order - driven）是不同的。做市商制度最早起源于美国的纳斯达克市场（NASDAQ）。1971年2月，NASDAQ市场正式成立，全美有共计500多家证券经纪自营商登记为NASDAQ的做市商。期权市场的做市商制度最早诞生于20世纪80年代中期的芝加哥期权交易所（CBOE），这项制度随着期权交易量的上升不断强化，并于1987年在一般做市商的基础上开始逐步实行指定做市商制度。一般做市商是在交易所登记的个人或公司，只能自营，不能代理，没有优先权。而指定做市商都是交易所会员，往往都是较有规模的金融机构，既可以自营，也可以代理，并管理报价工作。2000年，还成立了芝加哥指定做市商协会。做市商分为垄断型做市商和竞争型做市商。顾名思义，在垄断型做市商制度下，一个期权合约仅有唯一的做市商。而在竞争型做市商制度下，一个期权合约有多个做市商，由于做市商之间产生竞争，作为期权的市场投资者则可以降低交易成本，缩小买卖价差，获取更为准确的价格定位，也会使市场更加活跃，有更多的交易量。目前，全球的期权交易所普遍采用做市商制度，根据各自情况，既有采用垄断型的，也有采用竞争型的，美国的期权市场采用的主要是竞争型做市商制度。通俗地讲，期权做市商实际上就是期权买家和卖家的中介。在做市商制度下，期权交易实际上是在期权投资者和做市商之间完成的，期权做市商的存在能够充分解决买卖双方在出价时间上的不对称问题。应该说，指定做市商制度对于活跃期权市场和期权市场的发展起到了不可或缺的作用。具体而言，由于期权市场是相对比较复杂的衍生品市场，投资者未必能够做到时时刻刻对风险有完全的把控，因此，有时会出现部分期权合约买卖双方中仅有一方提出报价、因而交易不够活跃的情况。这时，期权做市商活跃市场的作用就充分体现出来了。期权做市商是比较成熟的专业投资机构或者个人，对风险有很好的把控能力，随时可以利用自有资金与报价方（可能是期权买方，也可能是期权卖方）进行交易，保证市场的充分活跃性。期权做市商还具有价格发现的功能，可以在市场上主动报价寻求交易对手，并在获取交易利润的同时提高市场的流动性。此外，期权市场的部分合约由于参与者有限，有被操纵的风险，而期权做市商的存在则可以最大程度地抑制价格操纵。当前全球发展迅速的期权交易和做市商制度是分不开的。

五、期权保证金是如何收取的？

保证金制度是指在交易中，交易者只需按照买卖合约价值的一定比例（通常为5%～10%）缴纳资金，作为其履约的担保，即可进行相关合约的交易的一种交易制度安排。在这一制度下缴纳的那部分资金就是保证金。期权与期货一样都是实行保证金交易，但有独特之处。

期权的买方向卖方支付权利金，买入一个权利，买方所承担的最大损失以权利金为限，因为权利金已经百分之百全部支付，因此，期权的买方不需要再额外缴纳保证金。

期权的卖方收到权利金并负有履约的义务，因此，需要缴纳一定比例的保证金以保证合约能够执行，同时需要根据价格的变动不断改变保证金的金额，以维持交易所规定的保证金水平。期权交易的保证金采用严格的逐笔控制模式，在开仓时如果可用资金不足，则无法进行交易。

（一）保证金的计算方法

保证金的计算方法主要分为三种：传统保证金计算方法，Delta 方法和投资组合保证金模式（SPAN、TAIN、TIMS 等）方法。

1. 传统保证金计算方法。目前期权市场大多采用传统保证金计算方法。这一方法严格遵守“保证金覆盖次日最大亏损”的原则，当发生极端行情时可以避免当日穿仓的风险，但是这一方法收取的保证金比例较高，影响资金运用的效率，也不能反映投资组合的风险水平。

2. Delta 方法。Delta 方法是将相关的期权合约换算成相应期货合约，并据此收取保证金的方式。按照这种方法，当期权处于深度虚值时，对卖方要求的保证金较低，而当期权由虚值向实值移动时，卖方的保证金会不断增加。按照这种方法计算出来的保证金比按照传统方法计算出来的保证金低，提高了资金运用的效率。但是这种方法只考虑了价格波动对于整体头寸风险的影响，而忽略了影响价格的其他因素。

3. 投资组合保证金模式。目前国际市场上比较流行的是投资组合保证金模式，其中最常采用的是 SPAN 模式。

（1）SPAN 是一套综合性的风险评估系统，利用组合的方式，综合考虑了标的资产价格变动、标的资产价格波动率的变动、距离到期时间、不同合约间的价差波动、标的资产之间的相关性和合约的交割风险 6 个因素，来估计整个投资组合的风险。SPAN 模型模拟资产组合价值随市场状况变化的 16 种情形（价格波动的各种情形与波动率变化的 16 种组合）可能出现的各种状况，求最大可能日亏损值的期望值。在此基础上计算组合面临的总风险，然后用总风险的期望值减去期权的净值，得到收取的保证金金额。

SPAN 保证金计算公式为：

SPAN 的总保证金金额 = SPAN 总风险值 - 期权净值

SPAN 的总风险值由各产品群的风险值加总而成。产品群是 SPAN 系统里的一个概念，是 SPAN 对不同金融产品的分类，可由交易所根据实际情况自行决定。例如可以将所有产品分为指数型产品群、外币型产品群、债券型产品群等。在不同的产品群下再细分为产品组合，如 S&P500 指数期货和 S&P500 指数期权可以视为 S&P500 的一个商品组合。在产品组合下再根据产品的种类划分为期权、期货等产品。在产品下再细分合约。总共是四级分类。

期权净值是指所有持有的期权按现在市价立即平仓后的现金流量，正值表示现金流入，负值表示现金支出。

与传统模式和 Delta 模式相比，SPAN 模式对保证金的计算更为准确和全面，在该系统下收取的保证金更利于投资者资金的运用。其优势主要体现在以下几个方面：

①准确估算投资组合的整体风险水平。SPAN 系统综合考虑了各种可能影响损益的因素，因而，最终投资组合所缴纳的保证金水平中既全面考虑到了可能的风险，同时又做到了尽量少占用客户资金。

②可以实现跨交易结算。投资者投资一个交易所的各种产品，可以综合计算保证金，使投资者的资金能够得到最充分的使用。

SPAN 模式的局限性是：在计算过程中涉及的各种因素太多，往往随着组合资产数量的不断增多，计算过程变得越来越繁琐，同时系统处理时间较长，会对交易系统的速度和效率产生一定影响。因而 SPAN 模式通常不采用实时结算方式。

（2）TIMS 计算投资组合风险值的原理与 SPAN 类似，区别在于计算过程中衡量风险的方式有所差异。

表 2－1 中列出了不同国家和地区期权保证金收取方式的不同。中国台湾期权市场仍采取传统的保证金收取方式。事实证明，中国台湾的期权市场十分成功，可见 SPAN 系统虽然是一种更为先进的保证金计算方法，能够提高市场效率，但是并不是发展期权市场的必需条件。相反，在期权市场设立之初，市场基础较为薄弱，且缺乏 SPAN 系统运算所需要的历史数据，使用传统的方式收取保证金可能更为稳妥；而且刚开始市场上衍生产品比较单一，采用传统方式计算保证金对于资金的利用效率影响并不大。

表 2－1　　各国和地区期权市场保证金计算方法

交易所	保证金计算方法
韩国交易所	TIMS
美国期权结算公司（OCC）	TIMS
欧洲期货交易所	SPAN
中国台湾期货交易所	传统方式
大阪证券交易所	SPAN
中国香港交易所	PRIME（与 SPAN 兼容）

以上汇总了全球各主要交易所对期权保证金的计算方法，适用于各种含有期权的复杂投资组合的保证金收取。

（二）保证金收取要求

如上所述，期权的卖方由于未来面临期权被执行的可能，因此，期权卖方需要缴纳保证金。但在实际操作中，期权卖方在卖出期权时往往会同时报告显示持有与“卖出期权”交易具有数量相等、方向相反的头寸。比如，持有100股苹果公司普通股票的投资者同时卖出100份苹果公司股票看涨期权；或者做空100股通用电气公司股票的投资者同时卖出100份通用电气公司股票看跌期权，以表明一旦该期权被执行，作为期权卖方可以确保履约。这种情形称为卖出有保护的期权，只要在期权存续期内，期权卖方始终持有与“卖出期权”交易数量相等、方向相反的头寸，则无须另外缴纳保证金（持有的与“卖出期权”交易数量相等、方向相反的头寸实际上已经起到了保证金的作用）。如果“卖出期权”交易的投资者不持有方向相反、数量相等的现货头寸，则其卖出的期权称为“裸期权”，“裸期权”的卖方就必须提供保证金以避免未来可能发生的期权执行时的违约风险。

1. 期权保证金计算。以美国芝加哥期权交易所（CBOE）普通股票期权为例，根据表2-1中所列保证金计算方法，对“裸看涨期权”的卖方要求提供的初始保证金为以下二者中的较大者：

（1）“裸看涨期权”的卖出收益加上20%的标的股票价格，再扣除执行价格超出股票价格的部分（如果执行价格低于股票价格，则无须扣除）；

（2）“裸看涨期权”的卖出收益加上10%的标的股票价格。

对“裸看跌期权”的卖方要求提供的初始保证金为以下二者中的较大者：

（1）“裸看跌期权”的卖出收益加上20%的标的股票价格，再扣除执行价格低于股票价格的部分（如果执行价格高于股票价格，则无须扣除）；

（2）“裸看跌期权”的卖出收益加上10%的执行价格。

【案例2-1】

以纽交所通用电气公司股票2013年4月12日（周五）收盘价为例，当日收盘价为23.46美元/股。以通用电气公司股票作为标的物、于2013年6月21日到期的执行价格为24美元的美式看涨期权，成交价是0.42美元/份（见表2-2）。现有一投资者“裸卖”8张该美式看涨期权（一张为100份），请问根据CBOE的规定，该投资者需要准备的初始保证金是多少？如果其他条件相同，该投资者“裸卖”8张该美式看跌期权，则需要准备多少初始保证金？

该期权的合约规模为100股，即购买一张看涨股票期权的投资者，如果执行该期权，则有按执行价格购买100股股票的权利，“裸卖”8张该美式看涨期权的计算方法是：

①$800 \times [0.42 + 0.2 \times 23.46 - (24 - 23.46)] = 3\ 657.6$（美元）

②$800 \times (0.42 + 0.1 \times 23.46) = 2\ 212.8$（美元）

由于①式计算的结果大于②式，因此该投资者需缴纳保证金3 657.6美元。在其他条件不变的情况下，“裸卖”8张该美式看跌期权，计算方法是：

①$800 \times (0.42 + 0.2 \times 23.46) = 4\ 089.6$（美元）

表 2-2 纽交所通用电气公司股票价格

General Electric Company (GE) - NYSE

23.46 ↓0.13(0.55%) Apr 12, 4:00PM EDT | After Hours : 23.49 ↑0.03 (0.13%) Apr 12, 7:58PM EDT

Options Get Optior

View By Expiration: Apr 13 | May 13 | Jun 13 | Jul 13 | Sep 13 | Dec 13 | Jan 14 | Jan 15

Call Options Expire at close Friday, June 21, 2013

Strike	Symbol	Last	Chg	Bid	Ask	Vol	Open Int
11.00	GE130622C00011000	12.00	0.00	10.85	14.00	8	2
15.00	GE130622C00015000	8.05	0.00	8.30	8.60	131	217
16.00	GE130622C00016000	6.95	0.00	7.30	7.60	20	167
17.00	GE130622C00017000	6.20	0.00	6.30	6.60	60	306
18.00	GE130622C00018000	5.50	0.00	5.30	5.65	10	1,001
19.00	GE130622C00019000	4.10	0.00	3.30	4.65	80	234
20.00	GE130622C00020000	3.59	↓0.11	3.35	3.60	1	2,824
21.00	GE130622C00021000	2.65	0.00	2.45	2.69	30	11,874
22.00	GE130622C00022000	1.69	↓0.17	1.69	1.71	27	23,311
23.00	GE130622C00023000	0.95	↓0.08	0.95	0.96	653	30,833
24.00	GE130622C00024000	0.42	↓0.04	0.42	0.44	347	34,019
25.00	GE130622C00025000	0.16	↓0.02	0.15	0.16	139	14,303
26.00	GE130622C00026000	0.06	0.00	0.06	0.07	215	2,759
27.00	GE130622C00027000	0.04	↑0.03	0.01	0.04	5	958
28.00	GE130622C00028000	0.01	0.00	N/A	0.02	11,000	11,011

根据本部分陈述的计算方法为：

②800×(0.42+0.1×23.46)=2 212.8（美元）

由于①式大于②式，因此该投资者需准备保证金4 089.6美元。

在实际操作中，不同的交易所针对不同合约对“裸期权”卖方的保证金收取制度有所差异，但目的都是一致的，就是确保当“裸期权”被执行时，“裸期权”买方不会因为卖方发生违约风险而造成损失。期权的买方由于在交易之初已经支付了权利金，享有权利而不承担义务，因此无须缴纳保证金。

对于标的物多头或空头，卖出看涨或看跌期权可视为卖出有保护期权。

2. 卖出有保护期权的保证金收取要求。如果卖出有保护的看涨期权，则可以考虑将有保护期权的资产充当保证金。即对于出售有保护的期权，如果保护是充分的，则不需要向结算机构交付更多的保证金。

如香港交易所对卖出一份有保护的看涨期权的规定为：若一名客户持有某股票，当其卖出该股票的看涨期权时，可视为卖出一份有保护的看涨期权，其所持股票须转入保证金账户，结算机构将不对该客户的期权持仓提出保证金要求。而且其所持股份数不得少于售出看涨期权的股份数。任何卖出的期权如果超出所持股份数目，超出部分按照“裸期权”要求收取保证金。

3. 依据配对接受买方行权的卖方保证金收取要求。某期权卖方经结算系统配对而要求接受买方行权，包括卖出看涨期权（标的物交付）和卖出看跌期权（标的物交收），配对成功后，卖方须向其在结算公司的保证金账户存入要求的保证金金额。

第一，待定股票交付（配对卖出股票）。以香港交易所为例，该交易所对股票交付保证金的要求，是下面两个结果的最大值：

（1）[（120% ×标的股票的市场价格）-执行价格]×交付手数×每手股数；

（2）0。

根据以上要求，当标的物市场价格高于执行价格时，卖方会产生一定的亏损，所以须按上述规定缴纳保证金；如果在建仓时交易者已经按建仓和持仓要求缴纳了保证金，则须按配对交付的要求重新核定保证金。

【案例 2-2】

一名投资者因分配结果而以执行价格 100 港元交付 10 手 HKZ 股票。HKZ 每手交易单位为 1 000 股。若当时 HKZ 股票的市场价格为 110 港元，计算其需要缴纳的保证金数额；如果当时的股票价格为 83 港元，计算其需要缴纳的保证金数额。

HKZ 股票为 110 港元时，需要交付的保证金为：

（1）[（120%×110）-100]×10×1 000 = 320 000（港元）；

（2）0。

该交易者需存入的保证金金额为 320 000 港元。

HKZ 股票为 83 港元时，需要交付的保证金为：

（1）[（120%×83）-100]×10×1 000 = -4 000（港元）；

（2）0。

故该交易者无须缴纳保证金。

第二，待定股票交收（配对买入股票）。以香港交易所为例，该交易所对股票交收保证金的要求，是下面两个结果的最大值：

（1）（执行价格 -80% ×标的股票的市场价格）×交收手数×每手股数；

（2）0。

【案例 2-3】

一名投资者因分配结果而以执行价格 100 港元交收 10 手 HKZ 股票。HKZ 每手交易单位为 1 000 股。若当时 HKZ 股票的市场价格为 90 港元，计算其需要缴纳的保证金数额；如果当时的股票价格为 105 港元，计算其需要缴纳的保证金数额。

（1）HKZ 股票为 90 港元时，需要交付的保证金为：

①[100 -（80% ×90）]×10×1 000 = 280 000（港元）；

②0。

该交易者需存入的保证金金额为 28 000 港元。

（2）HKZ 股票为 105 港元时，需要交付的保证金为：

①[100 -（80% ×105）]×10×1 000 = 160 000（港元）；

②0。

该交易者需存入的保证金金额为 160 000 港元。尽管当时的股票市场价格高于执行价格，买方不会行使权利，但卖方仍需存入一定数量的保证金，防止因股价波动而给经纪人和结算公司造成的违约风险。

从以上结果可见，交易所或结算公司对于存在风险敞口或潜在风险的期权卖出者，会依据不同情况计算保证金标准，客户和会员根据计算结果将保证金存入保证金账户。

（三）上证 50ETF 期权保证金收取方法

上海证券交易所对上证 50ETF 期权的裸卖方（即不持有相应标的资产头寸的期权卖方）收取保证金；提前锁定足额合约标的作为将来行权交割所应交付证券，并据此卖出相应数量的看涨期权的投资者，则无须缴纳保证金。

投资者的交易保证金分为开仓保证金和维持保证金。投资者开仓卖出期权时，保证金账户资金需达到开仓保证金最低标准，每日收盘时，按维持保证金核算其保证金账户资金，如果保证金账户资金低于维持保证金最低标准，则会收到追加保证金的通知。

开仓保证金最低标准：

认购期权义务仓开仓保证金 =［合约前结算价 + Max(12% ×合约标的前收盘价 - 认购期权虚值,7% ×合约标的前收盘价)］×合约单位

认沽期权义务仓开仓保证金 = Min［合约前结算价 + Max(12% ×合约标的前收盘价 - 认沽期权虚值,7% ×行权价格),行权价格］ ×合约单位

维持保证金最低标准：

认购期权义务仓维持保证金 =［合约结算价 + Max(12% ×合约标的收盘价 - 认购期权虚值,7% ×合约标的收盘价)］×合约单位

认沽期权义务仓维持保证金 = Min［合约结算价 + Max(12% ×合约标的收盘价 - 认沽期权虚值,7% ×行权价格)，行权价格］×合约单位

【案例 2 -4】

2019 年 9 月 16 日，上证 50ETF 期权的标的基金 50ETF 的开盘价为 3.050 元，某投资者在开盘时入金 4.6 万元，以 0.0494 元的价格开仓卖出 50ETF 购 10 月 3100，即 2019 年 10 月到期、执行价格为 3.10 元的上证 50ETF 看涨期权 10 张，该投资者计划持仓至到期。计算该投资者的开仓保证金和至 9 月 26 日的维持保证金。

根据公式，相关的要素数据如下：

合约前结算价，即该期权的前结算价为 0.0583 元；

合约标的前收盘价，即标的基金的前收盘价为 3.047 元，12% ×合约标的收盘价 = 12% × 3.047 = 0.3656（元）；

标的基金前收盘价低于执行价格，所以该期权为虚值期权，认购期权虚值 = 3.10 - 3.047 = 0.053（元）；

7% ×合约标的收盘价 =7% ×3.047 =0.2133 <12% ×合约标的前收盘价 – 认购期权虚值

开仓保证金 =(合约前结算价 +12% ×合约标的前收盘价 – 认购期权虚值)×合约单位×开仓张数 =(0.0583 +0.3656 –0.053)×100 000 =37 090（元）

卖出每份该期权需要缴纳保证金 0.3709 元，是标的基金价格的 12.17%，期权价格的每张期权需要 3 709 元，投资者入金 4.6 万元，满足交易所对开仓保证金的要求(不计交易手续费)。

由于开仓后当天至 9 月 26 日，标的基金持续下跌，看涨期权下跌，该投资者处于盈利状况，因此维持保证金不会超过开仓保证金，不会要求追加保证金。

9 月 26 日，标的基金收盘价和期权结算价分别为 2.978 元和 0.0150 元，期权虚值程度加深，虚值 =3.1 –2.978 =0.122（元）。

维持保证金 =(合约结算价 + 12% ×合约标的收盘价)×合约单位×持仓手数 =(0.015 +12% ×2.978 –0.122)×10 000 ×10 =25 036（元）

由于看涨期权价格下跌，对看涨期权空头有利，所以空头保证金要求降低。

【案例 2 –5】

2019 年 9 月 16 日，某投资者在开盘时入金 3.2 万元，以 0.0494 元的价格开仓卖出 50ETF 沽 10 月 3100，即 2019 年 10 月到期、执行价格为 3.10 元的上证 50ETF 看跌期权 10 张，该投资者计划持仓至到期。计算该投资者的开仓保证金和当天的维持保证金。

根据公式，相关的要素数据如下：

合约前结算价，即该期权的前结算价为 0.1015 元；

合约标的前收盘价，即标的基金的前收盘价为 3.047 元，12% ×合约标的收盘价 =12% ×3.047 =0.3656（元）；

对于其他条件相同的期权，看涨期权为虚值，则看跌期权为实值。

7% ×行权价格 =7% ×3.1 =0.217（元），小于 0.3656 元。

合约前结算价 +12% ×合约标的收盘价 =0.1015 +0.3656 =0.4671，大于行权价；

开仓保证金 =行权价格 ×合约单位×开仓张数 =0.3100 ×10 000 ×10 =31 000（元）

卖出每份该期权需要缴纳保证金 0.3100 元，是标的基金价格的 10.17%，每张需要 3 100 元，投资者入金 3.2 万元，满足交易所对开仓保证金的要求(不计交易手续费)。

当日收盘，标的基金价格下跌至 2.978 元，期权价格上涨至 0.163 元，该投资者亏损，需计算维持保证金是否满足要求。

12% ×合约标的收盘价 – 认沽期权虚值 =12% ×2.978 =0.3574 >7% ×行权价格

合约结算价 +12% ×合约标的收盘价 =0.1305 +0.3574 =0.4879 <行权价

维持保证金 =(合约结算价 +12%×合约标的收盘价)×合约单位×持仓手数 =0.4879 ×10 000 ×10 =48 790（元）

标的基金价格下跌，看跌期权空头亏损，该交易者入金 3.2 万元，不能满足维持保证金要求，所以会收到追加保证金的通知。至少需要追加 16 790 元（=48 790 - 32 000）。

（四）中金所股指期权保证金收取方法

中国金融期货交易所股指期权合约交易细则中规定，当日结算时，股指期权合约卖方交纳的交易保证金标准为：

每手看涨期权交易保证金 =（合约当日结算价 × 合约乘数）+ max（标的指数当日收盘价 × 合约乘数 × 合约保证金调整系数 - 虚值额，最低保障系数 × 标的指数当日收盘价 × 合约乘数 × 合约保证金调整系数）

每手看跌期权交易保证金 =（合约当日结算价 × 合约乘数）+ max（标的指数当日收盘价 × 合约乘数 × 合约保证金调整系数 - 虚值额，最低保障系数 × 合约行权价 × 合约乘数 × 合约保证金调整系数）

其中，股指期权合约保证金调整系数、最低保障系数由交易所另行规定。看涨期权虚值额为：max[（本合约行权价格 - 标的指数当日收盘价）× 合约乘数，0]；看跌期权虚值额为：max[（标的指数当日收盘价 - 本合约行权价格）× 合约乘数，0]。

目前，沪深 300 股指期权合约的保证金调整系数为 10%，最低保障系数为 0.5。

【案例 2-6】

某日，3 月到期、行权价格为 4000 点的沪深 300 股指看涨期权和看跌期权当日结算价分别为 60 点和 113 点，沪深 300 指数收盘价为 4028 点，分别计算持有每手该看涨期权和看跌期权的当日交易保证金。

（1）根据保证金收取标准，每手看涨期权交易保证金计算如下：

合约当日结算价 × 合约乘数 = 60 × 100 = 6 000（元）

行权价 4000 低于标的指数收盘价，所以看涨期权为实值，虚值额 = 0。

标的指数当日收盘价 × 合约乘数 × 合约保证金调整系数 = 4 028 × 100 × 10% = 4 028 × 100 × 10% = 40 280（元）

最低保障系数 × 标的指数当日收盘价 × 合约乘数 × 合约保证金调整系数 = 0.5 × 4 028 × 100 × 10% = 20 140（元），低于 40 280。

看涨期权每手交易保证金 = 6 000 + 40 280 = 46 280（元）。

（2）根据保证金收取标准，每手看跌期权交易保证金计算如下：

合约当日结算价 × 合约乘数 = 113 × 100 = 11 300（元）

虚值额 = 标的指数收盘价 - 行权价 = 4 028 - 4 000 = 28（元）

标的指数当日收盘价 × 合约乘数 × 合约保证金调整系数 - 虚值额 = 4 028 × 100 × 10% - 28 = 40 252（元）

最低保障系数 × 合约行权价 × 合约乘数 × 合约保证金调整系数 = 0.5 × 4 000 × 100

×10% =20 000（元），低于40 252元

看跌期权每手交易保证金=11 300+40 252=51 552（元）

以上看涨和看跌期权保证金为每日收盘结算时卖方每手持仓保证金。

股指期货卖方开仓时，交易所按照上一交易日结算时合约交易保证金标准收取卖方交易保证金；卖方平仓时，交易所释放卖方所平合约的保证金。

六、期权涨跌幅是如何计算的？

与股票交易、期货交易相同，我国境内交易所的期权交易同样采用涨跌幅停板制度；而发达国家或地区的股票、期货等交易所，如美国的交易所、我国香港交易所等，股票和期货交易均无涨跌幅限制，交易所的交易期权同样没有涨跌幅限制。

那么，我国交易所期权的涨跌幅是如何计算的？与标的资产涨跌幅有何关系？

（一）上证50ETF期权涨跌幅计算

认购期权最大涨幅=max｛合约标的前收盘价×0.5%，min［（2×合约标的前收盘价－行权价格），合约标的前收盘价］×10%｝

认购期权最大跌幅=合约标的前收盘价×10%

认沽期权最大涨幅=max｛行权价格×0.5%，min［（2×行权价格－合约标的前收盘价），合约标的前收盘价］×10%｝

认沽期权最大跌幅=合约标的前收盘价×10%

【案例2－7】

2019年9月15日，执行价格为3.1元的上证50ETF期权的结算价为0.0583元，标的基金上证50ETF的收盘价为3.047元，计算下一交易日该执行价格的看涨和看跌期权的涨跌幅。

2×合约标的前收盘价－行权价格=2×3.047－3.1=2.994<3.047

合约标的前收盘价×0.5% =3.047×0.5% =0.015<2.994

所以，看涨期权最大涨幅=（2×合约标的前收盘价－行权价格）×10% =2.994×10% =29.94%

认购期权最大跌幅=合约标的前收盘价×10% =3.047×10% =30.47%

2×行权价格－合约标的前收盘价=2×3.1－3.047=3.153>3.047

行权价格×0.5% =3.1×0.5% =0.0155<3.047

所以，看跌期权最大涨幅=合约标的前收盘价×10% =3.047×10% =30.47%

认沽期权最大跌幅=合约标的前收盘价×10% =30.47%

（二）中金所沪深300股指期权涨跌幅计算

沪深300股指期权通过计算每日价格最大波动幅度限制，即涨跌停板价格来推算期权的涨跌幅度。

股指期权合约的每日价格最大波动限制是指其每日价格涨跌停板幅度，为上一交易日标的指数收盘价的±10%。根据《中金所股指期权合约交易细则（征求意见稿）》，具体涨跌停板价格为：

第一，上市首日的涨（跌）停板价格为挂牌基准价加上（减去）上一交易日标的指数收盘价的10%；

第二，非上市首日的涨（跌）停板价格为上一交易日结算价加上（减去）上一交易日标的指数收盘价的10%。

如果计算结果小于最小变动价位，以最小变动价位为跌停板价格。

由此可见，中金所沪深300指数期权涨跌幅的计算与上海证券交易所50ETF期权涨跌幅的计算方法不同，50ETF期权涨跌幅计算以标的基金、期权执行价格和期权前结算价为依据，计算下一交易日期权价格涨跌幅；而沪深300指数期权以指数前收盘价为基准，计算期权的最大波动限制，即计算下一交易日期权价格上涨最人值和下跌最低值，而非涨跌幅。

【案例2-8】

案例2-6中，沪深300股指期权的执行价格为4000点，看涨期权和看跌期权的结算价分别为60点和113点，该日标的指数收盘价为4028点，计算下一交易日看涨期权和看跌期权的涨跌停板价格和涨跌幅限制。

沪深300股指期权的执行价格为4000点，看涨期权和看跌期权的结算价分别为247.00和69.6点，该日标的指数收盘价为3877.09点，计算下一交易日看涨期权和看跌期权的价格最大波动限制和涨跌幅限制。

看涨期权下一交易日价格涨停板价格 $=60+4\ 028\times10\%=462.8$（点）

由此可以计算出看涨期权价格涨幅限制 $=(462.8-60)\div60\times100\%=671.33\%$

看涨期权下一交易日价格跌停板价格 $=60-4\ 028\times10\%=-342.8<0$，根据规定，看涨期权跌停板价格等于最小变动价位0.2点时，跌停板价格为0.2点。

看涨期权价格跌幅限制 $=(0.2-60)\div60\times100\%=-99.67\%$

看跌期权下一交易日价格涨停板价格 $=113+4\ 028\times10\%=515.8$（点）

由此可以计算出看跌期权价格涨幅限制 $=(515.8-113)\div113\times100\%=356.46\%$

看跌期权下一交易日价格跌停板值 $=113-4\ 028\times10\%=-289.8<0$。同样，看跌期权跌停板价格等于最小变动价位0.2点，跌停板价格为0.2点。

看跌期权价格跌幅限制 $=(0.2-113)\div113\times100\%=-99.82\%$

可见，期权价格涨跌幅可能远远高于标的资产价格涨跌幅，由此带来了期权的高杠杆性。

七、期权建仓和头寸了结过程中涉及哪些术语或要素？

假设有这么一个投资者，在2018年3月8日要进行一笔期权的交易，买入或者卖出一手期权，需要怎样向他的经纪商下达交易指令呢？以买入开仓一份IBM的股票期权为例。为了清晰表达他的指令，他需要对经纪商这么说：以0.1美元的价格买入开仓IBM股票2018年7月50看涨期权一手。将这个指令拆开来分析，看一下在这个指令里包含的信息分别有什么含义。

（1）“以0.1美元的价格”：0.1美元是期权的价格，即期权的权利金。一般情况下，期权价格的涨跌就是指的这一价格的变动。下文可以了解到影响期权价格的因素有：标的资产价格、距离到期日的时间、标的资产的波动率、期权的履约价格、无风险利率以及分红，在这里不予赘述。需要注意的是，与期货一样，一手股票期权包含的往往不只是买卖一手股票，可能包括买卖100股或者其他合约规定数量的股票，因此当我们以0.1美元的价格买卖一手期权的时候，需要付出或者收到的金额并不是0.1美元，而是10美元（$=0.1\times100$）。

（2）“买入”：这是交易的方向，要么是买，要么是卖，在形式上与普通的股票或者期货交易并无不同。

（3）“开仓”：指的是交易的类型，这与期货交易中的含义一致。开仓是新建一个头寸，而将手上已有的头寸结束则是平仓。一手开仓交易将增加这一期权的持仓量，而一手平仓交易将减少这一期权的持仓量。

（4）“IBM股票2018年7月50看涨期权”：表明该投资者买入的金融产品是什么。进一步把该产品分解，发现首先是跟IBM股票相关联的；其次有时间的限制——2018年7月，同时还有价格的限制——50。这些分别代表什么含义呢？

IBM股票是期权的标的资产，买入一份由标的资产衍生的期权获得的即是与其相关的一份权利。作为期权分类的一个标准，根据标的资产的不同，期权可以细分为股票期权、指数期权、期货期权、利率期权等许多种类。

7月为到期时间，如同保险有有效期一样，所有的期权都不可能永续存在，只是在某一段时间内有效。对于交易所交易的期权来说，交易所一般会规定当月固定的某一天（比如每个月的第三个星期五）作为到期日。有的期权，到期时间为7月，意味着在到期之前的任意一天，期权的买方都可以选择行权；而对于有的期权，则只是意味着期权的买方可以在到期日的当天选择行使权利或放弃。这一区别正是美式期权与欧式期权的区别，下文将详细介绍。

50 是期权的履约价格，也就是当买方选择行权时，不论当时市场价如何，他都可以以每股 50 美元的价格买入一手股票。

看涨是权利的类型，指的是买入的权利，而卖出的权利则是看跌。期权是一种保险。

把这个指令搞清楚，即便我们不懂得期权定价或是期权策略之类，也可以开始进行期权交易了。韩国的股指期权之所以能够异军突起，成为世界上成交量最大的期权品种，其中一个很重要的原因就是众多的“非专业人士”的积极参与。

生活中有很多金融产品虽然名称里并没有“期权”两个字，但是也附带有期权的性质。比如我们熟悉的保本型基金，相当于零息债券与一个买权的组合。

八、期权建仓和头寸了结方法有哪些？适用于何种情形？

场内期权交易与期货交易相似，采用双向交易方式，既可以开仓买入，也可以开仓卖出。但头寸类型以及头寸处理或了结方式与期货交易不同。

（一）期权建仓及头寸类型

期权开仓类型有四个，分别为两个多头类型和两个空头类型。开仓买入期权合约，头寸类型为多头，可以买入看涨期权，也可以买入看跌期权；开仓卖出期权合约，头寸类型为空头，可以卖出看涨期权，也可以卖出看跌期权（见图 2 - 1）。

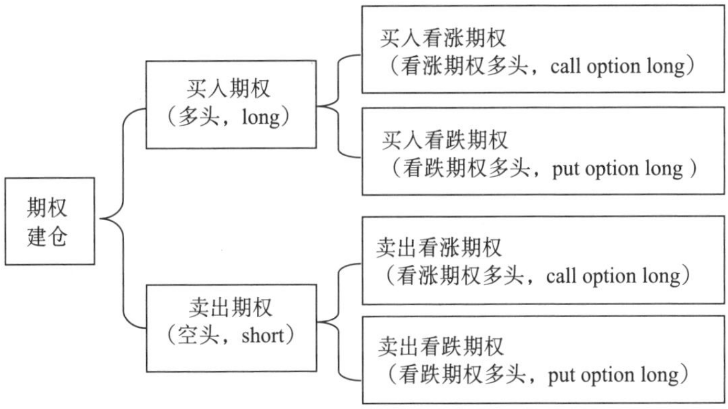

图 2 - 1　期权建仓及头寸类型

（二）期权头寸的了结方式

了结期权多头和空头头寸的方式不同。

1. 多头了结期权方式。多头可以通过平仓了结期权、通过行权了结期权、持有合约至到期（行权或放弃）。

（1）执行期权。对于美式看涨期权而言，当期权的标的资产价格上涨至执行价格以上时，该看涨期权持有者可以执行该期权获得收益而将期权头寸了结；对于欧式看涨期权而言，当期权到期时的标的资产价格高于执行价格，则该看涨期权持有者可以执行该期权获得收益而平仓。对于美式看跌期权而言，当期权的标的资产价格下跌至执行价格以下时，该看跌期权持有者可以执行该期权获得收益而将期权头寸了结；对于欧式看跌期权而言，当期权到期时的标的资产价格低于执行价格，则该看跌期权持有者可以执行该期权获得收益而将期权头寸了结。如果在期权存续期内期权持有者未能执行期权，则期权到期后自动失效。

（2）对冲平仓。在期权存续期内，期权持有方可以将同样份数的期权以市场价格卖出得以平仓。

2. 空头了结期权方式。空头在没有被要求履约的情况下，可以通过平仓了结期权，或通过履约了结期权；在没有被要求履约的前提下，可以持有合约至到期（被要求履约或期权作废）。

（1）期权被执行。对于美式看涨期权而言，当期权的标的资产价格上涨至执行价格以上时，该看涨期权卖出方可能会被要求执行期权而将期权头寸了结；对于欧式看涨期权而言，当期权到期时的标的资产价格高于执行价格，该看涨期权卖出方将被要求执行期权而将期权头寸了结。对于美式看跌期权而言，当期权的标的资产价格下跌至执行价格以下时，该看跌期权卖出方可能会被要求执行期权而将期权头寸了结；对于欧式看跌期权而言，当期权到期时的标的资产价格低于执行价格，该看跌期权卖出方将被要求执行期权而将期权头寸了结。如果在期权存续期内期权持有者未能执行期权，则期权到期后自动失效。

（2）对冲平仓。在期权存续期内，期权卖出方可以以市场价格买进同样份数的期权得以平仓。

（三）采用买入期权建仓策略的情形

由于期权有杠杆性，因此，当投资者预计标的资产价格将大幅波动时，买入期权建仓能够充分提升资金的使用效率。具体而言，如果预计标的资产价格将大幅上升，可以考虑采取买入看涨期权；如果预计标的资产价格将大幅下跌，可以考虑采取买入看跌期权。

【案例 2－9】

国内股市自 2015 年 6 月下跌，至 2018 年底表现一直不尽如人意。2019 年初开始了一轮较强劲的反弹，至 2019 年 9 月，上证指数从 2018 年底的 2400 多点上涨至 3000 点。某投资者认为股市未来 3 个月还会继续上涨，决定投资上证 50ETF 获取收益。请

问可以选择哪种期权建仓方式？（分析过程不考虑交易成本）

该投资者现有100万元的投资款，如果以9月16日10点每份基金3.031元的价格购买基金，100万元可以购买300 000份基金（在二级市场购买上证50TEF，交易单位为每手100份基金，100万元可以购买3 000手），使用资金90.93万元。

另一个比较有效率的投资方式就是买入看涨期权。经查，在同一时间，2019年12月到期的执行价格为3.0元的上证50ETF看涨期权的价格为0.0931元，通过期权持有基金的成本为3.0931元，标的基金价格上涨至3.0931以上时交易者方可盈利，较直接购买基金的成本高0.0621，这便是通过期权持有基金的代价。

上证50ETF期权的合约单位为10 000份基金，未来购买300 000份基金的权利，需要购买30张期权。投资者购买3张执行价格为3.0元的上证50看涨期权，权利金合计为30×10 000×0.0931=27 930（元）。这意味着，在2019年12月25日，基金价格在3.0931元以上，该投资者就可盈利；且如果基金价格确如该投资者预期在12月25日前有大幅上涨且持续至25日，则期权高杠杆的优势就显露出来了。

例如，基金价格若能上涨近10%至3.3341元，则该投资者的净盈利将达到72 300元［-（3.3341-3.0931）×300 000］，资金收益率达258.86%（72 300/27 930），利用期权杠杆的优势十分明显。

当然，期权投资的风险也是很大的。如果在期权到期时基金价格未达到3.0元以上，投资者将损失全部权利金，资金损失率达100%；如果基金价格在3.0元和3.0931元之间，投资者可申请行权，但会损失部分权利金。如果在期权到期前将期权平仓止损，会导致部分权利金损失。例如在9月30日收盘时，基金价格下跌至2.945元，跌幅为2.84%［=（3.031-2.945）/3.031］，每份基金损失0.086元（3.031-2.945），期权价格下跌至0.0088元，每份期权损失0.0843元，小于标的基金的损失，而且标的基金下跌越多，二者损失差距越大，这便是期权多头亏损有限的好处。但从资金损益率考虑，标的基金下跌2.84%，看涨期权跌幅达90.55%，期权投资损失率远高于标的基金下跌幅度。这便是期权的高杠杆性带来的高收益和高风险。

类似的，如果投资者认为基金价格在未来会大幅下跌，则可以买入看跌期权。

（四）采用卖出期权建仓策略的情形

如果投资者认为标的资产近期大幅上涨概率不大，则可采用卖出有保护的看涨期权策略；如果投资者认为标的资产近期大幅下跌概率不大，则可采用卖出有保护的看跌期权策略。最终若标的资产价格走势果真如投资者预期，以致期权直到到期也无法执行，则期权卖方在期权头寸上获取权利金的同时并不招致任何损失。即使标的资产价格走势并不如投资者预期，以致所卖期权被要求执行，由于有现货头寸的保护，损失的仅是原本属于现货头寸的超额收益，总体风险是可控的。相对而言，卖出“裸期权”风险较大，投资者需根据自身的风险承受能力并衡量对未来标的资产价格走势判断的正确概率而定。

【案例2-10】

某投资者手中持有10万股通用电气公司（General Electric Company）股票，成本价为13美元，2018年3月19日（周一）该股票收盘价为13.75美元/股。该投资者认为，通用电气公司虽远期看好，但近期股价大幅上扬可能性不大。基于以上考虑，他决定继续持有该公司股票，但同时卖出该公司的看涨期权赚取权利金。经查，发现2018年6月15日到期的执行价格为14美元的美式看涨期权在3月19日的最后一笔成交价是0.44美元/份。假设第二天开盘后该投资者仍能以0.44美元的价格卖出该美式看涨期权10万份，则该投资者可立即获得44 000美元权利金收益。不过，如果在该期权存续期内，通用电气公司股价涨至14美元以上并继续大幅上扬，则该期权卖出方在股票上的收益是封顶的，为每股1美元（=14-13）。换句话说，如果在该期权存续期内通用电气公司股价涨至14美元以上，那么该期权卖出方的总收益为：

$$0.44\times100\,000+(14-13)\times100\,000=144\,000\text{（美元）}$$

该股票超过14美元的超额收益将转嫁于该看涨期权买方身上。当然，如果该股票价格在存续期内无法涨过14美元，则该期权卖出者将净收益44 000美元。

以上，该投资者以市场价格卖出期权获得权利金的过程就是一个卖出期权的建仓过程。具体何时采用卖出期权策略，取决于该投资者对标的物价格未来走势的判断。另外，值得一提的是，由于卖出期权方未来面临该期权被执行的可能，因此要求期权的卖出方持有标的资产或者提供一定的保证金。

九、期权的交割和期货的交割有何不同？

由于期权买方享有权利而不承担义务，期权卖方则只承担义务而不享有权利，因此，期权和期货的交割在流程上有所不同。具体来说，以国外的经验，在期权成交以后，期权结算公司（期权结算公司可以作为交易所内部机构，也可以作为附属于交易所的相对独立机构）作为连接期权买方和卖方的纽带开始发挥作用。期权买方的权利金通过结算公司转至卖方，期权卖方则将保证金存至结算公司。当期权买方决定行权时，将行权指令由经纪商传至结算公司，结算公司便以交易所认可的某种方式选取一家未平仓期权卖方的经纪商，再由该经纪商选取履约的期权卖方。对于实物交割期权而言，之后即由已经选定的期权买卖双方进行标的资产交割（标的资产和钱款交换）。对于指数期权而言，通常采用的是现金结算，被选中的期权卖方将被要求交付价内值给要求执行的期权买方。由于期货的买卖双方都需承担义务而不享有权利，因此在期货合约最后交易日的未平仓必须进行交割。通常，交易所对交割月份持仓合约进行交割配对，期货买卖双方通过交易所进行仓单和钱款交换。

综上，期权和期货交割的不同主要源于期权买方享有权利而不承担义务，因此在期权交割流程中，需由买方提出行权要求，或由交易所自动执行，交割流程才会继续推进，而且只有实值期权才会进入交割流程；而在期货交割过程中，到期未平仓的合约都必须进行交割。

十、期权有何独特的委托方式?

关于委托方式，期权交易的委托类型相对股票、期货等交易要丰富得多，会有一些价差组合等组合委托方式，接受组合委托或考虑组合持仓时，保证金会一并考虑。

例如，欧洲交易所在市价委托、限价委托之外，还规定了价差期权、组合期权等组合委托方式。

上海证券交易所的委托买卖类型包括买入开仓、买入平仓、卖出开仓、卖出平仓、备兑开仓以及备兑平仓等。

由于卖出开仓需要缴纳保证金，所以将卖出开仓称为保证金开仓，持有标的资产卖出看涨期权的开仓用标的资产作为履约备兑，所以无须缴纳保证金，此卖出开仓称为备兑开仓。备兑开仓也可以看作是现货和期权的持仓组合，投资者进行备兑开仓，应当先提交合约标的备兑锁定指令，将其证券账户中的合约标的提交为用于备兑开仓的证券（以下简称“备兑备用证券”）；备兑平仓是指持有备兑开仓（备兑义务仓）的买入平仓。

买入开仓形成的持仓又称为权利仓，卖出开仓和备兑开仓形成的持仓称为义务仓。

第三章　期权合约和基本要素

本章要点

> 本章主要介绍期权的构成要素和期权合约的主要条款。包括权利金及内涵、执行价格及形成特征，以及期权合约规模、标的物、到期时间等合约要素与标的物的关系等内容。

一、期权交易涉及哪些要素?

期权要素是指期权交易时所涉及或必须考虑的基本因素或指标，包括期权费、合约月份、执行价格、标的物、行权规定、有效期、到期日、保证金等。除期权费和执行价格要素外，其他要素均在期权合约中列出。

二、期货和期权交易对象以及二者交易价格所表示的内涵有何不同?

交易所交易的期货和期权的对象均为标准化合约，即期货交易的对象是标准化期货合约，期权交易的对象是标准化期权合约，但两种合约价格所表示的内涵不同。

期权价格也称为权利金、期权费（premium）、保险费。

期权买方为取得期权合约所赋予的权利而支付给卖方一定的费用，即权利金后，便取得了按约定价格（执行价格）向期权卖方买进或卖出一定数量标的资产的权利。期权买方既可选择行使权利，也可选择放弃权利；期权卖方得到权利金后，便拥有了必须履约的义务，当买方行权时，卖方必须履约。

由此可见，期权买方支付期权价格后，只是取得了买入或卖出期权合约对应商品的权利，或者是为期权买入者未来以确定价格购买或出售合约对应商品提供了保证，所以，期权的价格也称为权利金、保险费。

【案例 3－1】

2019 年 9 月 16 日，12 月到期、执行价格为 3.2 元的上证 50TEF 期权看涨和看跌期权的价格（期权价格即权利金或期权费）分别为 0.0377 元和 0.2275 元。如果交易者以 0.0377 元的价格购买一张看涨期货期权，或以 0.2275 元的价格购买一张看跌期权，则意味着期权买方取得了按执行价格 3.2 元买进或卖出一份标的基金的权利。

三、什么是期权的执行价格？

执行价格（exercise price）也称为敲定价格（strike price）、履约价格、行权价格，是期权合约约定的买卖标的资产的价格，即买方行使权利时，买卖双方交割标的物所依据的价格。上例中 3.2 元便是上证 50 看涨和看跌期权的执行价格，是期权买方行权时，从卖方处买入或卖出 ETF 的价格。

如果在 2019 年 12 月 25 日期权到期前，标的基金价格下跌，看涨期权的价格应该随之下跌，投资者如果想了结看涨期权头寸，则需卖出平仓，会损失部分权利金；如果持有期权至到期，标的基金的价格仍然不超过 3.2 元，则不应该执行看涨期权，期权作废，交易者会损失全部买入看涨期权的费用。

对于看跌期权，由于标的基金价格下跌，看跌期权价格应该上涨，如果交易者想平仓了结期权，会获得权利金价差收益；如果持有期权至到期，标的基金的价格为 3.1 元，交易者首先应该按 3.1 元买入基金，同时申请执行看跌期权，按 3.2 元将基金卖出。不考虑交易费用和行权费的话，执行一份权利，交易者获得收益 0.07725 元（＝3.2－3.1－0.02275），期权的合约单位为 10 000 份，如果购买 1 张看跌期权，可获得收益 772.5 元。

四、权利金和执行价格是如何确定的，标价方式与标的期货合约有何联系？

与普通金融产品价格产生方式相似，场外期权的权利金由交易双方协商决定；交易所期权的权利金通过交易双方竞价产生，交易双方依据所选定的期权类型和执行价格，竞价决定期权价格。

场外期权的执行价格由交易者协商决定，场内期权的执行价格由交易所给出。

由于期权的执行价格是期权多头行权时买入或卖出标的物的价格，所以期权执行价格的标价方式与标的物的标价方式相同。

执行价格与权利金的和为通过看涨期权持有标的物的成本，执行价格与权利金的差为通过看跌期权出售标的物的价格，所以权利金的标价方式与标的物标价方式存在一定的关联。

如果标的物和执行价格的标价方式是以价格单位直接标出的，则期权的标价方式与标的物的标价方式一致，如上证50ETF期权的价格单位为元、股票价格指数期权的价格单位为指数点、CME的外汇期货期权的价格单位为汇率、长期债券期货期权的价格单位为美元。

对于标的物为短期利率工具的期货期权，由于标的物报价方式的独特性，期权标价与标的物报价方式不同，但有一定的联系。

以CME的欧洲美元期货期权为例。该期权的标的物为面值1 000 000美元、期限3个月的欧洲美元期货合约，是针对3个月的欧洲美元利率而设定的，即投资者可锁定1 000 000美元未来3个月的利率。美国短期利率期货的计价方式相似，采用贴现方式计价，为了体现高买低卖的交易习惯以及利率与价格负相关的特点，短期利率品种大多采用指数点报价，即以100减去不带百分号的年贴现利率报价。期货交易时，合约的价值等于按报价折合的贴现率进行贴现得到的价值；到期交割时，以3个月的实际欧洲美元利率的贴现值作为交割结算价，采用现金交割。

【案例3-2】

2019年2月12日，MAR19欧洲美元期货合约的市场价格为99.695美元，则意味着存单的年贴现利率为0.305%，3个月的贴现利率为0.305%/4，合约的价值等于999 237.5美元［=1 000 000×(1-0.305%/4)］。

由此可见，合约的市场价格越高，年贴现率越低，合约价值则越高，买方的投入成本也会越高，对卖方越有利。所以期货合约的市场价格越低，对买方越有利。当预期市场利率走低时，期货合约的价值应该走高。

如果通过购买欧洲美元看涨期货期权获得标的期货合约，则相当于提高了合约的购买成本，即降低了贴现率。为了充分体现此层内涵并与期货合约的报价方式一致，期权的价格直接以不带百分号的年贴现率表示，也称为指数式报价，权利金为1时，表明1%的年贴现率，期权价值为2 500美元（=1 000 000×1%/4），权利金每0.01点为25美元。

【案例3-3】

2019年2月12日，标的物为MAR19欧洲美元期货合约、执行价格为98.5美元的看涨期货期权（美式）的权利金为1.185点，期权合约的价值为2 962.5美元（=1.185×2 500）。某交易者计划资金到账后购入债券，但担心利率下降导致购买债券的成本提高，决定买入看涨期权规避利率风险。

4月9日，市场利率下降0.02%，标的期货合约的市场价格升至99.715美元，该交易者行权，按执行价格98.5美元取得期货合约，合约的贴现值为996 250美元[=1 000 000×(1-1.5%/4)]。考虑期权费的话，意味着取得标的期货合约的市场价格提高1.185，为99.685美元（=98.5+1.185），年贴现率由行权的年贴现率1.5%降至0.315%，取得期货合约的实际价值为999 212.5美元[=1 000 000×(1-0.315%/4)]。将期货合约按市场价格99.715美元卖出，可获得999 287.5美元[=1 000 000×(1-0.285%/4)]，获得收益75美元。

如果行权后持有期货合约至到期，3个月实际欧洲美元的利率为0.15%（年利率为0.45%），则交割结算价为998 500美元[=1 000 000×(1-0.15%)]，当实际贴现率下降5个基点，为0.10%时，贴现值为999 000美元[=1 000 000×(1-0.10%)]，贴现值提高500美元。即市场利率越低，交割结算价越高。

所以，如果预期市场利率下降，债券的价格将上升，可买进看涨期权，按约定的较低的执行价格、较高的贴现率或较低的合约价值获得标的期货合约。当市场利率下降时，按实际较高的贴现率、较高的合约价值平仓。

五、每种期权有多少个执行价格？

对于同一期权品种（标的物和到期月份相同）的看涨和看跌期权，交易所通常按阶梯形式分别给出几个甚至几百个执行价格。

中金所股指期权合约交易细则规定：交易所按照合约行权价格覆盖标的指数收盘价上下浮动10%对应价格范围的规定，依据行权价格间距，挂盘新行权价格的合约。

所以，中金所沪深300股指期权挂牌合约执行价格数量与标的指数价格和行权价格间距有关。

【案例3-4】

中金所沪深300股指期权合约自2019年12月23日（星期一）起上市交易。挂牌合约有当月、下2个月及随后3个季月合约，分别为2020年2月、3月、4月、6月、9月和12月合约。

期权上市前一交易日，即2019年12月20日，期权标的指数沪深300收盘价为

4017.25点，上浮10%的价格为4419点，下浮10%的价格为3616点。上市当日行权价格的范围为3600~4450点。

上市首日，标的指数价格为2500~5000点，近月合约行权价格间距为50点，季月合约行权价格间距为100点，所以近月合约的挂牌合约数量多于季月合约。3个近月合约的挂牌合约数量分别为18个行权价格不同的看涨期权和看跌期权；3个季月合约的挂牌合约数量分别为10个行权价格不同的看涨期权和看跌期权。挂牌合约数量合约为168个，当标的指数价格变化时，10%的价格范围随之变化，挂牌合约数量实时增加。例如，2003合约，上市首日挂出18个不同行权价格的看涨期权和18个看跌期权，至2020年3月13日，上市合约增加至28个行权价格不同的看涨期权和看跌期权。

同一期权产品某一合约月份所有合约的集合归属为同一合约系列，如上面的2003合约的18个看涨期权和18个看跌期权即属于同一合约系列。

同一合约系列的期权，标的资产和到期时间相同，到期行权交割时，交割结算价也相同。

不同交易所、不同的期权品种，挂牌合约的规定不同，期权合约系列的数量也不相同。

【案例3-5】

2019年8月28日，上证50ETF期权挂牌合约有8月、9月、12月及2020年3月合约，该日是8月合约的最后交易日，下一交易日该合约退市，2019年10月合约上市交易。新挂牌合约有1个平值和4个实值及4个虚值的共9个看涨期权和9个看跌期权，合约系列有19个期权。

由于标的基金价格上涨，于9月3日和9月4日又分别挂出了两个行权价格的看涨期权和看跌期权。

通常情况下，每种期权有多少个执行价格取决于该种期权标的物市场价格的波动幅度，交易所根据标的物市场价格波动幅度适时调整执行价格的数量，标的物价格波动幅度越大，可供选择的执行价格的数量越多。

六、执行价格的间距是如何确定的？

在期权合约中，通常会列出执行价格推出规则、执行价格间距的相关规定，或在交易所规则中给出相关规定。不同交易所或同一交易所不同的期权合约，执行价格的推出方式和给出数量不同，同一期权合约不同的执行价格段、执行价格的间距也不相同。

对于同一期权品种（标的物和到期月份相同）的看涨和看跌期权，执行价格的间距不同，通常情况下，执行价格越高，执行价格间距应该越大，不同的交易所以及不同的期权品种，交易所对执行价格间距的规定不同。

【案例3-6】

香港交易所相关品种的期权合约中列出了执行价格间距的条款，执行价格间距的大小取决于执行价格的高低，如股票期权合约中规定，执行价格在0~2港元（含），间距为0.05港元；执行价格在2~5港元，间距为0.1港元；执行价格在10~20港元，间距为0.5港元；执行价格在50~100港元，间距为2.5港元……执行价格在300~500港元，间距为10港元。股票价格指数期权合约中规定，短期限期权，执行价格在2000点以下，间距为50点；执行价格在2000~8000点，间距为100点；执行价格在8000点以上，间距为200点。长期限期权，执行价格在4000点以下，间距为100点；执行价格在4000~8000点，间距为200点；执行价格在8000~12000点，间距为400点……执行价格在19000点以上，间距为1000点。执行价格越高，间距越大。

CME推出的期权执行价格间距在各品种的相关规则或合约中列出，EUR/USD期权规则中规定，执行价格的间距为0.005美元，如1.055美元、1.060美元、1.065美元等。GBP/USD期权规则中规定，执行价格的间距为0.01美元，如1.450美元、1.460美元、1.470美元等。该交易所S&P500股票价格指数期权合约中规定：执行价格为标的期货合约前一交易日结算价的±50%时，间距为25点；执行价格为标的期货合约前一交易日结算价的±20%时，间距为10点；执行价格为标的期货合约前一交易日结算价的±10%时，间距为5点。欧洲美元期权合约中规定，执行价格在标的期货合约前一交易日结算价的150个基点上下时，间距为12.5个基点；执行价格在标的期货合约前一交易日结算价的550个基点上下时，间距为25个基点。长期国债期货期权合约规定的执行价格间距为100点，10年期国债期货期权合约规定的执行价格间距为50点。

台湾期货交易所在台湾证券交易所金融保险类股票价格指数期权合约中关于执行价格间距的规定为：执行价格不足600点，近月合约为10点，远月合约为20点；执行价格在600点以上未达2000点的，近月合约为20点，远月合约为40点；执行价格在2000点以上的，近月合约为40点，远月合约为80点。

上证50ETF期权的行权价格间距为：3元或以下为0.05元，3~5元（含）为0.1元，5~10元（含）为0.25元，10~20元（含）为0.5元，20~50元（含）为1元，50~100元（含）为2.5元，100元以上为5元。

【案例3-7】

2019年8月29日，上证50ETF期权8月合约摘牌，新挂出的10月合约有2.2700元、2.2750元、2.2800元、2.2850元、2.2900元（接近平值）、2.2950元、3.000

元、3.1000元、3.2000元行权价格的9个看涨期权和9个看跌期权。

9月3日和9月4日分别加挂的两个看涨期权和看跌期权的行权价格为3.3000元和3.4000元。

沪深300股指期权行权价格间距的规定为：

对当前与下2个月合约：行权价格≤2500点时，行权价格间距为25点；2500<行权价格≤5000点时，行权价格间距为50点；5000<行权价格≤10000点时，行权价格间距为100点；行权价格>10000点时，行权价格间距为200点。

对随后3个季月合约：行权价格≤2500点时，行权价格间距为50点；2500<行权价格≤5000点时，行权价格间距为100点；5000<行权价格≤10000点时，行权价格间距为200点；行权价格>10000点时，行权价格间距为400点。

季月合约行权价格间距大于行权价格相同的近月合约。

不同交易所、不同期权品种，对行权价格间距的规定不同。通常情况下，不同的合约月份、不同的行权价格范围，期权行权价格的间距不同。

七、期权合约的主要条款与标的期货合约有何关联?

交易所交易的期权合约与期货合约相似，是由交易所统一制定的标准化合约。除期权价格外，其他期权相关条款均在期权合约中列明。场外期权为非标准合约，合约格式和内容由交易双方协商决定。以下介绍的期权合约相关内容均为场内期权。

对于期货期权，由于其标的物是相关期货合约，所以在设计期权合约时，相关条款要考虑标的期货合约的条款。因此，期权合约条款与标的期货合约存在一定的关联。

期权合约与标的期货合约有很多相关联的条款，但也存在一定的不同。如，由于期货期权交易的对象是买或卖标的期货合约的权利，所以不涉及交割等相关内容，期货合约中必须列明的交割等级、最后交割日等条款不会在期权合约中列出；而行权、合约到期时间等涉及履约的相关条款，在期货合约中则不会存在。

虽然交易所上市的期权合约是标准化的，但不同的期权品种、不同交易所设计的期权合约，列出的条款和具体规定有所不同。大部分期权合约都列出了合约规模、执行价格的相关规定、最小变动价位、合约月份、最后交易日、执行或执行方式、合约到期时间等。

八、期权合约的标的是什么，与期货合约标的有何区别和关联?

期权交易的对象与期货交易不同，期货交易的对象是期货合约，期货合约所对应的商品为标的资产（underlying assets），也称为标的物，是期货合约的买方（或卖方）未来要购买（或出售）的资产。

期权交易的对象是期权合约，而期权合约只是赋予了期权买方买入或卖出商品的权利，所以，与期货交易不同，期权的价格是期权买方为取得买入或卖出标的物或标的期货合约的权利而支付给卖方的费用。

期权交易的对象是期权合约，期权合约的标的是买方购买或出售标的物的权利，该权利赋予期权买方按执行价格买入或卖出标的物的权利。期权标的物可以是实物商品，也可以是金融商品，还可以是期货合约。如果是交易所交易的期权，期权标的物必须是该交易所上市的交易产品。

九、期权的合约规模与期货合约有何联系？

合约规模（Contract Size），也称为交易单位，是指每手期权合约未来能够交易的标的物的数量。通常情况下，期货期权合约的交易单位为一张标的期货合约或一手标的资产，如 CME 的一张 EUR/USD 期权合约为一手 EUR/USD 期货合约，合约规模为 125 000 欧元；一张欧洲美元期权合约为一手欧洲美元期货合约，合约规模为 100 000 美元；一张长期国债期权合约为一手长期国债期货合约，合约规模为 1000 000 美元；一张 S&P 500 股票价格指数期权合约为一手 S&P 500 股票价格指数期货合约；股票期权的合约规模为交易所的一手股票。但也存在期权合约与标的期货合约或标的资产交易单位不一致的情形，如香港交易所上市的股票期权。大部分合约规模与标的股票的交易单位一致，另有少数股票期权的合约规模与标的股票的交易单位不同，例如，中国农业银行股票期权，合约规模为 10 手股票，每手 1 000 股，每张期权的合约规模为 10 000 股股票；中国太平洋保险公司股票期权，合约规模为 5 手股票，每手 200 股，每张期权的合约规模为 1 000 股股票。

另外，对于股指期权，即合约标的为股票价格指数而非股指期货合约的期权，如中金所交易的沪深 300 股指和上证 50 股指期权，与交易所上市的股指期货合约，合约中都会规定合约乘数，即每指数点的价格。

股指期货的合约规模等于期货合约的合约乘数与标的指数期货价格（即指数点）的乘积，股指期权的合约规模等于期权合约的合约乘数与标的指数的乘积。

同一交易所、相同的标的指数，期货合约的合约乘数与期权合约的合约乘数可以相同，也可能不同。

例如，中金所上市交易的沪深 300 股指期货和上证 50 股指期货，合约乘数均为每点 300 元，而该交易所的沪深 300 股指期权合约的合约乘数为 100 点。

所以，不同的市场和品种对合约规模的规定不同。

十、期权合约的最小变动价位与期货合约有何关联？

最小变动价位（Tick Size 或 Minimum Fluctuation）是指买卖双方在出价时，价格较上一成交价变动的最低值。每张期权合约的最小变动值等于期权的最小变动价位乘以合约规模。期权合约的最小变动价位可以和标的合约相同，也可以不同。由于期权价格低于标的合约的价格，所以，如果不同的话，期权的最小变动价位通常会小于标的合约的最小变动价位。

例如，CME 的美国长期国债期权合约的最小变动价位为 1/64 点（1 点为 1%，一张合约为 15.625 美元），标的期货合约的最小变动价位为 1/32 点（一张合约为 31.25 美元），最小变动价位为 1/32 的 1/4 点（一张合约为 7.8125 美元）。

十一、期权合约的合约月份（Contract Months）与期货合约有何关联？

合约月份是指期权合约的到期月份。与期货合约的合约月份相似，在交易所上市的期权品种，交易所会推出多个到期月份不同的期权合约。期权合约的数量可能相同于或多于标的期货合约的数量。

【案例 3－8】

2019 年 9 月初，上证 50ETF 期权挂牌的合约月份有当月合约：2019 年 9 月合约，下月合约：2019 年 10 月合约，随后的两个季月合约：2019 年 12 月和 2020 年 3 月合约；中金所股指期权合约挂牌的合约月份有当月合约：2019 年 9 月合约，下 2 个合约为 2019 年 10 月和 11 月合约，随后的两个季月合约分别是 2019 年 12 月和 2020 年 3 月合约；中金所沪深 300 股指期货的合约月份有当月、下 2 个月后随后的 3 个季月。

例如，CME 集团的欧洲美元期权合约（Eurodollar Options Contract），合约月份为最近的不含季月合约的 4 个连续合约和最近的 16 个季月合约，标的期货合约（Eurodollar Futures Contract）的合约月份为最近的不含季月合约的 4 个连续合约和最近的 40 个季月合约。

2020 年 2 月 24 日上市交易的欧洲美元期权合约（2 月合约已到期）有 2020 年 4 月、5 月、7 月、8 月 4 个最近的连续合约（不含季月合约）和 2020 年、2021 年、2022 年、2023 年的 3 月、6 月、9 月和 12 月最近 4 年共计 16 个季月合约；标的期货合约有（2 月合约已到期）2020 年 4 月、5 月、7 月、8 月 4 个最近的连续合约（不含季月合约）和 2020～2029 年的 3 月、6 月、9 月和 12 月最近 10 年共计 40 个季月合约。

我国境内交易所尚未推出金融期货期权，目前 3 家商品期货交易所推出的期货期权，除郑州商品交易所外，其余两家交易所期货期权的到期月份与标的期货合约到期月份的合约数量相同。

郑州商品交易所白糖期权合约的合约月份为：标的期货合约中的连续两个近月，其后月份在标的期货合约结算后持仓量达到 5 000 手（单边）之后的第二个交易日挂牌。所以，该交易所期权合约到期月份的推出与标的期货合约的持仓量挂钩。

由于期权合约、期货合约条款会随着市场环境等进行相应的调整，所以以上合约的相关条款及后面合约的相关条款仅为目前情况。

十二、什么是连续期权合约？

连续期权合约是与标准期权合约相对应的概念。

在交易所上市的期权合约，与期货合约在交易所挂牌交易相同，当某月份的合约到期时，与该月份相同的下一年度或下一期到期的合约会上市交易，即交易所上市的大部分期权合约和期货合约在一年中的任何交易日都挂牌循环交易；但也有一部分合约只在临近交割月才上市交易。如果某期权品种存在以上两类合约，则前一类称为标准期权合约，后一类称为连续期权合约。

与标准期权合约相比，连续期权合约由于仅在临近交割月份推出，如 10 月到期的连续期权合约可能在 8 月推出，所以合约的交易时间比较短。对于采用实物交割的期货期权，履约标的为标的期货合约。标准期权合约通常都有对应月份的期货合约，而连续期权合约可能没有对应月份的期货合约。当没有对应月份的期权合约到期交割时，通常以后面最近月份的期货合约作为履约标的。这样，连续期权合约可能与后面最近月份的标准期权合约拥有同一标的的期货合约。

例如，CME 集团挂牌交易的美国长期国债期货合约（U. S. Treasury Bond Futures Contract）的合约月份只有 4 个季月合约，而该标的的期权合约（U. S. Treasury Bond Options Contract Specs）则由连续合约和季月合约构成。如果在 1 月份（1 月合约到期前），在 CME 上市的最近月份的期货合约为 3 月合约，而最近月份的期权合约为 1 月合约；同样，在 2 月份（2 月合约到期前），上市的最近月份的期货合约仍为 3 月合约，而最近月份的期权合约为 2 月合约。

1 月和 2 月期权合约属于连续合约，连续合约到期时，由于没有相应月份的标的期货合约，所以用最近到期月份的标准期货合约作为履约合约。因此，1月、2月期权合约到期时，与3月期权合约的交割标的相同，均为3月到期的期货合约。

【案例3-9】

2020年2月21日，中金所2002股指期权合约到期最后交易日，该日上市的合约有2020年2月、3月、4月、6月、9月和12月6个到期月份的合约，其中2002合约为当月合约，2003、2004为下2个月合约，6月、9月和12月合约为随后的3个季月合约。2002和2004两个非季月合约属于连续合约，季月合约属于标准合约。

2月24日2002合约摘牌，新挂合约为2005合约。此时2003合约为当月合约，2004、2005合约为下2个月合约，2006、2009、2012为随后的3个季月合约，其中2004、2005两个非季月合约属于连续合约。

6月、9月和12月3个季月合约的上市时间早于5月合约，而到期时间晚于5月合约，其他非季月合约和季月合约相比也是如此。由此可见，标准合约在市场上交易的时间长于连续合约。

2月21日标的指数收盘价为4149.49点，新挂牌合约行权价格范围为3700~4600点，新挂牌合约为近月合约，所以行权价格间距为50点，分别挂出18个不同行权价格的看涨期权和看跌期权，这18个不同行权价格的看涨期权和看跌期权，属于同一期权合约系列。

十三、期权最后交易日（Last Trade Date）的内涵是什么，期权的最后交易日与标的期货合约有何关联？

与期货合约的最后交易日概念相同，期权的最后交易日是指期权合约能够在交易所交易的最后日期。交易者自持有期权合约至期权最后交易日的期限即为期权的有效期。

与期货合约的最后交易日不同的是，在期货合约最后交易日收盘后，持有期货合约的买卖双方都必须履约，按交割结算价买进或卖出期货合约的标的资产。而期货期权在最后交易日期权到期时间后，虚值期权作废，实值期权的买方在期权到期日或之前（美式期权）可以选择执行期权，按执行价格买进或卖出标的期货合约，卖方必须履约。而且，在期权到期日，结算机构会自动执行实值期权。因此，如果不想被执行的话，实值期权的空头方应在最后交易日交易时间结束前将期权头寸平仓（特别接近标的物市场价格的实值期权空方可以考虑继续持有，因为考虑到执行后的标的物市场价格波动以及交易成本，期权买方有可能会要求结算机构不执行期权）。如果虚值期权仍然有市场价格的话，期权多头方应考虑在最后交易日将期权平仓。

为了使执行期权后转为标的期货合约的多方或空方有一定的时间处理所获得的标的期货合约头寸，期权合约的最后交易日通常比标的期货合约的最后交易日提前。

例如，CME 集团的美国长期国债期权的最后交易日为合约到期月前月的倒数第三个营业日之前的最后一个周五；标的期货合约的最后交易日为合约到期月最后营业日之前的第七个营业日。

CME 的欧洲美元期货合约和欧洲美元期权季度合约的最后交易日以及交易截止时间相同，均为合约月份第三个周三之前的第二个伦敦银行营业日的上午 11：00。而该期权的非季度合约，即连续期权合约的最后交易日为合约月份第三个周三之前的最近的周五。例如，Sep19 期货和期权合约，合约到期月份为 2019 年 9 月，由于 9 月为季月合约，所以期货合约和期权合约的最后交易日相同。Nov19 期货和期权合约，合约到期月份为 2019 年 11 月，由于 11 月为非季月合约，所以期货合约和期权合约的最后交易日不同。2019 年 11 月的第三个周三是 11 月 20 日，前数两个营业日是 11 月 18 日，之前最近的周五是 11 月 15 日，所以 Nov19 期货合约的最后交易日为 11 月 18 日，Nov19 期权合约的最后交易日为 11 月 15 日。

CME 的长期国债期货期权的最后交易日为期权合约到期月前月的倒数第二个营业日之前最近的周五，而该集团长期国债期货合约的最后交易日为合约到期月最后营业日前的第 7 个营业日。例如，Sep19 期货和期权合约，2019 年 9 月的最后营业日为 9 月 30 日，前数 7 个营业日为 9 月 19 日，该日即为 Sep19 期货合约的最后交易日；而 Sep19 期权合约的到期月为 8 月的倒数第二个营业日前的最近的周五，为 8 月 23 日。

我国目前尚未推出金融期货期权，目前的商品期货期权，期权合约和标的期货合约的最后交易日也不相同。

郑州商品交易所白糖期货合约的最后交易日为合约交割月份的第 10 个交易日；白糖期权合约的最后交易日为标的期货合约交割月份前 1 个月的第 3 个交易日。

大连商品交易所豆粕期货合约的最后交易日为合约月份的第 10 个交易日；豆粕期权合约的最后交易日为标的期货合约交割月份前 1 个月的第 5 个交易日。

上海期货交易所的阴极铜期货合约的最后交易日为合约月份的 15 日，而该标的期权合约的最后交易日为交割月前第 1 月的倒数第 5 个交易日。

十四、期权到期时间（Expiration）的内涵是什么，与标的期货合约有何关联？

期权到期时间是指期权买方能够行使权利的最后时间，过了该时间，没有被执行的期权合约停止行权（该条款有时也与执行条款并为一项），在规定行权方式时，同时规定期权到期时间。由于期权停止交易后要留有一定的时间完成行权，所以大部分期权的到期时间晚于期权合约停止交易时间而早于标的资产停止交易时间。如港交所上市的股票期权，在期权合约行权方式（美式）条款中规定：期权买方在任何营业日（包括最后交易日）的下午 6：45 之前随时行权，合约的最后交易时间为最后交易日的下午4：00。特别是，如果期权到期后实值期权不能自动行权，则期权到期后必须留有一定时间让期权买方有机会执行期权。如果期权到期后交易所或结算公司能够自动执行实值期权，则交易结束时间也是期权到期时间。

十五、交易所是如何规定期权买方执行期权程序（Exercise Procedure）或执行方式（Exercise Style）的？

期权交易流程中，行权过程是其区别于其他金融工具而独立存在的过程。不同的交易所、不同期权品种，交易所对行权的规定不同。

通常情况下，期权合约中都会列出执行程序或执行方式条款，对期权买方执行期权进行规定，该条款主要给出期权买方执行期权的方式和行权截止时间。

上海证券交易所 50ETF 期权行权规定为：

持有虚值期权权利仓（即期权的买方）期权价值归零。持有实值期权权利仓的，可以决定在交易所规定期间内是否行权。如果决定行权，应当在期权合约行权日交易所规定的委托行权时间，委托期权经营机构向交易所申报行权。规定的委托行权时间结束后，未进行行权委托，也未签收自动行权协议的，实值期权的买方视为放弃行权，期权价值归零。同时需要了解，如果行权日为 E 日，认购期权行权所获得的标的基金在 E +2 日（按交易日算）方可卖出。

中金所股指期权合约到期日结算前，交易所对符合下列行权条件的买方持仓自动行权：买方提交行权最低盈利金额的，行权条件为合约实值额大于买方提交的行权最低盈利金额和交易所规定的行权（履约）手续费二者中的较大值；买方未提交行权最低盈利金额的，行权条件为合约实值额大于交易所规定的行权（履约）手续费。

不符合以上条款规定的行权条件的买方持仓，视为放弃行权。而且，对于虚值期权、平值期权以及实值额小于或者等于交易所规定行权手续费的实值期权买方提出的行权申请，交易所不予行权。

由此可见，上海证券交易所和中金所交易所对行权的规定有较大差异。投资者必须了解交易所对行权的相关规定，否则会造成实值期权可能弃权或不想行权的期权被行权的情形。

表 3 -1 至表 3 -8 分别为主要交易所期权合约。

表 3-1 上证 50ETF 期权合约基本条款（上海证券交易所）

合约事项	合约条款
合约标的	上证 50 交易型开放式指数证券投资基金（50ETF）
合约类型	认购期权和认沽期权
合约单位	10 000 份
合约到期月份	当月、下月及随后两个季月
行权价格	9 个（1 个平值合约、4 个虚值合约、4 个实值合约）
行权价格间距	3 元（含）或以下为 0.05 元，3 元至 5 元（含）为 0.1 元，5 元至 10 元（含）为 0.25 元，10 元至 20 元（含）为 0.5 元，20 元至 50 元（含）为 1 元，50 元至 100 元（含）为 2.5 元，100 元以上为 5 元
行权方式	到期日行权（欧式）
交割方式	实物交割（业务规则另有规定的除外）
到期日	到期月份的第四个星期三（遇法定节假日顺延）
行权日	同合约到期日，行权指令提交时间为 9：15～9：25，9：30～11：30，13：00～15：30
交收日	行权日次一交易日
交易时间	上午 9：15～9：25，9：30～11：30（9：15～9：25 为开盘集合竞价时间） 下午 13：00～15：00（14：57～15：00 为收盘集合竞价时间）
委托类型	普通限价委托、市价剩余转限价委托、市价剩余撤销委托、全额即时限价委托、全额即时市价委托以及业务规则规定的其他委托类型
买卖类型	买入开仓、买入平仓、卖出开仓、卖出平仓、备兑开仓、备兑平仓以及业务规则规定的其他买卖类型
最小报价单位	0.0001 元
申报单位	1 张或其整数倍
涨跌幅限制	认购期权最大涨幅 = max｛合约标的前收盘价 ×0.5%，min［（2 × 合约标的前收盘价 − 行权价格），合约标的前收盘价］×10%｝ 认购期权最大跌幅 = 合约标的前收盘价 ×10% 认沽期权最大涨幅 = max｛行权价格 ×0.5%，min［（2 × 行权价格 − 合约标的前收盘价），合约标的前收盘价］×10%｝ 认沽期权最大跌幅 = 合约标的前收盘价 ×10%
熔断机制	连续竞价期间，期权合约盘中交易价格较最近参考价格涨跌幅度达到或者超过 50% 且价格涨跌绝对值达到或者超过 5 个最小报价单位时，期权合约进入 3 分钟的集合竞价交易阶段

续表

合约事项	合约条款
开仓保证金最低标准	认购期权义务仓开仓保证金 = ［合约前结算价 + Max（12% × 合约标的前收盘价 - 认购期权虚值，7% × 合约标的前收盘价）］ × 合约单位 认沽期权义务仓开仓保证金 = Min［合约前结算价 + Max（12% × 合约标的前收盘价 - 认沽期权虚值，7% × 行权价格），行权价格］ × 合约单位
维持保证金最低标准	认购期权义务仓维持保证金 = ［合约结算价 + Max（12% × 合约标的收盘价 - 认购期权虚值，7% × 合约标的收盘价）］ × 合约单位 认沽期权义务仓维持保证金 = Min［合约结算价 + Max（12% × 合约标的收盘价 - 认沽期权虚值，7% × 行权价格），行权价格］ × 合约单位

表 3－2　　沪深 300 股指期权合约（中金所征求意见稿）

合约事项	合约条款
合约标的	沪深 300 指数
合约乘数	每点 100 元人民币
合约类型	看涨期权、看跌期权
报价单位	指数点
最小变动价位	0.2 点
每日价格最大波动限制	上一交易日沪深 300 指数收盘价的 ±10%
合约月份	当月、下 2 个月及随后 3 个季月
行权价格间距	行权价格覆盖沪深 300 指数上一交易日收盘价上下浮动 10% 时的价格范围 对当前与下 2 个月合约：行权价格 ≤2500 点时，行权价格间距为 25 点；2500 < 行权价格 ≤5000 点时，行权价格间距为 50 点；5000 < 行权价格 ≤10000 点时，行权价格间距为 100 点；行权价格 >10000 点时，行权价格间距为 200 点 对随后 3 个季月合约：行权价格 ≤2500 点时，行权价格间距为 50 点；2500 < 行权价格 ≤5000 点时，行权价格间距为 100 点；5000 < 行权价格 ≤10000 点时，行权价格间距为 200 点；行权价格 >10000 点时，行权价格间距为 400 点
行权方式	欧式
交易时间	9：30～11：30，13：00～15：00
最后交易日	合约到期月份的第三个星期五，遇国家法定假日顺延
到期日	同最后交易日
交割方式	现金交割
交易代码	看涨期权：IO 合约月份 - C - 行权价格 看跌期权：IO 合约月份 - P - 行权价格
上市交易所	中国金融期货交易所

表 3－3　　香港交易所恒生指数期权合约

<table>
<tr><td>合约事项</td><td colspan="2">标准期权</td><td>自订条款指数期权</td></tr>
<tr><td>标的指数</td><td colspan="3">恒生指数</td></tr>
<tr><td>HKATS 代码</td><td colspan="2">HSI</td><td>XHS</td></tr>
<tr><td>合约乘数</td><td colspan="3">每指数点 50 港元</td></tr>
<tr><td>最小变动价位</td><td colspan="3">一个指数点</td></tr>
<tr><td rowspan="2">合约月份</td><td colspan="2">短期期权：现月、下两个历月及之后的 3 个季月</td><td>任何历月，但不可超越现有最长可供买卖的期权合约到期月</td></tr>
<tr><td colspan="3">长期期权：6 月和 12 月各自随后的 5 个月</td></tr>
<tr><td>行权方式</td><td colspan="3">欧式</td></tr>
<tr><td>期权费</td><td colspan="3">以指数点整数报价</td></tr>
<tr><td rowspan="13">执行价格</td><td colspan="2">短期期权：</td><td rowspan="13">行权价须在行权申请当日现月恒生指数期货合约开市价的高低 30% 幅度范围内，或在行权申请时，由该申请而产生的合约月份及其他现有较长到期时间的合约月份中最高与最低的行权价价差范围内（以最大价差范围为准）</td></tr>
<tr><td>指数点</td><td>执行价间距</td></tr>
<tr><td>低于 2000 点</td><td>50 点</td></tr>
<tr><td>2000 点或以上，但低于 8000 点</td><td>100 点</td></tr>
<tr><td>8000 点或以上</td><td>200 点</td></tr>
<tr><td colspan="2">长期期权：</td></tr>
<tr><td>指数点</td><td>执行价间距</td></tr>
<tr><td>低于 4000 点</td><td>100 点</td></tr>
<tr><td>4000 点或以上，但低于 8000 点</td><td>200 点</td></tr>
<tr><td>8000 点或以上，但低于 12000 点</td><td>400 点</td></tr>
<tr><td>12000 点或以上，但低于 15000 点</td><td>600 点</td></tr>
<tr><td>15000 点或以上，但低于 19000 点</td><td>800 点</td></tr>
<tr><td>19000 点或以上</td><td>1000 点</td></tr>
<tr><td>交易时间</td><td colspan="3">9：15 a. m. ～12：00；noon & 1：00 p. m. ～4：15 p. m.（合约到期时间为到期日下午 4：00）</td></tr>
<tr><td></td><td colspan="3">自订条款指数期权合约于收市前 30 分钟内不接纳该合约的连续建仓要求</td></tr>
<tr><td>合约到期日</td><td colspan="3">紧挨合约月份最后交易日之前的那个营业日</td></tr>
<tr><td>最后结算价</td><td colspan="3">在到期日当天下列时间所报指数点的平均数为依归，下调至最接近的整数指数点：（i）联交所持续交易时段开始后的 5 分钟起直至持续交易时段完结前的 5 分钟止期间每隔 5 分钟所报的指数点，与（ii）联交所收市时</td></tr>
<tr><td rowspan="3">交易成本</td><td>交易所费用</td><td colspan="2">10. 00 港元</td></tr>
<tr><td>佣金税</td><td colspan="2">0. 60 港元</td></tr>
<tr><td>佣金率</td><td colspan="2">可协商</td></tr>
</table>

表 3-4　　CMEE-mini S&P 500 期权

合约事项	合约条款
合约规模	一张 E-迷你标准普尔 500 期货合约
最小价格波幅	Regular Tick：权利金大于 5.00 指数点（250 美元/合约），为 0.25 指数点（12.50 美元/合约）
	Reduced Tick：权利金在 5 或以下的指数点（250 美元/合约），为 0.05 指数点（2.50 美元/合约）
	CAB：0. 05 指数点（2.50 美元/合约）
交易时间	CMEGlobex 电子交易：周日至周五，下午 6：00 至下午 5：00（美国东部时间），下午 4：15~4：30（美国东部时间），有 15 分钟休市时间
	CMEClearport：周日至周五，下午 6：00 至下午 5：00（美国东部时间）
产品代码	CMEGlobex 电子交易：ES
	CMEClearPort：ES
	清算所（Clearing）：ES
上市合约	4 个季月合约（3 月、6 月、9 月、12 月）
交易终止	合约月份第三个周五的上午 9：30（美国东部时间）
头寸限制	CME 头寸限制
交易所规则手册	CME 规则手册第 358A 章
价格限制或熔断	价格限制
销售商报价代码	销售商报价符号列表
执行价格间距	在标的期货前一天的结算价格上下 ±50% 价格范围内，执行价格间距为 25 个指数点
	在标的期货前一天的结算价格上下 ±20% 价格范围内，执行价格间距为 10 个指数点
	当该期权的标的期货合约变为第二到期的合约时，在标的期货前一天的结算价格上下 ±10% 价格范围内，执行价格间距为 5 个指数点
行权方式	美式。可在任一期权营业日下午 8：00（美国东部时间）前行权
到期结算	期权行权到期时可以现金结算的期货合约的头寸。实值期权在到期日下午 8：00（美国东部时间）前如果没有向清算所下达不行权指令，将自动行权，并生成到期以现金结算的期货合约，行权结算根据合约月份第三个周五早上计算的特别开盘价（SOQ）执行
结算方法	可交割
标的物	E-迷你标准普尔 500 期货

表 3-5　　CME 欧洲美元期权合约

合约事项	合约条款	
标的工具	季月合约	对应的季月欧洲美元期货合约月
	连续合约	紧接着连续期权合约的对应季月欧洲美元期货合约（例如，4 月连续期权合约的标的是 6 月期货合约）

续表

<table>
<tr><th>合约事项</th><th colspan="2">合约条款</th></tr>
<tr><td rowspan="2">最小变动价位（最小浮动）</td><td>季月合约和连续合约</td><td>采用 IMM 指数点报价。对于标的期货合约为离到期最近的合约以及期权价格低于 5 个最小变动价位的最初的两个季月合约和连续合约，最小变动价位为 1/4 基点（25/4 = 6.25 美元）。其他期权合约的最小变动价位为 1/2 基点（25/2 = 12.50 美元）</td></tr>
<tr><td colspan="2">最小变动价位为 0.005 IMM 指数点（0.005 × 25 × 100 = 12.50 美元，即最小变动价位的一半），也可以是 0.0025 IMM 指数点（6.25 美元，即最小变动价位为 1/4 基点），无论此类交易是否会导致双方头寸的清算</td></tr>
<tr><td rowspan="2">执行价格间距</td><td colspan="2">执行价格在上一交易日标的期货合约结算价最近的执行价的 150 基点上下时，间距为 12.5 基点（实际间距为 0.125 基点）</td></tr>
<tr><td colspan="2">执行价格在上一交易日标的期货合约结算价最近的执行价的 550 基点上下时，间距为 25 基点（实际间距为 0.25 基点）</td></tr>
<tr><td rowspan="2">合约月份</td><td>季月合约</td><td>12 个季月期权</td></tr>
<tr><td>连续月合约</td><td>两个季月的连续期权</td></tr>
<tr><td rowspan="2">最后交易日</td><td>季月合约</td><td>合约月份第 3 个星期三前数两个伦敦银行营业日，最后交易日上午 11：00（伦敦时间）终止交易</td></tr>
<tr><td>连续月合约</td><td>合约月份的第 3 个星期三之前最近的那个星期五</td></tr>
<tr><td>执行</td><td colspan="2">美式期权，执行当日下午 7：00 通知结算所即可执行。最后交易日下午 7：00 之前没有被执行的期权将作废。如果不提出不执行指令的话，没有执行的实值期权到期时将自动执行</td></tr>
<tr><td>头寸限制</td><td colspan="2">没有</td></tr>
<tr><td>大宗交易最低限制</td><td colspan="2">参见 Block Trading Minimums</td></tr>
<tr><td>全部或没有最低限制</td><td colspan="2">参见 All or None Minimums</td></tr>
<tr><td>规则章节</td><td colspan="2">CME Chapter 452A</td></tr>
<tr><td rowspan="2">交易时间（所列出的时间为中央标准时间）</td><td>公开叫价 OPEN OUTCRY（RTH）</td><td>周一～周五：7：20 a. m. ～2：00 p. m.</td></tr>
<tr><td>CME Globex（ETH）</td><td>周一～周五：5：00 p. m. ～4：00ME p. m.</td></tr>
<tr><td>代码</td><td>季月和连续合约</td><td>公开叫价：ED CME 电子平台：GE 全部或没有 All or None：WD</td></tr>
<tr><td>交易所规则</td><td colspan="2">本合约所列出的条款均遵从 CME 制度和规则</td></tr>
</table>

注：（1）期权的报价方式为指数式（参加期权报价方式），0.01 个指数点代表年贴现率 0.01%，每张合约的面值为 1 000 000 美元，期限为 3 个月，0.01% 的贴现值等于 0.01% ×1 000 000/4 = 25 美元，1 个指数点 = 25 × 100 = 2 500 美元。1 个基本点为 1% 即 0.01 个指数点，等于 25 美元。

（2）CME 的欧洲美元期权合约报价系统上显示的执行价格给出方式比实际扩大了 100 倍，如果显示的执行价格为 9 925，实际为 99.25。

表 3－6　　　　　　　　CME 欧洲美元中期曲线期权合约

合约事项	合约条款	
标的工具	中期曲线	1，2，3 和 4 年的季度中线期权：分别在期权到期后 1 年、2 年、3 年或 4 年到期的季度欧洲美元期货合约
		1、2、3 和 4 年的连续中线期权：最近到期的 1 年期欧洲美元连续期权的标的资产是从最近季月算起剩余期限为 1 年期的季度欧洲美元期货合约。例如，1 月和 2 月到期的 1 年中线期权的标的资产是下一日历年 3 月期货合约
最小变动价位	所有中期曲线期权	1/2 基本点（0.005 ＝ 12.50 美元）
执行价格间距	执行价格在上一交易日标的期货合约结算价最近的执行价的 150 基点上下时，间距为 12.5 基点（实际间距为 0.125 基点）	
	执行价格在上一交易日标的期货合约结算价最近的执行价的 550 基点上下时，间距为 25 基点（实际间距为 0.25 基点）	
合约月份	中期曲线	1、2、3 和 4 年中线期权：4 个季度期权和两个前面月份的连续期权
最后交易日	中期曲线	紧挨合约月份第 3 个星期三之前的星期五
执行	美式期权。在执行日下午 7：00 之前通知结算所即可执行。在最后交易日下午 7：00 期权将作废到期，如果不提出不执行指令的话，没有执行的实值期权到期时将自动执行	
头寸限制	无	
大宗交易最低限制	参见 Block Trading Minimums	
全部或没有最低限制	参见 All or None Minimums	
规则章节	CBOT Chapter 19A	
交易时间（所列出的时间为中央标准时间）	公开叫价（RTH）	周一～周五：7：20 a.m. ～2：00 p.m.
	CME Globex（ETH）	周日～周五：5：00 p.m. ～4：00 p.m.
交易代码	中线	公开叫价：E0，E2，E3，E4 CME Globex：GE0，GE2，GE3，GE4
交易所规则	本合约所列出的条款均遵从 CME 制度和规则	

注：欧洲美元中期曲线期权（Eurodollar Midcurve Options）是以长期欧洲美元期货为标的的短期美式期权。这种期权的到期日为 3 个月～1 年，标的资产是剩余期限为 1 年、2 年、3 年、4 年收益率曲线的欧洲美元期货合约。这种期权为收益率曲线的中段部分提供了多样化的对冲和交易机会，因此得名“中期曲线”。因为这种期权是短期的，所以对这部分曲线的交易要求较低的保证金和高度的时间衰减期权替代品。

表 3－7　CME 美国长期国债期权合约

合约事项	合约条款	
合约规模	到期票面价值 100 000 美元	
最小价格波幅	1/64，每张合约为 15.625 美元	
	CAB：最小价格波幅 1．00 美元至 15．00 美元	
报价单位	以点报价，面值以 100 点为基础	
交易时间	CME Globex：	周日至周五，下午 5：00 至下午 4：00
	Open Outcry：	周一至周五，上午 7：20 至下午 2：00
产品代码	CME Globex：OZB	
	CME ClearPort：17	
	Open Outcry：Put：PG Call：CG	
	Clearing：17	
上市合约	3 个季月合约和 3 个连续月份合约	
	连续合约的行权标的是最近的一个季月期货合约	
	季月合约行权标的是对应月份的期货合约	
最后交易日	期权合约到期月前月的倒数第 2 个营业日之前的最近一个周五	
执行价格间距和数量	当月（连续或季度）合约，执行价格间距为 1/2 点。期权合约上市时，最低执行价格范围包括在平值上上挂 40 个较高执行价格的期权和下挂 40 个较低执行价格的期权。对于其他月份的合约，执行价格间距为 1 点。最低执行价格范围包括在平值附近上挂 30 个较高执行价格的期权和下挂 30 个较低执行价格的期权	
行权方式	美式。期权买方可在到期前任一营业日下午 6：00 之前通知 CME 结算机构行权。期权到期时，实值期权将自动行权，除非在下午 6：00 前向 CME 结算机构提出不执行的请求	
结算方法	可交割	
标的物	美国长期国债期货	

表 3－8　CME EUR/USD 美式期权

合约事项	合约条款	
合约规模	一张 125 000 欧元的标的期货合约	
合约月份	4 个 3 月的季月周期合约（3、6、9、12），两个连续的月期权和 4 个周期权	
结算程序	以期货合约实物交割	
头寸限制	10 000 张合约	
代码	美式季月期权和连续期权	CME Globex：6E
		公开叫价：EC
	美式周期权	Globex：6E1～6E5
		公开叫价：1X～5X
	AON 码：UG	
	参见 product and vendor codes	

续表

合约事项	合约条款	
最小变动价位（报价）	每欧元增加 0.0001 美元（每张合约增加 12.50 美元）。另外，当价格低于 5 个最小变动价位时，交易价格也可以是 0.00005 美元（6.25 美元）、0.00015 美元（18.75 美元）、0.00025 美元（31.25 美元）、0.00035 美元（43.75 美元）和 0.00045 美元（56.25 美元）	
交易时间	公开叫价（RTH）	7：20 a.m. ~2：00 p.m.
	Globex（ETH）	周日下午 5：00 ~ 第二天下午 4：00 周一 ~ 周五：下午 5：00 ~ 第二天下午 4：00 周五下午 4：00 闭市，周日下午 5：00 重新开盘
最后交易日 / 时间	季月期权和连续期权：期权交易结束时间是合约月份的第 3 个星期三之前的最近的第 2 个星期五（下午 2：00）	
	周期权：期权交易结束时间是最近的第 4 个星期五，非季度期权和连续最后交易日（下午 2：00）	
交易所规则	本合约所列出的条款均遵从 CME 制度和规则	
大宗交易资格	参见 View more on Block Trade eligible contracts.	
大宗交易最低限制——期权	250 张合约	

第四章 期权价格及影响因素

本章要点

> 本章首先通过标的资产价格和执行价格的大小关系将期权分为实值、平值及虚值期权，并在此基础上介绍期权的时间价值和内涵价值的定义，而期权价格便由这两部分价值形成；随后介绍影响期权价格的各个因素是如何对期权价格产生影响的；最后具体介绍期权价格取值范围的确定。

一、按照标的价格和执行价格的大小关系，期权如何分类？

按照期权合约所对应的标的资产的价格和执行价格的大小关系，期权可以分为实值期权、虚值期权和平值期权三种类型。

某一期权为实值期权，是指当下执行该期权，期权的持有者能因此获利的一类期权。如果一只看涨期权是实值（in - the - money，也称为价内）期权，那么标的资产的市场价格高于期权的执行价格，此时执行该看涨期权，持有者可以以执行价格向期权的卖方买入相应的标的资产，同时在市场上以市场价格出售该标的，从而获得一定的收益（市场价格 - 执行价格）；相反，如果一只看跌期权是实值期权，则标的资产的市场价格低于期权的执行价格，此时如果期权持有者执行该期权，便可以以市场价格在市场上购得该标的资产，同时以执行价格卖出，从而获得一定的收益（执行价格 - 市场价格）。总而言之，实值期权是指具有一定“价值”的期权合约，由于期权赋予持有者的是一种权利，因此只有当期权为实值期权的时候，其持有者才会选择将其执行，从而获得该期权优于市场价格的那部分价值。

期权的执行价格与对应的标的资产价格相等时，称为平值（at - the - money，也称为平价）期权。平值期权相对来说比较好理解，平值期权的持有者如果选择执行期权的话，不能因此获得任何收益，也不会有任何亏损。不过实际情况中，很少会出现标的资产的市场价格正好等于期权执行价格的情况，一般情况下，交易所会规定只要某只期权的执行价格接近标的资产的市场价格时，就将该期权划分为平值期权。

对于一只看涨期权来说，若执行价格高于市场价格，则称为虚值期权；对于一只看跌期权来说，若执行价格低于市场价格，则称为虚值期权。与实值期权正好相反，虚值期权如果被执行，其持有者不仅没有收益，还将承受损失，因此虚值期权的持有者当然会放弃执行的权利（见表 4 - 1）。

表 4 - 1　　实值、平值和虚值期权的特点

	看涨期权（Call）	看跌期权（Put）
实值期权（ITM）	执行价格 < 市场价格	执行价格 > 市场价格
平值期权（ATM）	执行价格 = 市场价格	执行价格 = 市场价格
虚值期权（OTM）	执行价格 > 市场价格	执行价格 < 市场价格

【案例 4 - 1】

假设 X 股指期货目前点位为 3000 点，你有一个执行价格为 2950 点的 X 股指期货的看涨期权，由于执行价格低于标的资产的市场价格，可以判断，X 股指期货的看涨期权为实值期权。你拥有以 2950 点买入 X 股指期货的权利，假设该期权今天到期，作为期权持有者，你肯定会选择行权，因为执行后你可以以 2950 点的价格获得 X 股指期货的多头头寸，同时以 3000 点对 X 股指期货做获利平仓，你得到收益 50 点（ = 3000 - 2950）。

如果执行价格为 3100 点，此时 X 股指期权的看涨期权便处于虚值状态，而你会放弃行权，因为此时行权反而会给你带来 100 点的损失。

二、期权的价格由时间价值和内涵价值两部分构成，如何理解期权合约的时间价值和内涵价值？

与期货合约最大的不同，期权合约赋予持有者的是一种权利，因此其本身具有一定的价值，这就是期权的价格，也就是所谓的权利金。“时间就是金钱”，这句话人尽皆知，而这句话对于期权合约也同样适用。简单来说，1 个月到期的期权合约总是比 1

个星期到期的期权合约贵，这就是期权的时间价值。以股票期权为例来解释，离到期日越远，股票价格的不确定性就越高，股票价格朝着预期方向变动的可能性就越大，因此，其对应的期权合约就越贵。

一般情况下，期权的到期剩余时间越长，其时间价值越大。随着期权离到期日越来越近，期权的时间价值逐步递减。而时间价值对于不同状态的期权是不一样的。

当期权处于深度实值或深度虚值状态时，其时间价值将趋于0，特别是，处于深度实值状态的欧式看涨和看跌期权，时间价值甚至还有可能小于0；当期权正好处于平值状态时，其时间价值达到最大。因为时间价值是人们因预期市场价格的变动能使虚值期权变为实值期权，或使有内涵价值的期权变为内涵价值更大的期权而付出的代价。所以，当期权处于深度实值状态时，市场价格变动使它继续增加内涵价值的可能性已极小，而使它减少内涵价值的可能性则极大，因而人们都不愿意为买入该期权并持有它而支付时间价值，或付出比当时的内涵价值更高的权利金；当期权处于深度虚值状态时，人们会认为其变为实值期权的可能性十分渺茫，因而也不愿意为买入这种期权而支付时间价值或支付权利金。

在执行价格与市场价格相等或相近时，即在期权处于或接近于平值期权时，市场价格的变动才最有可能使期权完成虚值到实值的转换，或是使内涵价值增加，人们也才最愿意为买入这种期权而付出代价，所以此时的时间价值应为最大。

无论是美式还是欧式期权，当标的物市场价格与执行价格相等或接近，即期权处于或接近平值状态时，时间价值最大；当期权处于深度实值和深度虚值状态时，时间价值最小（见图4－1）。

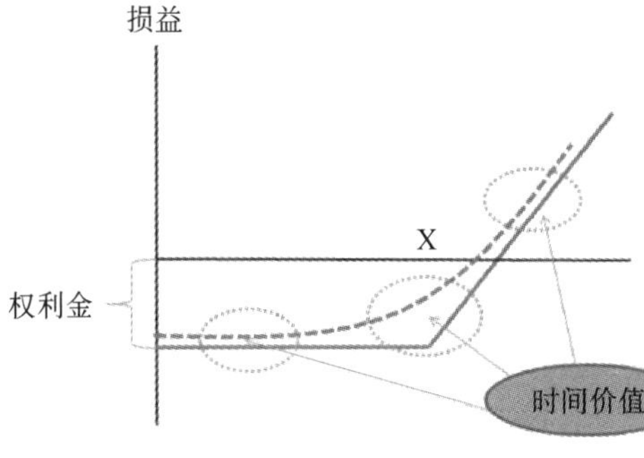

图4－1　看涨期权的时间价值示意图

不过读者不要误认为时间价值完全由时间的长短来决定，事实上，时间价值还受无风险利率、标的资产的波动率等因素影响（下文有详细解释）。不过，期权的内涵价值却是显而易见的，因此对于期权的定价归根到底是对于期权时间价值的估计。

既然期权价格是由内涵价值和时间价值构成的，那么假设期权持有者即刻就执行该期权（即没有时间价值），此时期权的价值就是其内涵价值，由执行价格与标的资产市场价格的差价产生，在得到期权的内涵价值后，时间价值就可以由期权价格减去内涵价值计算得来。

只有实值期权才具有内涵价值，平值期权和虚值期权不具有内涵价值。根据上文对于实值期权的描述，内涵价值的计算非常简单，即实值看涨期权的内涵价值 = 市场价格 - 执行价格；实值看跌期权的内涵价值 = 执行价格 - 市场价格，平值期权的内涵价值 = 虚值期权的内涵价值 = 0。对于平值期权和虚值期权来说，期权的价格就是期权所具有的时间价值。

【案例 4 - 2】

假设 3 月初，A 股票的价格为每股 10 元，如果你购买一份 1 个月后到期、执行价格为每股 8 元的 A 股票美式看涨期权（记为 X），假设购买该期权的成本为 2.5 元/股，那么在未来 1 个月内，期权合约到期前，你可以随时以每股 8 元的价格购买 A 股票。期权 X 此时的内涵价值和时间价值各为多少？

假设你现在就执行这份期权，你便可以以每股 8 元的价格购买 A 股票，随后立即将股票以市场价格 10 元平仓兑现，可以获得每股 2 元的收益，因此期权 X 的内涵价值为每股 2 元，而时间价值 = 期权价格 - 内涵价值 = 2.5 - 2 = 0.5（元/股）。

如果现在有另外一份期权合约，它是 3 个月后到期、执行价格为每股 8 元的 A 股票美式看涨期权（记为 Y），该期权价格为每股 4 元，则期权 X 和 Y 的内涵价值同为每股 2 元，但 Y 的时间价值为 2 元/股（期权价格 - 内涵价值 = 4 - 2），比 X 的时间价值高 1.5 元/股。这就反映出时间对于期权价格的影响，Y 的到期时间为 3 个月，这比 X 1 个月的到期时间要长，因而期权的时间价值也相对更高。

三、期权的时间价值有可能为负值吗？

事实上，期权的时间价值并不总是大于等于 0，有时也会出现负值，下面对各种类型的期权对应的时间价值进行总结。

第一，平值期权和虚值期权的时间价值总是大于等于 0。

无论是美式期权还是欧式期权，由于平值和虚值期权的内涵价值等于 0，而期权价格不能为负，所以平值和虚值期权的权利金就是其时间价值，它们的时间价值总是大于等于 0。

第二，美式期权的时间价值总是大于等于 0。

平值期权和虚值期权的时间价值总是大于等于 0，那么实值美式期权的时间价值是否不会为负值？

对于实值美式期权，如果其时间价值为负值，此时期权的权利金小于其内涵价值，由于美式期权在有效期的正常交易时间内可以随时行权，一旦期权的权利金低于其内涵价值，在不考虑交易费用的情况下，买方立即行权便可获得无风险收益（内涵价值与权利金之差）。因此，在不考虑交易费用的情况下，期权的权利金总是高于其内涵价值，也就是说，实值状态下的美式期权的时间价值总是大于等于0。

综上，对于美式期权来说，无论处于实值、平值还是虚值状态，期权的时间价值不可能为负值。

但在期权的实际交易中，由于存在交易费、行权费等交易成本，实值美式期权时间价值小于0的情形也时有发生。

第三，实值欧式期权的时间价值可能小于0。

欧式期权只能在期权到期时才能行权，所以在有效期的正常交易时间内，即便出现期权的权利金低于内涵价值，即处于实值状态的欧式期权具有负的时间价值，买方也不能立即行权来赚取无风险收益。因此，处于实值状态的欧式期权的时间价值可能小于0，特别对于深度实值状态的欧式看涨期权和看跌期权来说，标的物的市场价格与执行价格的差距过大，标的物市场价格的进一步上涨或下跌的难度较大，时间价值小于0的可能性更大。下面分别分析欧式看涨和看跌期权的时间价值。

（一）实值欧式看涨期权的时间价值

不支付红利的欧式看涨期权不应该低于标的物市场价格与执行价格现值的差，即 $c \geqslant S - Ke^{-r(T-t)}$（证明部分参见本章第五问），由于无风险利率 r 和剩余期限 T 均大于0，执行价格 K 必然大于 $Ke^{-r(T-t)}$，则 $c \geqslant S - K$，等式右边为看涨期权的内涵价值，对于实值期权，$S - K > 0$。当期权的价格大于等于内涵价值且大于0时，时间价值必然大于等于0。所以，实值欧式看涨期权的时间价值不会小于0。

（二）实值欧式看跌期权的时间价值

不支付红利的欧式看跌期权的价格不应该小于执行价格现值与标的物市场价格的差，即 $p \geqslant Ke^{-r(T-t)} - S$（证明部分参见本章第六问）。同样，由于 K 大于 $Ke^{-r(T-t)}$，所以，对于实值看跌期权的内涵价值 $K - S$，必然有 $K - S > Ke^{-r(T-t)}$；当 $p = Ke^{-r(T-t)} - S$ 时，$K - S > P$，$K - S$ 为实值看跌期权的内涵价值 $-S$，内涵价值大于 P，则时间价值小于0。

所以，欧式看跌期权的时间价值可能小于0，而且，标的物的价格 S 越接近0，期权的实值程度越深，内涵价值超过期权价格越多，期权时间价值小于0越多。当 $S = 0$ 时，期权的内涵价值等于 K，而期权的价格等于 $Ke^{-r(T-t)}$，时间价值小于0的程度达到最大，等于 $K - Ke^{-r(T-t)}$。

四、影响期权价格的因素有哪些?

从理论上来说，影响期货价格的因素有：期货合约所对应的标的资产的价格、时间以及利率等。相比较期货合约，期权合约有更多要素，因此，影响期权价格的因素也更为复杂，主要的影响因素有执行价格、标的资产的价格、到期剩余时间、利率、波动率5个方面。对于股票及股指期权来说，红利也是影响期权价格的关键因素之一。

执行价格对于期权价格的影响是很直观的，对于看涨期权而言，无论是欧式还是美式，执行价格越低，该期权所具有的内涵价值就越大，期权价格就越高，因此，看涨期权价格与执行价格负相关；对于欧式或美式看跌期权而言，执行价格越高，该期权的内涵价值越大，期权价格越高，因此，看跌期权价格与执行价格呈正向关系。

标的资产的价格对于期权价格的影响同样显而易见，无论是欧式还是美式，看涨期权的价格随着标的资产价格的增长而增长，随着标的资产价格下跌而下跌；看跌期权价格则随着标的资产价格的增长而减少，随着标的资产价格的减少而增加。例如，某执行价格为90的政府债券看涨期权，不论政府债券的价格上涨多少，该期权的持有者都有权利以90的价格买入政府债券，因此，政府债券的价格越高，对该持有者就越有利。

期权合约的有效期对于期权价格的影响对欧式期权和美式期权不同。期权合约的有效期是指距期权合约到期日剩余的时间。在其他因素不变的情况下，期权有效期越长，美式看涨期权和看跌期权的价值都会增加。这是因为对于美式期权来说，有效期长的期权不仅包含了有效期短的期权的所有执行机会，而且有效期越长，标的物市场价格向买方所期望的方向变动的可能性就越大，买方行使期权的机会也就越多，获利的机会也就越多。所以，在其他条件相同的情况下，距最后交易日长的美式期权价值不应低于距最后交易日短的期权的价值。

对于欧式期权来说，有效期长的期权并不包含有效期短的期权的所有执行机会，即便在有效期内标的物市场价格向买方所期望的方向变动，但由于不能行权，在到期时也存在再向不利方向变化的可能，所以随着期权有效期的增加，欧式期权的时间价值和权利金应该不会随之增加。

无论是欧式还是美式期权，或看涨期权还是看跌期权，期权价格随着标的资产价格的波动率增加而增加。波动率的变大使得标的资产价格变化的可能性增加，因此，虚值期权转换成实值期权、内涵价值增加的概率变大，期权价格也因此增加。

红利或股息率是针对股指或股票期权的一个特殊影响因子，它对看涨期权价格的影响为负向，对看跌期权价格的影响则是正向。当股票分红或除息后，股价相应下调，从而导致看涨期权的内涵价值下降，而看跌期权的内涵价值上升。股指是由股票合成得来的指数，因此，红利对于股指期权的影响与股票期权的影响相同（见表4-2）。

表4-2 期权价格的影响因素

影响因素	欧式看涨期权	欧式看跌期权	美式看涨期权	美式看跌期权
1. 标的资产价格（S）	+	-	+	-
2. 执行价格（K）	-	+	-	+
3. 到期剩余时间（T）	+	+	+	+
4. 波动率（σ）	+	+	+	+
5. 利率（r）	+	-	+	-
6. 红利（ρ）	-	+	-	+

五、不支付红利的看涨期权价格的上下限是如何确定的？

购买期权合约是需要成本的，期权购买者需要承担的成本就是期权的价格，而期权价格并非可以任意取值。事实上，一旦期权价格超出合理的范围，将出现无风险套利的机会。

对于看涨期权而言，期权价格C的上限为对应标的资产的价格S，即$C \leqslant S_0$；其下限为标的物市场价格与执行价格现值的差，即$C \geqslant S_0 - Ke^{-r(T-t)}$。

对于价格上限应该很容易理解，因为如果标的物价格为S_0，通过购买看涨期权再购买标的物，权利的价格不应该超过标的物市场价格，否则不如直接购买标的物。

对于价格下限，对欧式期权而言，由于到期时才能执行期权，到期行权收益为$S_T - K$，所以期权价格不应该低于行权收益的现值，否则存在套利机会。因此，欧式期权的价格下限为行权收益的现值，即$c \geqslant S_0 - Ke^{-r(T-t)}$。

由于标的物不支付红利的美式看涨期权不应该提前行权，所以美式看涨期权的价格与欧式看涨期权的价格应该相等，即$C = c$。

因此有：

标的物不支付红利的看涨期权的价格范围为$S_0 - Ke^{-r(T-t)} \leqslant C\ (c) \leqslant S_0$。

其中，t为现在的时间（对期权进行定价的时间），T为期权的到期时间，S_0为现在标的物市场价格，K为期权的执行价格，r为市场无风险利率，C和c分别为美式看涨期权和欧式看涨期权的价格。

下面证明看涨期权的价格下限$c \geqslant S_0 - Ke^{-r(T-t)}$成立。

式$S_0 - Ke^{-(T-t)} - c$构建的组合为标的物多头、看涨期权空头和现金为$Ke^{-r(T-t)}$的空头，组合头寸及现金流见表 4－3。

表 4－3　$S_0 - Ke^{-r(T-t)} - c$ 组合头寸及现金流

组合头寸				现金流
t＝0	看涨期权空头	标的物多头	现金空头	$-S_0 + Ke^{-r(T-t)} + c$
	$-c$	S_0	$-Ke^{-r(T-t)}$	
t＝T：$S_T > K$	履约	卖出标的物得到资金 K	$-K$	0
t＝T：$S_T \leq K$	无须履约	卖出标的物，所得资金≤K	$-K$	＜0

从表 4－3 可见，期权到期时，无论标的物价格高低，以上组合头寸的现金流总是小于等于 0，所以建仓时组合的价值不应该大于 0，即 $S_0 - Ke^{-r(T-t)} - c \leq 0$，看涨期权的价格下限为 $S_0 - Ke^{-r(T-t)}$。

【案例 4－3】

看涨期权价格低于下边界时的套利。

假设某标的物的市场价格为 2 500 元，该标的行权价格为 2 000 元的看涨期权，期权的剩余期限为 0.5 年，在期权到期前标的物不支付红利，市场上 0.5 年的连续无风险利率为 4%。(1) 计算该看涨期权的价格下限；(2) 分析该期权的价格分别为 550 元和 520 元，是否存在无风险套利机会（不考虑交易费用和行权费），构建套利策略并分析套利损益。

(1) 计算该看涨期权的价格下限

看涨期权的价格下限 $= S_0 - Ke^{-r(T-t)} = 2\ 500 - 2\ 000 \times e^{-4\% \times 0.5} = 2\ 500 - 2\ 000 \times e^{-4\% \times 0.5} = 2\ 500 - 1\ 960.397 = 539.603$（元）

即理论上该看涨期权的价格不应该低于 539.603 元。

(2) 当期权价格为 550 元时，高于价格下限，不存在无风险套利机会。

当期权价格为 520 元时，低于价格下限，存在无风险套利机会。

由于价格低于下限，表明期权价格相对较低，或 $S_0 - Ke^{-r(T-t)}$ 过大。

构建套利组合：套利者从经纪人处借标的物卖出，得到 2 500 元，用 520 元买入看涨期权，剩余资金 1 980 元投资无风险资产。

建仓时组合头寸：标的资产空头、看涨期权多头和现金多头。

期权到期时，现金资产 $= 1\ 980\ e^{4\% \times 0.5} = 2\ 019.999$（元），投资无风险资产的利息收入为 39.999 元。

如果 $S_T > 2\ 000$ 元，交易者执行期权，按执行价格 2 000 元买进标的物，并将标的物归还经纪人。套利损益 $= 2\ 019.999 - 2\ 000 = 19.999$（元）。

如果 $S_T \leqslant 2\,000$ 元，交易者放弃执行期权，按低于或等于 2 000 元的市场价格买进标的物，并将标的物归还经纪人，则套利损益≥19.999 元。

因此，如果期权价格低于下限，构建标的物空头、看涨期权多头和现金多头的组合，持有期权至到期，便可获得无风险收益。套利组合期时损益结构见图 4－2。

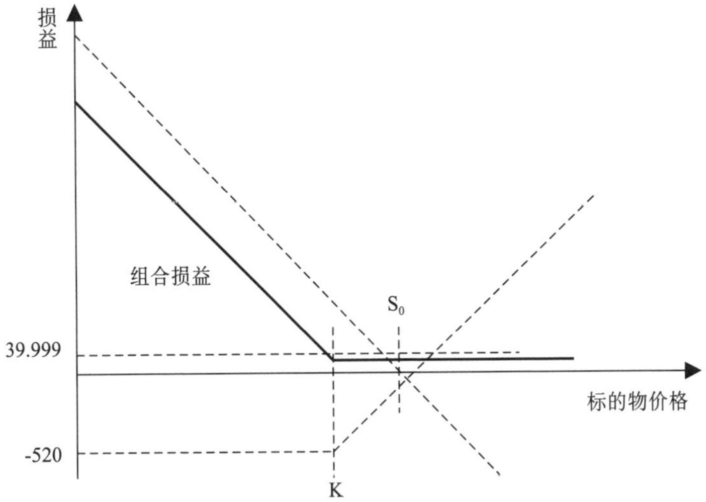

图 4－2　标的物空头、看涨期权多头和现金多头到期日损益结构图

从图 4－2 可见，期权到期时无论标的物价格高低，组合的损益均大于 0。因此，看涨期权价格低于下边界时存在无风险套利机会。

六、看跌期权价格的上下限是如何确定的？

看跌期权价格的上下限与看涨期权不同，但思路基本一致，一旦期权价格超出合理的范围，市场就会出现无风险套利的机会。

看跌期权价格 P 不能超过执行价格 K，欧式看跌期权的价格不应该超过执行价格的现值；美式和欧式期权的价格下限分别为 $P \geqslant K - S_0$ 和 $p \geqslant Ke^{-r(T-t)} - S_0$。

同样，对于看跌期权的价格上限也应该很容易理解，因为通过看跌期权行权卖出标的物，可获得行权价格，所以购买期权的费用，即期权价格不应该超过行权价格；而欧式期权只能到期行权，到期行权时才能获得行权价格，所以现在购买期权，期权费不应该超过行权价格的现值。

即标的物不支付红利的美式和欧式看跌期权的价格上限分别为：$P \leqslant K$ 和 $p \leqslant Ke^{-r(T-t)}$。

对于看跌期权价格上限，对美式看跌期权而言，立即行权可以获得的行权收益为

$K - S_0$，所以期权价格不应该低于行权收益，否则大家都会购买期权并立即行权获得收益。

因此，美式看跌期权的价格下限为：$P \geq K - S_0$。

由于欧式期权到期时才能执行期权，到期行权收益为 $K - S_T$，所以期权价格不应该低于行权收益的现值，否则存在套利机会。

因此，欧式看跌期权的价格下限为：$p \geq Ke^{-r(T-t)} - S_0$。

下面证明欧式看跌期权的价格下限 $p \geq Ke^{-r(T-t)} - S_0$成立。

限 $p - Ke^{-r(T-t)} + S_0$构建的组合为标的物多头、看跌期权多头和现金为 $Ke^{-r(T-t)}$ 的空头，组合头寸及现金流见表 4－4。

表 4－4　$p - Ke^{-r(T-t)} + S_0$组合头寸及现金流

组合头寸				现金流
$t=0$	看跌期权多头	标的物多头	现金空头	$Ke^{-r(T-t)} - P - S_0$
	p	S_0	$-Ke^{-r(T-t)}$	
$t=T$：$S_T \geq K$	不执行期权	卖出标的物，所得资金 $\geq K$	$-K$	≥ 0
$t=T$：$S_T < K$	行权	卖出标的物，得到资金 K	$-K$	0

从表 4－4 可见，期权到期时，无论标的物价格高低，以上组合头寸的现金流总是大于等于 0，所以建仓时组合的价值不应该小于 0，即 $p - Ke^{-r(T-t)} + S_0 \geq 0$。由此可证，欧式看跌期权的价格下限为 $p \geq Ke^{-r(T-t)} - S_0$。

【案例 4－4】

欧式看跌期权价格低于下边界时的套利。

假设某标的物的市场价格为 1 500 元，该标的行权价格为 2 000 元的欧式看跌期权，剩余期限为 0.5 年，在期权到期前标的物不支付红利，市场上 0.5 年的连续无风险利率为 4%。(1) 计算该看跌期权的价格下限；(2) 分析该看跌期权的价格分别为 470 元和 450 元时，是否存在无风险套利机会（不考虑交易费用和行权费），构建套利策略并分析套利损益。

(1) 看跌期权的价格下限 $= Ke^{-r(T-t)} - S_0 = 2\ 000 \times e^{-4\% \times 0.5} - 1\ 500 = 2\ 000 \times e^{-4\% \times 0.5} - 1\ 500 = 1\ 960.397 - 1\ 500 = 460.397$（元）

即理论上，该看跌期权的价格不应该低于 460.397 元。

(2) 当期权价格为 470 元时，高于价格下限，不存在无风险套利机会。

当期权价格为 450 元时，低于价格下限，存在无套利机会。

由于期权的价格低于下限，表明期权价格相对较低，或 $Ke^{-r(T-t)} - S_0$过大。

构建套利组合：套利者从经纪人处借入 1 960.397 元资金，买入标的物和看跌期权，使用资金 1 950 元，将剩余的 10.397 元投资无风险资产。

建仓时组合头寸：标的资产多头、看跌期权多头和现金空头。

期权到期时，需归还经纪人资金 $=1\ 960.397e^{4\%\times 0.5}=2\ 000$（元），投资无风险资产的本利和为 $10.397\ e^{4\%\times 0.5}=10.5999$（元）。

如果 $S_T\geqslant 2\ 000$ 元，交易者放弃执行期权，按大于等于 2 000 元的市场价格卖出标的物，将 2 000 元归还经纪人，则套利损益 = 10.5999（元）。

如果 $S_T<2\ 000$ 元，交易者执行期权，按行权价格 2 000 元卖出标的物，归还经纪人 2 000 元，则套利损益 = 10.5999（元）。

因此，如果期权价格低于下限，构建标的物多头、看跌期权多头和现金空头的组合，持有期权至到期，便可获得无风险收益。套利组合期时损益结构见图 4－3。

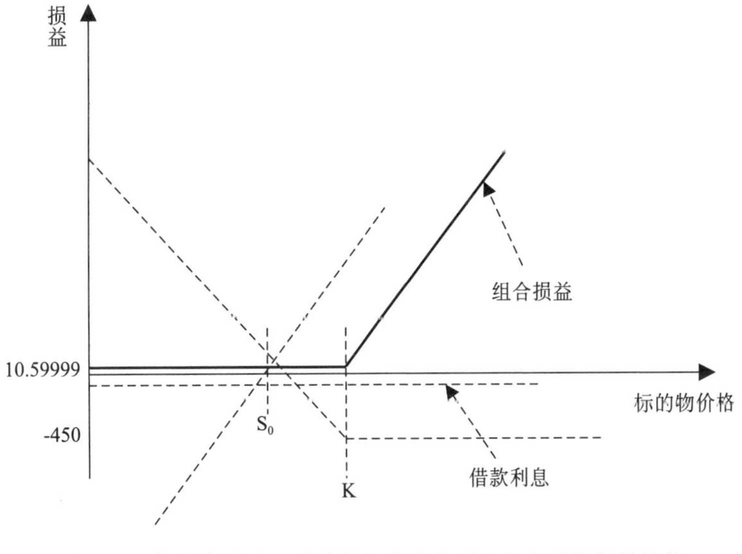

图 4－3　标的物多头、看跌期权多头和现金空头到期损益结构

从图 4－3 可见，期权到期时无论标的物价格高低，组合的损益均大于 0。因此，看跌期权价格低于下边界时存在无风险套利机会。

七、什么是欧式期权的平价关系?

欧式期权的平价关系是指欧式看涨期权和看跌期权的价格关系。

假设某股票现在价格为 S_0，现有以该股票作为标的资产的看涨期权和看跌期权都是在 T 时刻到期，执行价格都是 K。设看涨期权当前理论价格为 C，看跌期权当前理论价格为 P，该股票价格在 T 时刻为 S_T，1 年期无风险利率为 r。下面考虑两个组合。

组合 A：一份该欧式看涨期权加上在 T 时刻的一笔价值为 K 的现金资产。

组合 B：一份该欧式看跌期权加上一只股票。

考虑组合 A 在 T 时刻的价值：如果在 T 时刻股票价格 $S_T \geq K$，则在 T 时刻组合 A 的价值为看涨期权的价值 $S_T - K$ 加上现金资产 K，即 $S_T - K + K = S_T$；如果在 T 时刻股票价格 $S_T < K$，则在 T 时刻组合 A 的价值为看涨期权的价值 0 加上现金资产 K，即 $0 + K = K$。

考虑组合 B 在 T 时刻的价值：如果在 T 时刻股票价格 $S_T \geq K$，则在 T 时刻组合 B 的价值为看跌期权的价值 0 加上股票价值 S_T，即 $0 + S_T = S_T$；如果在 T 时刻股票价格 $S_T < K$，则在 T 时刻组合 B 的价值为看跌期权的价值 $K - S_T$ 加上股票价值 S_T，即 $K - S_T + S_T = K$（见表 4－5）。

表 4－5　A、B 两个组合价值

项　目		$S_T \geq K$	$S_T < K$
组合 A	看涨期权在到期时 T 的价值	$S_T - K$	0
	现金在时间 T 的价值	K	K
	组合 A 在 T 时刻总价值	S_T	K
组合 B	看跌期权在到期时 T 的价值	0	$K - S_T$
	股票在时间 T 的价值	S_T	S_T
	组合 B 在 T 时刻总价值	S_T	K

可以看到无论该股票价格在 T 时刻是多少，组合 A 和组合 B 在到期时的价值总是相同的，该值为 S_T 和 K 中的较大值，即 max（S_T，K）。这直接导致的一个结论就是组合 A 和组合 B 在当前时刻的理论价格也应相同，否则将产生无风险套利的机会。T 时刻价值为 K 的现金以连续复利贴现回当前的价值为 $Ke^{-r(T-t)}$，因此，可以直接得到组合 A 的当前理论价格 $C + Ke^{-(T-t)}$ 等价于组合 B 的当前理论价格 $P + S_0$，即：

$$c + Ke^{-r(T-t)} = p + S_0 \qquad (4-1)$$

公式（4－1）即为欧式期权的平价关系，该公式列明了具有同样执行价格和到期时间的欧式看涨期权和看跌期权当前理论价格之间的关系。

【案例 4－5】

某股票价格为 50 元，无风险年利率为 10%，基于该股票，剩余期限为 6 个月、执行价格均为 40 元的欧式看涨期权和看跌期权的价格相差 7 元，不考虑交易成本和行权费。问：（1）是否存在无风险套利机会？（2）如何构建套利策略？（3）分析套利损益。

（1）基于欧式看涨期权和看跌期权的平价关系，有：$c + Ke^{-r(T-t)} = p + S_0$

理论上，欧式期权和看跌期权的价差 $= c - p = S_0 - Ke^{-r(T-t)} = 50 - 40 \times e^{-10\% \times 0.5}$

=11.95（元）。

（2）由于实际价差小于理论价差，所以存在无风险套利机会。

（3）由于实际价差大于理论价差，表明看涨期权的价格相对低估、看跌期权的价格相对高估。

根据式 $c+Ke^{-r(T-t)}-p-S_0$，构建套利策略（不考虑股票交易单位和期权交易单位）：借入1股股票卖出，同时卖出1份看跌期权，买进1份看涨期权，将剩余资金进行无风险投资。

该套利策略建仓时头寸为：看涨期权多头、资金多头和看跌期权空头及标的股票空头。

$S_0-Ke^{-r(T-t)}-(c-p)=11.95-7=4.95$（元）

所以，可以将 $4.95+Ke^{-r(T-t)}=4.95+38.049$（元）进行无风险投资。

期权到期时，无风险投资资金 $=(4.95+38.049)\ Ke^{10\%\times0.5r(T-t)}=5.204+40=$ 45.204（元）。

如果 $S_T>40$ 元，执行看涨期权，按40元买进股票，将股票归还借款人；看跌期权无须履约。组合策略的损益为5.204元。

如果 $S_T<40$ 元，看跌期权履约，按40元买进股票，将股票归还借款人；不执行看涨期权。组合策略的损益为5.204元。

如果 $S_T=40$ 元，看跌期权无须履约，也不执行看涨期权，按40元买进股票，将股票归还借款人。组合策略的损益为5.204元。

所以，期权到期时，无论标的股票的价格为多少，该策略的收益均为5.204元。5.204元为看涨期权和看跌期权不合理价差部分投资至期权到期时的本利和。

【案例4-6】

某日，剩余期限为23天、行权价格为3.2元的上证50ETF看涨期权和看跌期权的价格分别为0.0035元和0.2596元；该日，标的基金的价格为2.945元，如果市场与期权剩余期限相当的无风险连续利率为2%，不考虑交易成本和行权费，1年按365天计。问：（1）是否存在无风险套利机会？（2）如何构建套利策略？（3）分析套利损益。

理论上，欧式看涨和看跌期权的价差 $=c-p=S_0-Ke^{-r(T-t)}=2.945-3.2\times e^{-2\%\times23/365}=-0.2510$（元）。

实际价差 $=0.0035-0.2596=-0.2561$（元），小于理论价差，所以存在无风险套利机会。

由于实际价差小于理论价差，表明看涨期权的价格相对低估、看跌期权的价格相对高估。

根据式 $c+Ke^{-r(T-t)}-p-S_0$，构建套利策略（按一张期权的规模构建）：借入

10 000 份标的基金卖出，同时卖出 1 张看跌期权，买进 1 张看涨期权，将剩余资金进行无风险投资。构建策略和分析方法与案例 4 – 5 相同。

【案例 4 – 7】

假设【案例 4 – 6】中，看涨期权和标的基金的价格分别为 0.3035 元和 3.238 元，其他条件不变。问：(1) 是否存在无风险套利机会？(2) 如何构建套利策略？(3) 分析套利损益。

理论上，欧式期权和看跌期权的价差 $= c - p = S_0 - Ke^{-r(T-t)} = 3.238 - 3.2 \times e^{-2\% \times 23/365} = 0.042$（元）；

实际价差 $= 0.3035 - 0.2596 = 0.0439$（元），大于理论价差，所以存在无风险套利机会。

由于实际价差大于理论价差，表明看涨期权的价格相对高估、看跌期权的价格相对低估。

根据式 $p + S_0 - c - Ke^{-r(T-t)}$，构建套利策略（按一张期权的规模构建）：借入资金 $10\,000 \times Ke^{-r(T-t)}$ 元，同时卖出 1 张看涨期权，买进 1 张看跌期权，买进 10 000 份标的基金。

该套利策略建仓时头寸为：看涨期权空头、资金空头和看跌期权多头及标的基金空头：

$10\,000 \times [Ke^{-r(T-t)} - S_0 + (c - p)]\ Ke^{-r(T-t)} - S_0 + (c - p) = 10\,000 \times (3.196 - 3.238 + 0.0439) = 10\,000 \times (-0.042 - 0.0439) = 19$（元）

将剩余的资金进行无风险投资

期权到期时，无风险投资资金 $= 19 \times e^{2\% \times 23/365} = 19.02$（元），需归还借款人资金 $= 10\,000K = 10\,000 \times 3.2 = 32\,000$（元）。

如果 $S_T > 3.2$ 元，执行看涨期权，按 3.2 元卖出标的基金，将所得资金归还借款人；看跌期权不行权。组合策略的损益为 0.0019 元。

如果 $S_T < 3.2$ 元，执行看跌期权，按 3.2 元卖出标的基金，将所得资金归还借款人；看涨期权无须履约。组合策略的损益为 0.0019 元。

如果 $S_T = 3.2$ 元，不执行看跌期权，看涨期权也不需要，按 3.2 元将标的基金卖出，将所得资金归还借款人。组合策略的损益为 19.02 元。

所以，期权到期时，无论标的基金的价格为多少，该策略的收益均为 19.02 元。19.02 元为看涨期权和看跌期权不合理价差部分投资至期权到期时的本利和。

八、不支付红利的美式看涨和看跌期权的价差关系是怎样的?

(一) 价差上限

由于 $C = c$，而 $P \geq p$，依据式 (4-1)，可得美式看涨与看跌期权价差上限为:

$$C - P \leq S_0 - Ke^{-r(T-t)} \quad (4-2)$$

(二) 价差下限

考虑以下组合策略:

以无风险利率借入资金 K，买入价格为 S_0 的股票，卖出到期日与借款到期时间相同的执行价格为 K 的该股票的美式看涨期权，并买入到期日和执行价格相同的该股票的美式看跌期权。

期初现金流: $K + C - P - S_0$

在 t 时刻 ($t \leq T$)，如果 $S < K$，交易者可以执行看跌期权，将股票以执行价格 K 卖出，组合头寸的现金流为: $K - Ke^{r(T-t)} - C(t) \leq 0$。

由于看涨期权多头不会提前行权，所以，对于 $S > K$ 的情形，应该分析期权到期时的状况。到期时，看跌期权作废，看涨期权多头行权，交易者履约，以执行价格 K 将股票卖出。此情形期末价值等于 $K[1 - e^{r(T-t)}] < 0$。

由以上分析可见，无论股票价格涨跌，该组合的期末价值均小于等于 0，所以期初值必然大于等于 0，否则存在套利机会。

由此可得: $K + C - P - S_0 \geq 0$

整理上式得美式看涨期权与看跌期权价差的下限:

$$S_0 - K \leq C - P \quad (4-3)$$

即，在任何时刻，美式看涨期权与看跌期权的差都不会低于标的股票与执行价格的差。上式又可变为: $C + K \geq S_0 + P$，即: $S_0 - K \leq C - P$。

即，在任何时刻，美式看涨期权与执行价格的和都不会低于美式看跌期权与标的股票的和。

(4-2)、(4-3) 两式合并，可得美式看涨期权与看跌期权价差的上下限:

$$S_0 - K \leq C - P \leq S_0 - Ke^{-r(T-t)} \quad (4-4)$$

对于平值期权，$S_0 = K$，由公式 (4-3) 得: $0 \leq C - P$。所以，对于平值期权，看涨期权的价格总是大于等于看跌期权的价格。

美式期权和欧式期权价差关系:

$C-P \leqslant c-p$，$C-c \leqslant P-p$，由于 $C=c$，$P \geqslant p$，也可得出 $C-c \leqslant P-p$ 的结论。

当支付股息时，在除息日之前，提前行使美式看涨期权是最优的，$C \geqslant c$。

所以，除不支付红利的美式看涨期权外，其他情况下，美式期权的价值均应高于欧式期权的价值。

九、支付红利时，欧式看涨期权的下限，或看涨期权与标的股票的价格关系是怎样的？

假定股票支付的红利的贴现值为 D，则支付红利 D 的欧式看涨期权的下限或看涨期权和标的股票的价格关系为：

$c \geqslant S_0 - D - Ke^{-r(T-t)}$，或 $c + D + Ke^{-r(T-t)} \geqslant S_0$。

支付红利 D 的欧式看跌期权的下限或看跌期权和标的股票的价格关系为：

$p \geqslant D + Ke^{-r(T-t)} - S_0$，或 $S_0 \geqslant D + Ke^{-r(T-t)} - p$。

存在股息时，欧式看涨和看跌期权的平价关系为：

$c + Ke^{-r(T-t)} + D = p + S_0$，或 $c - p + D = S_0 - e^{-r(T-t)}$。

存在股息时，美式看涨期权与看跌期权价差的上下限：

$S_0 - K - D \leqslant C - P \leqslant S_0 - Ke^{-r(T-t)}$。

美式期权和欧式期权价差关系式：

$C - P < c - p + D$，或 $C - c \leqslant P - p + D$。

第五章　期权交易的基本策略

本章要点

> 期权作为创新性的衍生性产品，有许多交易策略可供运用，本章简要介绍与期权相关的投资策略。但值得注意的是，任何衍生产品都离不开标的物，任何在期权上建立的投资策略都是在对标的物有良好预期的前提下，否则再好的策略也无法取得成功。掌握期权的投资策略可以利用期权来为交易服务，但如果本末倒置，忽略基础产品的运动将极有可能“前功尽弃”。举例来说，买入任何看涨期权的获利源泉是标的物价格的向上运动，如果标的物不具备向上运动的可能，那么买入任何看涨期权都是徒劳的，最后的结果都是失败的。本章对期权投资策略的介绍将会使读者对期权投资策略有全面的了解，更好地制定投资策略。

一、如何运用买入看涨期权策略，买入看涨期权有哪些好处，买入看涨期权的损益如何，买入虚值看涨期权比买入实值期权更划算吗？

买入看涨期权是期权投资策略中最基本的一种，也是投资者运用最为频繁的策略。该策略对于标的物是看涨的，其赢利的基础来源于标的物价格向上运动的可能性增加，表现在标的物价格上涨或是标的物的波动率上升。

（一）买入看涨期权的好处

买入看涨期权的吸引力之一在于其提供的杠杆性。买入看涨期权的投资者最大投资成本是其支付给卖方的权利金，这笔金额相对于标的物的价值来说显得微不足道。因而投资者可以在投资一笔数目不大的金额情况下，就有可能获得丰厚的回报，即使在标的物波动较小的情况下，期权所具有的高杠杆性也能使购买者获得高额回报。比如SPX6月到期执行价为1575的看涨期权（简称“6月1575看涨期权”或“6月执行价为1575看涨期权”），价格为41.5美元，投资者买入一份该期权只需要支付权利金41.5美元，就能享受标的物价格上涨带来的好处，如果SPX到期时为1650，那么SPX只上涨了4.76%，但投资者获得了80.7%的回报。当然，如果选择的执行价、到期日不合适，期权将在到期时变得毫无价值，投资者将损失其全部投资。

买入看涨期权还可以将损失限制在一个固定的数量，同时享受标的资产大幅向上运动带来的好处。看涨期权迎合了不愿意承担标的物价格大幅下跌的风险、但又不想错过标的物上涨的投资者。假设SPX12月1600看涨期权的报价为10美元，投资者预期SPX将上升，但其愿意承担的最大风险不超过10美元，他以10美元买入一份SPX12月1600的看涨期权（不考虑期权相应的乘数），那么他所面临的最大损失也就是投入的10美元，但若到期前标的物价格上涨至1610上方时，投资者将获得预期正确所带来的好处。

（二）买入看涨期权的损益

总的来说，买入看涨期权是一种看多的策略，其下行风险有限，最大损失为期权的权利金，其潜在上行的收益无限，随着标的物价格的上涨，收益也会相应扩大。如果标的物价格保持不变或下跌，购买者将可能面临损失。如果标的资产价格向上运动的可能性增加，即标的物价格上涨或隐含波动率上升时，看涨期权的价值将上升，购买者将获得赢利。

看涨期权的买方获得了以执行价格买入一定数量标的物的权利，并且无须承担相应的义务，因而买入看涨期权的最大风险是其支付的权利金。假设股票XYZ价格为100元，XYZ 5个月后到期的执行价为100的看涨期权的价格为5元，那么买入看涨期权的投资者只需要支付5元的权利金。在期权的有效期内，无论标的物价格如何变动，看涨期权的价值也不会跌到负值。即使到期时XYZ的价格在100元下方，看涨期权的价值为0，此时看涨期权无价值地过期，买方也只是损失5元的权利金，这也是其面临的最大潜在损失。

如果标的物价格略有上涨，看涨期权买方的损失将随着价格的上升而减少，若到期时XYZ的价格为100～105元时，看涨期权买方损失为105减去标的物价格。若

XYZ 有较大幅度的向上运动时，看涨期权买方将获得高额的回报，若到期时 XYZ 的价格为 110 元，期权购买者将获得 100% 的回报（见表 5－1 和图 5－1）。

表 5－1　　买入看涨期权到期时损益

（以 5 元购买执行价为 100 的看涨期权，以 100 元直接购买标的物）　　（单位：元）

标的资产价格	看涨期权到期价值	买入看涨期权损益	直接购买标的物的损益
70	0	－5	－30
80	0	－5	－20
90	0	－5	－10
100	0	－5	0
105	5	0	5
110	10	5	10
120	20	15	20

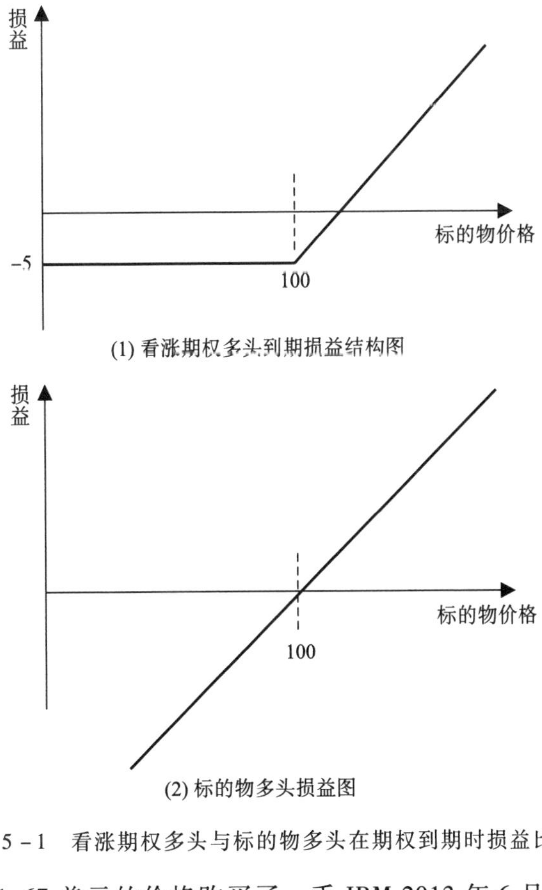

图 5－1　看涨期权多头与标的物多头在期权到期时损益比较

假设投资者以 11.67 美元的价格购买了一手 IBM 2013 年 6 月执行价格为 200 美元的看涨期权，需要投入 1 167 美元（1 手是 100 股，因而计算投入时需要乘以 100）。如果 IBM 到期时价格不超过 200 美元，投资者将损失全部权利金；如果 IBM 价格虽然如预期那样上涨，但上涨幅度较小，投资者同样会面临损失，若 IBM 到期时价格为 209 美元，买入的看涨期权价值将为 9 美元，到期时执行期权将获得 900 美元的收入，但投资者的投入是 1 167 美元，所以还是损失了 267 美元；如果 IBM 价格上涨至 211.67 美元，损益将会取得平衡；当 IBM 价格上涨至 211.67 美元上方时，IBM 价格每上涨 1 美元，投资者的收益将随之增加 1 美元，假设 IBM 到期时价格为 220.67 美元，那么执行期权将获得 2 067 美元的收入，减去投入成本，收益是 900 美元。

综上所述，到期时买入看涨期权的损益可以概括为：

如果标的物价格高于执行价，则买入看涨期权的损益 = 标的物价格 − 执行价 − 期权权利金（期权费）；

如果标的物价格低于或等于执行价，则买入看涨期权的损益 = − 期权权利金（期权费）；

买入看涨期权的损益平衡点 = 执行价 + 期权权利金（期权费）。

对于看涨期权的买方来说，其潜在的风险有限，最大的风险是其支付的权利金；其潜在的收益无限，也就是说随着标的物价格上升，看涨期权的价格将随着上涨。

（三）由于虚值看涨期权比实值期权便宜，买入虚值期权是否一定比买入实值期权好

首先回顾一下期权价值的构成。期权价值包含内涵价值和时间价值两部分，看涨期权的内涵价值是标的价格减去执行价格的差与 0 相比后的最大值，而时间价值是期权价值减去内涵价值的差。如果期权的内涵价值大于 0，则该期权是实值的；如果标的物价格等于执行价，期权就为平值期权；其余的期权称为虚值期权。虚值期权对于看涨期权来说，就是标的物价格低于执行价的期权。

很多投资者由于只看到虚值看涨期权价格便宜的一面，因而喜欢购买虚值看涨期权，但购买虚值看涨期权的获利基础是标的物价格大幅向上运动。如果标的物价格上涨幅度不大，虚值看涨期权的买方很可能损失其全部投资；如果预期标的物价格上涨幅度不大，买入实值看涨期权更为可取；如果预期标的物价格有爆发性的向上运动，虚值期权提供的高杠杆使得其回报更高。

从对标的资产的敏感性来看，实值期权价格的变动与标的资产价格走势往往更为接近，如果标的资产变动 1 点，那么实值看涨期权也至少会上升 0.5 点，而虚值看涨期权可能只有 0.1 点。深度实值期权，其时间价值几乎为 0，期权价格走势基本上与标的物价格走势一致。

【案例 5－1】

股票 X 的价格为 50 元，6 个月到期的执行价格为 55 的看涨期权价格为 1 元，执行价格为 45 的看涨期权价格为 6.5 元。如果到期时，X 的价格低于 50 元，买入 6 个月

到期的执行价格为55的看涨期权的投资者损失为1元，而买入6个月到期的执行价格为45的看涨期权则损失大于1元；若X的价格介于51.5与56之间时，买入6个月到期的执行价格为45的看涨期权的表现更好；但若X价格超过57时，买入6个月到期的执行价格为55的看涨期权的回报率更高。因此，当标的物价格上升幅度较小时，实值看涨期权的表现将更好，而虚值看涨期权在标的物上升幅度较大时表现要更好些（见表5-2）。

表5-2　买入实值和虚值看涨期权到期时的损益对比　（单位：元）

标的资产价格	执行价格为45的看涨期权	执行价格为55的看涨期权	买入执行价格为45的看涨期权损益	买入执行价格为55的看涨期权价格损益
35	0	0	-6.5	-1
39	0	0	-6.5	-1
40	0	0	-6.5	-1
45	0	0	-6.5	-1
48	3	0	-3.5	-1
50	5	0	1.5	1
52	7	0	0.5	-1
54	9	0	2.5	-1
56	11	1	4.5	0
60	15	5	8.5	4
65	20	10	13.5	9

在其他因素相同下，虚值看涨期权相对实值看涨期权提供的潜在风险和潜在回报都更大。首先，虚值看涨期权的执行价格要高于标的物价格，由于买入看涨期权的损益平衡点为期权执行价加上期权权利金，因而获利需要标的物价格上涨的幅度更大；其次，虚值看涨期权的内涵价值为0，其价格全部由时间价值构成，其相对实值看涨期权来说较为便宜，因而需要投入的成本更低，但若标的物价格大幅上涨，购买虚值看涨期权的投资者只需要付出较低的权利金，就可以享受标的物价格上涨带来的高额回报。比如IBM当前交易价为211.38美元，6月执行价格为200看涨期权价格为12.6美元，而6月执行价格为230看涨期权价格为0.51美元，买入6月执行价格为200看涨期权的损益平衡点为212.6美元，只需要价格上涨1.22美元，而买入6月执行价格为230看涨期权的损益平衡点为230.51美元，IBM到期时价格需要上涨19.13美元；此外，如果IBM在到期时大幅上涨至240美元，买入6月执行价格为200看涨期权将获利27.4美元，收益率是117.5%，而买入6月执行价格为230看涨期权将获利9.49美元，收益率是1 760.8%。

许多新入门的交易者往往为了降低成本、增加杠杆而买入虚值看涨期权，然后期待高额回报，但结果却是亏损。让事情变得更糟的是，买入虚值期权的人往往买进剩余期限较短的期权，这样没有给标的资产足够多的时间来实现所需要的大幅度运动，往往在标的物价格大幅向上运动前，期权却已经到期了。

（四）买入近期看涨期权相对于买入远期看涨期权来说，是否回报高，风险低

除了考虑看涨期权的虚实之外，看涨期权买方也需要关注期权的剩余期限有效期、存续期。时间是期权买方的敌人，在其他因素不变的前提下，期权随着时间的消耗，价值会逐渐下降，尤其是期权到期前1个月，期权因时减值的速度更快。近期的看涨期权时间价值相对较小，实值看涨期权价格走势与标的物价格走势较为接近；远期的看涨期权离到期日还有很长一段时间，其时间价值较大，虽然减值速度较低，但流动性较差，对标的物的变动敏感性较低，尤其是虚值看涨期权；中期的看涨期权时间价值处于中等，因时减值速度也不快，流动性也较好，因而其风险与回报是中等的，吸引力较大。

不要简单地认为近期期权便宜就断定它是划算的，如果用期权价格除以距离到期日的月份来比较，很容易找出性价比较高的期权。购买的期权还需要考虑留给标的物足够的时间来运动发展。如果认为近期标的物价格有实质性的运动，那么购买实值期权更为可取，虽然在内涵价值上会占用一笔资金，但实值期权时间价值较小，与标的物走势相关度更为紧密，更能反映标的物的运动，即使标的物未出现预期的大涨，也能降低损失，避免亏掉全部投资。例如IBM当前报价为203.84美元，现有3个月到期的执行价格为195的看涨期权价格为10.25美元，执行价为200的看涨期权价格为7美元，执行价为205的看涨期权价格为4.48美元；2个月到期的执行价格为195的看涨期权价格为8.5美元，执行价为200的看涨期权价格为5.05美元，执行价为205的看涨期权价格为2.65美元；1个月到期的执行价为195的看涨期权价格为7.4美元，执行价为200的看涨期权价格为3.55美元，执行价为205的看涨期权价格为1.55美元。可以看出，1个月到期的执行价为195的看涨期权损益平衡点最低，仅为202.4；其次是2个月到期的执行价为195的看涨期权。虚值期权中2个月到期的执行价为205的看涨期权每月平均花销最低，仅为1.33美元（见表5－3）。

表5－3　期权价格除以距离到期日的月份比较　（单位：美元）

	执行价格为195	执行价格为200	执行价格为205
距离到期日3个月	3.42	2.33	1.49
距离到期日2个月	4.25	2.53	1.33
距离到期日1个月	7.40	3.55	1.55

（五）如果买入看涨期权后，标的物价格有实质性向上运动，买方将有浮动盈利，有哪些操作可供选择

如果标的物价格如预期那样上涨了，看涨期权的购买者就拥有未兑现的盈利，那么他可以将其持有的看涨期权卖出以获利平仓，这是最为保险的策略。也可以通过出售部分所持有的看涨期权来取走部分盈利，剩下的头寸依市场表现来决定是否平仓。如果他想留住头寸以保留机会获取更大的盈利可能，也可以采取下面行动中的一种：出售买入的看涨期权，买入执行价格更高的看涨期权；保持现有头寸不变，出售相同到期日的执行价格更高的看涨期权，从而创造一份牛市套利；什么都不做，继续持有当前的头寸；买入一份看跌期权。什么都不做是最为激进的策略，倘若标的物走势极为不利的话，所有未兑现的盈利将可能化为乌有。假设以 6.0 美元的价格买入一份 IBM 5 月执行价格为 200 美元的看涨期权，1 个月后价格如预期那样上涨了 10 美元，买入的看涨期权价值为 12.10 美元，如果这时候卖出看涨期权，将获得 6.1 美元的收益；你可以卖出买入的看涨期权，并以 2.9 美元的价格买入一份 IBM 5 月执行价格为 215 的看涨期权，这样无论价格如何变化，都将获得至少 3.2 美元的收益，同时保留了价格继续上涨获利的机会；也可以保留现有头寸不变，以 1.5 美元的价格卖出一份 IBM 5 月执行价格为 220 的看涨期权，从而创造了一份牛市套利，成本为 4 美元，降低了购买成本，同时享受价格继续上升带来的好处，但放弃了价格上涨至 220 美元以上的获利机会；也可以以 7.65 美元买入一份 5 月执行价格为 215 的看跌期权，无论价格如何变化，都能获得至少 1.35 美元的收益，同时也享有 IBM 价格大幅上涨或大幅下跌带来的好处。

（六）如果标的物价格走势未如预期的发展，看涨期权买方存在未兑现的损失，有哪些措施可供选择

如果标的物价格下跌，看涨期权的买方有未兑现的损失，投资者可以通过卖出买入的看涨期权认赔出局。也可以在没有将头寸平仓的前提下，通过卖出一份执行价较低的看涨期权以试图降低亏损；也可以卖出现有的头寸，买入一份执行价较低的看涨期权，这样将下调总头寸的损益平衡点；也可以卖出 2 倍于现有头寸，买入一份执行价较低的看涨期权，这样建立了一份牛市套利。比如以 5.6 美元的价格买入一份 IBM 7 月执行价格为 220 的看涨期权，1 个月后 IBM 价格跌至 211.8 美元，期权价格跌至 1.5 美元，如果保持头寸不变，且以 5.4 美元的价格卖出 IBM7 月执行价格为 210 的看涨期权，建立一份熊市套利，如果到期时 IBM 价格低于 210 美元，投资者总共亏损 0.2 美元；如果到期时 IBM 价格在 220 美元上方，投资者将亏损 10.2 美元；如果到期时 IBM 价格在 210 ~ 215.4 美元，该策略的亏损将不超过原有投资，即 IBM 价格在

215.4 美元下方时，卖出一份看涨期权的损益将优于什么也不做，风险在于价格大幅回补至 215.4 美元上方，面临的亏损将加大。投资者如果以 1.5 美元的价格卖出现有头寸，以 5.4 美元的价格买入 IBM 7 月执行价格为 210 的看涨期权，这样损益平衡点将下降至 219.5 美元，原有头寸损益平衡点为 225.6 美元，损益平衡点下降了 6.1 美元；如果以 1.5 美元的价格卖出 2 份 IBM 7 月执行价格为 220 的看涨期权，以 5.4 美元的价格买入 1 份 IBM 7 月执行价格为 210 看涨期权，建立了一份牛市套利，总头寸的成本变为 8 美元，增加了 1.4 美元的债务，损益平衡点为 218 美元，而原头寸的损益平衡点为 225.6 美元。损益平衡点的下降是放弃了上涨的盈利和最大潜在亏损的增加换来的。通常来说，投资者选择合适的期权以零债务的方式来建立新头寸。

二、买入看跌期权有哪些好处，买入看跌期权的损益如何，买入虚值看跌期权更为可取吗，买入近期的看跌期权较远期的看跌期权更划算吗?

买入看跌期权也是期权基本策略的一种，是指只持有看跌期权的多头头寸，且不持有标的物或与标的物相关衍生品的其他头寸，因而也有人称之为买入裸看跌期权。买入看跌期权是一种看空的策略，其获利需要标的物价格下跌的可能性增加，即要么标的物价格下跌，要么隐含波动率上升。

（一）买入看跌期权的好处

买入看跌期权的吸引力之一在于其较高的杠杆性，与买入看涨期权一样，买入看跌期权只需要支付期权的权利金，却获得了标的物价格大幅下跌所带来的好处。假设 IBM 的价格为 211.85 美元，5 月 210 看跌期权的价格为 4.9 美元，投资者只需要花费 4.9 美元就可以买入一份看跌期权，倘若到期时 IBM 价格大幅下跌至 200 美元，那么投资者将获得 5.1 美元的收益，标的物价格下跌了 5.6%，而买入看跌期权的投资者却获得超过 1 倍的回报。

买入看跌期权的潜在风险是有限的，最大亏损是其支付的权利金。如果预期标的物价格将下跌，投资者可以买入看跌期权或卖空标的物。卖空标的物的潜在风险与潜在收益都是无限的，损益与标的物的变动是一种线性关系，即标的物每上涨 1 元，卖空标的物的投资者将亏损 1 元，标的物每下跌 1 元，卖空标的物的投资者将赚取 1 元。与卖空标的物不同的是，买入看跌期权的损益与标的物的变动并不是一种线性关系，买入看跌期权的潜在风险有限，潜在收益无限。若到期时标的物价格低于执行价格，看跌期权的价值将为执行价减去标的物价格的差，看跌期权买方的损益为期权价值减去权利金；若标的物价格高于执行价格，看跌期权将无价值过期，看跌期权买方将损失其全部投资，且也是投资者可能遭受的最大亏损（见表5－4和图5－2）。

表5－4 期权到期时买入看跌期权与卖空标的资产的损益对比 （单位：元）

标的资产价格	看跌期权价值	看跌期权买方损益	卖空标的资产的损益
70	30	20	30
80	20	10	20
90	10	0	10
95	5	－5	5
100	0	－10	0
110	0	－10	－10
120	0	－10	－20

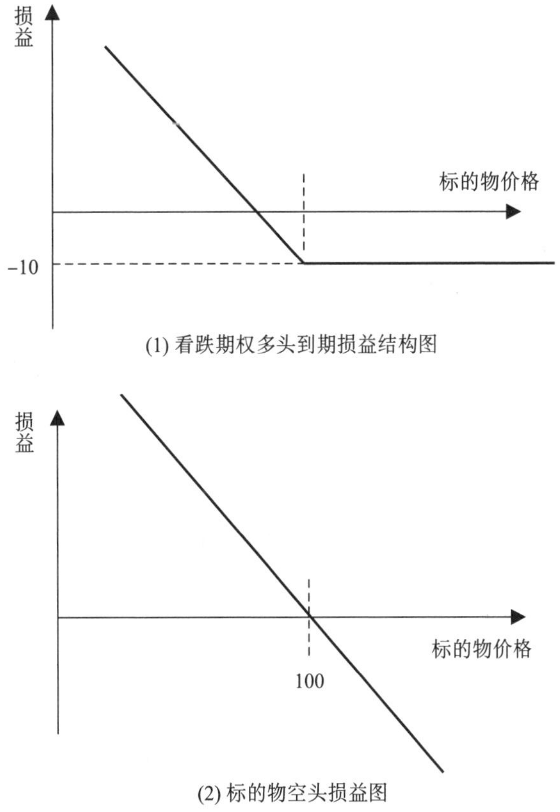

图5－2 看跌期权多头与标的物空头在期权到期时损益比较

【案例5－2】

假定股票XYZ的价格为100元，3个月后到期的执行价格为100的看跌期权的价格为10元，到期时，若XYZ价格低于100元，看跌期权买方损益为执行价格－标的物价格－期权权利金；若 XYZ 价格大于 100 元，看跌期权将无价值过期，看跌期权买方损益为期权权利金。卖空标的资产的损益为 100 减去标的资产的价格的差。

（二）买入看跌期权的损益计算

买入看跌期权是看空策略的一种，其潜在收益无限，潜在风险有限。标的物价格下跌或标的物价格下跌的概率增大，将有利于看跌期权买方。看跌期权的买方为获得以执行价卖出标的资产的权利，支付了一笔权利金，因而其获利需要标的物实质性的向下运动，损益平衡点为执行价减去权利金的差。如果到期时标的物价格低于执行价格，看跌期权的价值为执行价格与标的物价格的差；如果到期时标的物价格高于或等于执行价格，看跌期权的价值为零，即看跌期权无价值过期。假设以 1.8 美元的价格买入 IBM5 月 200 的看跌期权，该策略的损益平衡点为 198.2 美元，最大的潜在损失为 1.8 美元，潜在收益无限。

【案例 5－3】

在 2010 年 6 月 10 日，标的 AB 以 25.50 元的价格交易，以 4.11 元的价格买入 2010 年 12 月到期、执行价为 28.50 的看跌期权。投资者购买看跌期权支付的权利金为 4.11 元，因此投资者所面临的最大风险是 4.11 元，如果认为标的 AB 的价格不会低于零，那么最大收益为 24.39 元，当标的资产价格为 24.39 元时达到损益平衡点。

买入看跌期权的损益可以概括为：

若标的物价格低于执行价格，买入看跌期权的损益＝执行价格－标的物价格－期权权利金；

若标的物价格高于或等于执行价格，买入看跌期权的损益＝－期权权利金；

损益平衡点＝执行价格－期权权利金。

如何评价看跌期权多头的损益？

在标的资产的价格不可能低于零的假设前提下，买入看跌期权能取得的最大收益是执行价格减去期权权利金的差，这个值是有限的，因而从这方面说，买入看跌期权的潜在收益有限。只要标的资产价格发生一定的变动，策略头寸的损益就随之发生变动，该头寸的潜在损益无限。标的资产价格突破某一限额后，头寸的损益将不会发生变动，该头寸的潜在损益有限。因此从损益与标的资产价格的变动关系来看，买入看跌期权的潜在收益可以说是无限的。这是因为看跌期权的价值将随着标的资产价格的下跌而上升，不会因为标的资产价格达到某一数值后终止。总的来说，从数值上来看，看跌期权买方潜在收益有限，但从与标的资产的变动关系来看，看跌期权买方潜在收益无限，本文采用后一种视角。

（三）虚值看跌期权比实值看跌期权价格更低，因而买入虚值看跌期权是否更为可取

首先回顾一下，实值看跌期权是指标的物价格低于执行价格的看跌期权，当标的物价格高于执行价格时，看跌期权是虚值的，当标的物价格等于执行价格时，看跌期权是平值的。相对于实值看跌期权来说，虚值看跌期权提供的潜在盈利更大，但其潜在的风险也更大。如果标的资产价格大幅下跌，虚值看跌期权的买方获得的百分比回报将明显大于实值看跌期权的买方所获得的回报率。但若标的资产价格下跌幅度不大，实值看跌期权往往是更好的选择。值得注意的是，看跌期权在变为实值后，其时间价值将迅速下降，因而买进实值看跌期权将享受更多的好处。

【案例5－4】

假设标的指数AB为1000，AB 7月执行价格为950看跌期权价格为10元，AB 7月执行价格为1010看跌期权价格为50元。如果AB在到期时下跌至900，7月950看跌期权的价值将为50元，买方将获得400%的盈利；7月1010看跌期权的价值为110元，买方将获得120%的回报。但若到期时价格在950时，7月950看跌期权的价值将为零，买方将失去其全部的投资，而7月1010看跌期权的买方将获利20%（见表5－5）。

表5－5　　买入实值看跌期权与买入虚值看跌期权到期时的损益对比

标的资产价格（元）	执行价格为950的看跌期权价值（元）	执行价格为1010的看跌期权价值（元）	买入执行价格为950的看跌期权损益百分比（%）	买入执行价格为1010的看跌期权盈亏百分比（%）
850	100	160	900	220
900	50	110	400	120
930	20	80	100	60
940	10	70	0	40
945	5	65	-50	30
950	0	60	-100	20
960	0	50	-100	0
980	0	30	-100	-40
1 000	0	10	-100	-80
1 010	0	0	-100	-100
1 050	0	0	-100	-100

（四）近期看跌期权比远期看跌期权的时间价值更低，买入近期看跌期权是否更为划算

期权的时间价值与期权的剩余期限成正比，随着期权剩余期限的增大，期权在时间价值方面的花销越大，因而通常来说，远期看跌期权的时间价值比近期看跌期权更高，远期看跌期权的价格比近期看跌期权的价格更贵。但如果因此买入近期看跌期权就未免显得考虑不周，从期权价格除以期权距离到期日月份的数值来比较，近期看跌期权的性价比就不一定低了；此外时间是期权的敌人，期权价值会受到因时减值的侵害，尤其是距离到期前1个月，时间损耗的速度更快。综上所述，买入剩余期限为3个月左右的看跌期权为宜，这样也给标的资产价格的运动留下了充足的时间。如果确实需要买入短期期权，那么买入深度实值看跌期权更为可取。

（五）如果买入看跌期权后，标的资产价格如预期那样下跌，买方将有未兑现的盈利，后续有哪些可供选择的操作

倘若买入看跌期权后，标的资产价格像预期那样大幅下跌，看跌期权的购买者将有未兑现的盈利，这时他可以获利平仓以守住全部的盈利，这是最为保险的策略；也可以将盈利的头寸卖掉一部分以提取部分盈利，而继续持有剩下的部分。此外，也可以采取如下行动中的一种：什么都不做，继续保持这个头寸；卖掉持有的看跌期权，重新买入一定数量的执行价格较低的看跌期权；保持现有头寸不变，出售一份虚值看跌期权，从而创造一份熊市套利；买进一份看涨期权来保护其头寸。

【案例5－5】

假设一位投资者在标的AB为100元时用2元的价格购买了一份标的AB10月执行价格为100看跌期权，1个月后标的AB价格跌到91元，看跌期权价格为10元，因而投资者有了8元的未兑现盈利。投资者可以出售这手看跌期权，从而获利8元，这是最为保守的处理方式。当投资者什么都不做时，倘若标的价格向上反弹，投资者可能面临亏损；但若价格继续下跌，投资者可以积累更大的盈利。当投资者卖出持有的期权，买入2份10月执行价格为90看跌期权，投资者可以从10月执行价格为100看跌期权中收获8元，除去购买10月执行价格为90看跌期权4元的成本，投资者至少可以实现4元的盈利，即使价格朝不利的方向变动，也能获利4元；同时由于他增加了持有看跌期权的数量，因而在标的资产价格急剧下跌时，将获得更高的收益。投资者还可以保持现有期权头寸不变，出售1份10月执行价格为90看跌期权以建立一份套利。卖出的10月执行价格为90看跌期权可以得到2点的盈利，这可以将初始投资成本对冲掉，如果到期时标的AB价格在100元以上，所有期权都将无价值过期，投资者将一无所获；若标的价格在90元以下，投资者将实现最大收益，即10元。投资者

还可以买入 1 份 10 月执行价格为 90 的看涨期权，付出期权费 3 元，这样投资者购买期权的总成本为 5 元。但不管标的资产价格如何变动，所持有头寸的最小盈利为 5 元，同时还可以享受标的资产大幅运动所带来的好处。若到期时标的 AB 下跌至 80 元，买入的看跌期权价值为 20 元，看涨期权无价值过期，那么总头寸的盈利为 15 元；若到期时标的 AB 上涨至 110 元，买入的看涨期权价值为 20 元，看跌期权无价值过期，那么总头寸的盈利为 15 元。

（六）如果标的资产价格的变动与预期相反，那么如何有效地调整头寸

当看跌期权的买家面临未兑现的亏损时，一种办法是卖掉所持有的看跌期权，认亏出局。另外也可以卖出数目 2 倍于现有看跌期权头寸和买进较高执行价的看跌期权而建立的套利，将损益平衡点提高，这种策略称为向上移仓。这种套利将收支平衡点提高，且减少了实现最大亏损的可能性，但也限制了标的资产大幅下跌时的最大潜在盈利。

【案例 5－6】

投资者在标的资产价格为 50 元时用 5 元买入了一份 AB 9 月执行价格为 50 的看跌期权，但后来价格上升至 53 元，买入的期权价格下降至 2.5 元。若此时 9 月执行价格为 55 的看跌期权的价值为 5 元，那么投资者可以卖出 2 手 9 月执行价格为 50 的看跌期权，买入 1 手 9 月执行价格为 55 的看跌期权，新建立的头寸在没有任何债务的情况下取得。新头寸限制了标的资产价格下跌带来的盈利，但将其损益平衡点提高了（见表 5－6）。

表 5－6　　到期时新头寸与旧头寸在标的资产价格不同时的损益比较　　（单位：元）

标的资产价格	旧头寸期权的总价值	新头寸期权的总价值	旧头寸的损益	新头寸的损益
40	10	5	5	0
45	5	5	0	0
48	2	5	－3	0
49	1	5	－4	0
50	0	5	－5	0
51	0	4	－5	－1
52	0	3	－5	－2
53	0	2	－5	－3
54	0	1	－5	－4
55	0	0	－5	－5
56	0	0	－5	－5

三、如何运用卖出看涨期权策略，卖出看涨期权与卖空标的资产的异同有哪些，卖出看涨期权的风险与回报如何？

如果投资者在不拥有标的物的前提下，出售一手看涨期权，就认为他出售了一手未持保的看涨期权，或卖出一手裸看涨期权。本部分在未作任何说明的前提下，卖出看涨期权指的是卖出裸看涨期权。卖出看涨期权出售了以执行价买入标的物的权利，相应地承担了以执行价卖出标的物的义务。总的来说，卖出看涨期权的潜在收益有限，但潜在风险无限。由于大多数期权都无价值的过期，一些投资者就觉得出售看涨期权是一种较为可取的盈利手段，但实际上，卖出期权的投资者，在期权的有效期内可能面临标的物价格大幅上涨的不利事件，其遭受的亏损远远大于其收到的权利金，很有可能一次亏损就把多次出售期权所获得的盈利侵吞掉。

（一）卖出看涨期权与卖空标的资产的异同

卖出看涨期权与卖空标的资产的相同点在于都面临着没有上限的上行风险，若标的物价格大幅上涨，二者都会有巨大的亏损，也都可以从标的物价格的下跌中获利。

区别点：从标的物价格下行方向的盈利表现来看，卖出看涨期权的最大潜在盈利是有限的，最大潜在盈利为所收到的权利金，但卖出标的物的投资者，盈利将随着标的物价格的下跌而成比例地增加。从时间消耗来看，期权价值每天都会损耗，卖出看涨期权将享受期权因时减值带来的收益，而卖空标的资产将不存在因时减值方面的影响。从对波动性的敏感度来看，在其他条件不变的情况下若标的资产波动性变大，则期权价值将上升，若标的资产波动性变小，则期权价值将下降，标的资产波动性变大对于卖出看涨期权是不利的，而卖空标的资产对波动率的变化基本不敏感。此外卖出看涨期权的投资者获得了期权的权利金，为价格的上涨提供了一定的保护，标的资产价格略微上涨，卖出看涨期权也能获利，但卖出标的资产的投资者的获利来源于标的资产的向下运动。

【案例 5－7】

假设标的资产 AC 价格为 100 元，10 月执行价格为 100 的看涨期权价格为 5 元。如果投资者卖出一份看涨期权，那么他的最大潜在盈利将是 5 元；如果期权到期时，标的资产价格 AC 在 100 元下方，那么他将获得最大潜在盈利；如果标的资产价格在 100～105 元，他还会获利；但若价格大幅上涨，他所面临的损失将急剧扩大（见表 5－7）。

表 5－7　　到期时卖出看涨期权与卖空标的资产的损益比较　　（单位：元）

标的资产价格	看涨期权到期价格	看涨期权卖方损益	卖空标的损益
70	0	5	30
80	0	5	20
90	0	5	10
100	0	5	0
105	5	0	－5
110	10	－5	－10
120	20	－15	－20
130	30	－25	－30

（二）卖出看涨期权的风险与回报

卖出看涨期权是一个中性偏空的策略，从理论上讲，卖出看涨期权面临着无限的上行风险，而下行收益却是有限的。当标的资产价格大幅上涨时，看涨期权的卖方将被迫以执行价卖出标的资产，而该标的资产从市场上是以市场价买回来的，投资者面临的损失是标的资产市场价减去执行价的差，由于只要标的资产价格上涨，投资者的损失将扩大，因而卖出看涨期权的潜在上行风险是无限的。若到期时标的资产价格跌至执行价下方，看涨期权无价值过期，卖出看涨期权的投资者将获得全部权利金（见图 5－3）。

卖出看涨期权到期时的损益可以概括为：

当标的资产价格低于执行价格时，卖出看涨期权的盈利等于期权权利金；

当标的资产价格高于执行价格时，卖出看涨期权损益＝期权权利金－标的资产价格＋执行价格；

损益平衡点＝执行价格＋期权权利金。

【案例 5－8】

如果标的资产 A 的价格为 50 元，10 月执行价格为 50 看涨期权的售价是 6 元，如果投资者出售 10 月执行价格为 50 看涨期权，那么他最多获得 6 元的盈利。如果 A 在到期前的价格是 50 元或低于 50 元，该看涨期权将会无价值地过期，投资者能获得全部的权利金。但若标的 A 的价格上升，那么投资者就可能面临亏损，若到期时 A 价格涨至 70 元，该看涨期权价值为 20 元，投资者就会损失 14 元。

（三）卖出看涨期权需要考虑的因素

期权的时间损耗对于卖出看涨期权来说是有利的。期权价值每天都存在损耗，特

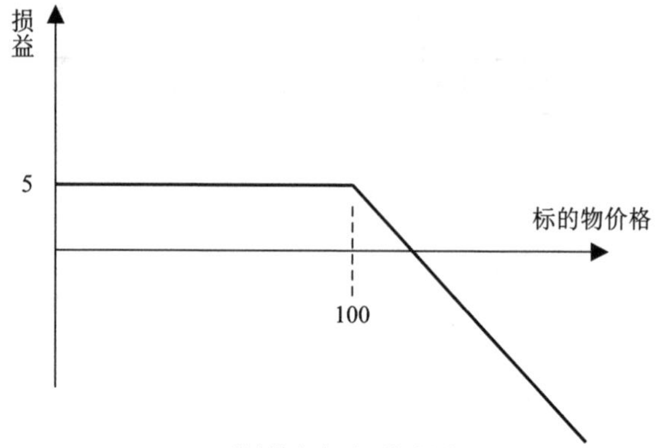

(1) 看涨期权空头到期损益图

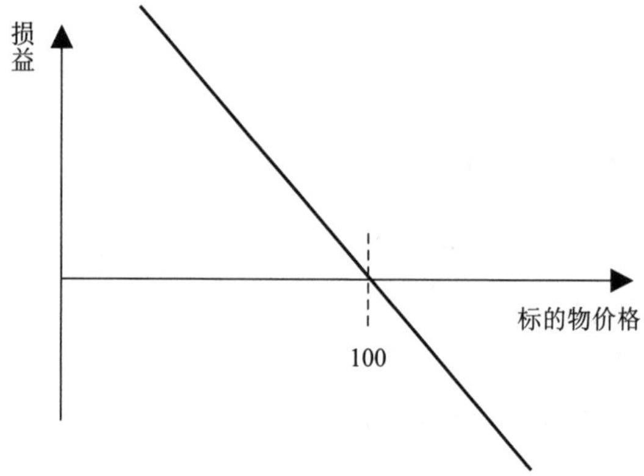

(2) 标的物空头损益结构图

图 5－3　看涨期权空头与标的物空头在期权到期时损益比较

别是期权到期前 1 个月，期权因时减值的速度更快。为了更好地享受期权因时减值带来的好处，卖出 1 个月到期的近期看涨期权更为可取；此外，卖出近期的看涨期权给自己犯错误的时间也较短。

一般来说，出售虚值看涨期权，特别是虚值程度较深的期权，其获得全部权利金的可能性较高。出售实值看涨期权虽然潜在盈利较大，但其风险也较大。出售深度虚值看涨期权的策略只有在标的物价格在到期前大幅上扬时才可能面临亏损，但这也是其风险所在，因而一两次的亏损很可能将抹掉其长时间的盈利。由于深度实值看涨期权紧跟着标的资产的变动，因而出售实值看涨期权与卖空标的资产较为相似。

波动率的下降将有利于看涨期权的卖方，如果在波动率处于高位时卖出看涨期权，在波动率回归正常时，期权价值将由于波动率的下降而下跌，卖出看涨期权将会从期权的贬值中获利。

四、如何运用卖出看跌期权策略，卖出看跌期权与买入标的物的异同点有哪些，卖出看跌期权的风险与回报如何，卖出看跌期权还需要考虑的因素有哪些？

卖出看跌期权和卖出看涨期权一样，都获得了权利金，但也相应地承担义务。出售一份看跌期权，意味着将以执行价卖出标的物的权利出售给他人，而承担以执行价格买入标的的义务。如果卖出一份 IBM 5 月执行价格为 200 看跌期权，意味着在期权到期前，出售者有义务履行以 200 美元的价格买入 IBM 股票的义务。如果 IBM 在到期时价格为 190 美元，看跌期权将被执行，出售期权者以 200 美元的价格买入，但在市场上出售只能得到 190 美元，损失为 10 美元。卖出看跌期权收到的权利金是其可能获得的最大收入，而其潜在的下行风险无限，若标的物价格在执行价下方时，其亏损随着标的物价格的下跌而相应扩大。

（一）卖出看跌期权与买入标的物的异同点

卖出看跌期权与买入标的物的相同点在于都能从标的物价格的上涨中获利，都将在标的物价格的下跌中承受损失，且最大潜在亏损都是无限的。

卖出看跌期权与买入标的物的区别：卖出看跌期权的最大潜在收益有限，为其收到的权利金，但买入标的物的潜在收益无限，收益随着标的物价格的上涨而成比例增加；卖出看跌期权是中性偏多的，即使标的物价格略微下跌，也能获利，而买入标的物的策略对于标的物价格是偏多的，只有在标的物价格上涨时才能获利；期权是与波动率相关的，卖出看跌期权将从波动率下降中获利，而买入标的物的损益与波动率的变化无关。

（二）卖出看跌期权的风险与回报

卖出看跌期权至多能收到其获得的全部权利金，故其潜在盈利有限，如果到期时标的物价格上涨至执行价之上，看跌期权将无价值过期，那么卖方将获得全部权利金，这也是投资者所能获得的最大潜在盈利。但如果标的物价格大幅下跌，期权的价值将急剧攀升，无论是履约买入标的，还是回补期权头寸，投资者都将面临极大的亏损。该损失随着标的物价格的下跌而成比例增加。

【案例 5－9】

假设 2019 年 6 月 10 日，标的 AB 以 30 元的价格在交易，以 1 元的价格出售一份标的 AB 2019 年 10 月到期的执行价格为 28 的看跌期权，那么出售者的最大潜在收益为 1 元，损益平衡点为 27 元，出售者在期权有效期内获得了 3 元的保护，即标的 AB 在到期前保持在 27 元上方时，都是有利可图的。

卖出看跌期权的损益可以概括为：

当标的物价格高于执行价格时，卖出看跌期权的盈利 = 期权权利金；

当标的物价格低于执行价格时，卖出看跌期权的损益 = 期权权利金 − 执行价格 + 标的物价格；

损益平衡点 = 执行价格 − 期权权利金；

最大潜在收益 = 期权权利金。

（三）卖出看跌期权还需要考虑的因素

时间是期权买方的敌人，相反，期权卖方将享受期权因时减值带来的好处，在其他因素不变的情况下，期权价值随着时间的消耗趋于下降。此外，期权因时减值的速度随着到期日的临近而加快，特别是期权到期前 1 个月，因而有经验的投资者往往出售剩余期限在 1 个月内的期权，这也避免了给标的物大幅运动留下充足的时间。

相对于卖出实值看跌期权，卖出虚值看跌期权潜在风险和潜在盈利都相对较小。卖出虚值看跌期权的损益平衡点往往比卖出实值看跌期权低很多，因而虚值看跌期权的出售者获得了更大的保护垫；但权利金虚值看跌期权的价格相对于实值看跌期权来说较低，出售虚值看跌期权获得的权利金较低，因而其潜在盈利也较低。

期权价值随着波动率上升而提高，随着波动率下降而下降。波动率的下降有利于看跌期权的卖方。如果在波动率处于高位时出售一份看跌期权，在波动率回归正常的过程中，看跌期权的价值在逐步下降，因而卖方将从期权因波动率下降的贬值过程中获利。

五、在什么情况下，卖出持保看涨期权比只拥有标的资产更好，卖出持保看涨期权的损益如何，卖出持保看涨期权有哪些类型？

卖出持保看涨期权策略得到了广泛运用，它是这样一种策略：投资者在出售一份看涨期权的同时，买进与所负义务数量相同的标的物。该策略也称为卖出有保护的看涨期权或持保看涨期权，其对标的物是中性或偏多的。投资者出售看涨期权得到了一笔权利金，这将对下行风险提供一些保护，但也限制了标的物价格上涨所带来的盈利。

（一）卖出标的物为股票的持保看涨期权的好处

卖出持保看涨期权可以增加拥有股票而获得的收入，投资者在拥有一手股票的同时，出售一手看涨期权可以得到权利金。在期权到期时，若股票价格保持不变或稍许上涨，看涨期权的价值将下降，因而可以得到部分或全部权利金，从而增加了拥有股票获得的收入。当股票价格适度上涨至出售的看涨期权的执行价时，出售的看涨期权无价值过期，卖出持保看涨期权将得到其最大的潜在盈利。只有在股票价格大幅上涨时，拥有股票的表现才好于卖出持保看涨期权，但大多数情况下股票的变动相对不大。

卖出持保看涨期权还可以对股票的下行风险提供一定的保护。出售看涨期权能获得一笔权利金，在股票下跌幅度较小时，权利金可以覆盖股票价格下跌所造成的损失。假设当前苹果公司的股价为440美元，投资者买入一手苹果公司的股票，同时出售一手苹果公司6月执行价格为460的看涨期权，得到权利金1 085美元，投资者该次交易的下行损益平衡点为429.15美元，卖出的看涨期权能提供10.85美元的保护，但也限制了股价上涨所带来的盈利。

（二）卖出持保看涨期权的损益

卖出持保看涨期权是中性偏多的策略，其在上行方向上的潜在收益有限，在下行方向上的潜在风险无限。出售了一手看涨期权，得到了一笔权利金，这将在标的资产价格下跌过程中提供保护，但若标的资产价格大幅下跌时，有限的权利金无法弥补标的资产大幅下跌所带来的损失。如果标的资产价格大幅上涨，持有标的资产获得的盈利将被出售看涨期权所造成的损失抵消，因而当标的资产价格上涨至执行价之上时，卖出持保看涨期权会得到最大的潜在盈利；若标的资产价格保持稳定或稍有下跌，则出售期权所获得的权利金可以抵消标的资产下行的损失；若标的资产大幅下跌，有限的权利金无法弥补资产下跌造成的损失，因而卖出持保看涨期权仍面临着无限的下行风险。

卖出持保看涨期权的损益可以概括为：

当标的资产价格大于执行价格时，卖出持保看涨期权的损益 = 执行价格 + 权利金 − 初始时股票价格；

当标的资产价格小于执行价格时，卖出持保看涨期权的损益 = 当前股票价格 − 初始时股票价格 + 权利金；

下行损益平衡点 = 初始时股票价格 − 权利金；

最大潜在盈利 = 权利金 + 执行价格 − 初始时股票价格。

【案例5－10】

假设投资者以50元/股的价格买入1手ABC的股票，同时出售一手ABC 10月执行价格为55的看涨期权，得到权利金200元（=100×2），投资者建立了一手卖出持保看涨期权策略，他的最大盈利为700元，下行方向上的损益平衡点为48元/股（见表5－8）。

表 5-8　　期权到期时卖出持保看涨期权与只买入标的资产的损益比较　　（单位：元）

标的资产价格	执行价格为55的看涨期权	每股股票损益	卖出执行价格为55的持保看涨期权损益	持有股票的损益
30	0	-20	-1 800	-2 000
35	0	-15	-1 300	-1 500
40	0	-10	-800	-1 000
42	0	-8	-600	-800
45	0	-5	-300	-500
48	0	-2	0	-200
50	0	0	200	0
52	0	2	400	200
55	0	5	700	500
57	2	7	700	700
65	10	15	700	1 500

（三）卖出持保看涨期权的类型

按卖出看涨期权的虚值和实值来分，可以分为卖出实值持保看涨期权和卖出虚值持保看涨期权。卖出虚值持保看涨期权提供的潜在回报比卖出实值持保看涨期权要大，但风险保护要小。对标的资产强烈看涨的投资者往往选择虚值持保看涨期权，因为卖出虚值持保看涨期权提供的潜在回报更高；对标的资产的看法是中性或略微偏空的投资者来说，出售实值看涨期权获得的权利金较大，提供的下行保护更大，选择实值持保看涨期权更为可取。但若对标的资产看空较为强烈，直接卖出标的资产是更好的选择。

【案例 5-11】

假定股票 ABC 的价格为 50 元，当前有售价为 10 元的 ABC 10 月执行价格为 45 看涨期权以及售价为 2 元的 ABC 10 月执行价格为 55 的看涨期权，卖出一手 10 月执行价格为 45 的持保看涨期权可以提供 10 点的保护，最大盈利为 500 元，而卖出一手 10 月执行价格为 55 的持保看涨期权只能提供 2 点的保护，最大潜在盈利为 700 元（见表 5-9）。

表 5-9　　卖出实值持保看涨期权与卖出虚值持保看涨期权损益比较　　（单位：元）

标的资产价格	执行价格为45的看涨期权	执行价格为55的看涨期权	卖出执行价格为45的持保看涨期权损益	卖出执行价格为55的持保看涨期权损益
30	0	0	-1 000	-1 800
35	0	0	-500	-1 300
40	0	0	0	-800

续表

标的资产价格	执行价格为45的看涨期权	执行价格为55的看涨期权	卖出执行价格为45的持保看涨期权损益	卖出执行价格为55的持保看涨期权损益
42	0	0	200	-600
45	0	0	500	-300
48	3	0	500	0
50	5	0	500	200
52	7	0	500	400
55	10	0	500	700
57	12	2	500	700
65	20	10	500	700

按期权剩余期限的长短来分，可以分为卖出近期持保看涨期权和卖出远期持保看涨期权。以期权价格除以距离到期日的月份作比较，近期看涨期权在时间上的花销更大。此外，由于期权在到期前1个月时，期权的时间价值下降速度明显加快，因而卖出近期的看涨期权能更好地享受期权因时减值带来的好处，同时也给自己犯错留下的时间较短。故通常来说，卖出近期的持保看涨期权更为可取。

六、如何运用卖出比率看涨期权策略，卖出比率看涨期权策略的损益如何？

卖出比率看涨期权策略是指在持有标的资产的同时，出售一定数量的看涨期权，其中出售的看涨期权所代表的标的资产数量比拥有的标的资产数量更多。如果对股票实施卖出比率看涨期权策略，且比率设为2:1，就是说投资者拥有1手股票的同时，出售了2手看涨期权，则卖出比率看涨期权是卖出持保看涨期权和卖出看涨期权的组合。其既具有卖出持保看涨期权下行方面的风险，也有卖出看涨期权上行方面的风险。但若标的资产保持相对稳定，卖出比率看涨期权所获得的回报将高于卖出持保看涨期权。

卖出比率看涨期权策略的损益如何计算？

卖出比率看涨期权的最大潜在盈利有限，当标的物价格等于售出的看涨期权的执行价时，出售的看涨期权无价值过期，卖出比率看涨期权获得最大盈利。卖出比率看涨期权在上行和下行方向上都具有无限的风险。卖出比率看涨期权在价格保持相对稳定时将会取得收益，而在标的物价格大幅波动时，其面临的风险将显著增加。因而卖出比率看涨期权对于标的物的变动是持中性态度。

下面是卖出比率看涨期权策略在到期时的损益概括：

最大潜在盈利 = 执行价 - 标的物初始价格 + 权利金；

上行收支平衡点 = 执行价 + 最大潜在盈利/出售的未持保看涨期权的数量；

下行收支平衡点 = 标的物初始价格 - 最大盈利。

比率为 2:1 时，标的物价格大于期权执行价时：损益 = 收到的权利金 + 2 × 执行价 - 标的物初始价格 - 标的物当前价格；

标的物价格小于期权执行价时，损益 = 收到的权利金 + 标的物当前价格 - 标的物初始价格。

【案例 5 - 12】

投资者以 50 元的价格买入了 1 手 AB 公司的股票，同时以 5 元的权利金售出 2 手 AB 10 月执行价格为 50 的看涨期权，从而建立了 1 手卖出比率看涨期权策略。如果到期时 AB 股价为 50 元，那么售出的看涨期权将无价值过期，卖出比率看涨期权将获得 1 000 元的盈利。如果 AB 股价继续上涨，由于该策略涉及出售了无持保看涨期权，因而随着价格的继续上行，其损益将下降，损益平衡点为 60 元，AB 股价超过该平衡点，该策略将面临亏损；下行方向的损益平衡点为 40 元，如果 AB 股价跌到 40 元以下，卖出比率看涨期权策略下行风险将显现。

如果卖出比率看涨期权者对于标的物是略微看偏多的，那么他可以卖出虚值更深的看涨期权，这样留给上行方向上更大的获利空间；如果对于标的物中性看空，可以卖出实值程度更深的看涨期权，对下行方向提供更大的保护。

七、什么是组合期权策略，组合期权策略的损益有何特征，常见的组合期权策略有哪几种类型？

期权交易策略包括四种基本策略，即看涨期权多头和空头策略、看跌期权多头和空头策略。由于期权独特的非线性损益结构，期权组合策略更加丰富，可以用不同类型的期权进行组合，也可以用相同类型采用不同的交易方向进行组合，还可以将期权和标的资产进行组合。

用期权进行组合，根据构建方式不同，可以分为组合期权和价差期权。在进行期权组合时，通常情况下所选用的期权均为相同标的资产的期权，所以以下不再提及标的资产相同的条件。

组合期权策略是用相同到期期限但不同类型的两个或多个期权头寸、采用相同的交易方向构建的期权组合。

不同类型的期权，是指期权策略用看涨期权和看跌期权组合构建；相同交易方式，是指对所有期权头寸建仓方向相同，即均采用多头方式建仓或均采用空头方式建仓。

组合期权的损益特征：由于组合期权的构成策略是同时买进（或卖出）不同类型

的期权，所以潜在收益较高，潜在损失也较大。

组合期权常见的类型有跨式组合期权、宽跨式组合期权、strips 组合期权和 straps 组合期权等。

八、如果构建跨式组合期权，该组合期权有哪几种类型，适用情形和构建时机如何考虑，损益如何计算？

跨式组合期权是由相同执行价格的期权多头或期权空头构建的组合期权，即在买进（或卖出）看涨期权的同时，买进（或卖出）相同数量、相同执行价格、相同到期期限的看跌期权。

跨式组合期权分为多头跨式组合期权和空头跨式组合期权。

（一）多头跨式组合期权（也称为买进跨式组合期权）

1. 什么是多头跨式组合期权？该组合期权策略如何构建？适用于什么样的市场环境？

多头跨式组合期权是用期权多头构建的跨式组合期权，故此得名。

该策略的构建方式为：在买进看涨期权的同时，买进相同数量、相同执行价格、相同到期期限的看跌期权，建仓时支付看涨和看跌期权权利金的和。

当预期市场波动幅度加大，标的资产价格将大幅变动但难以判断变动方向时，可通过构建多头跨式组合期权获利，属于做多波动率策略。

如果标的物价格大幅上涨，看涨期权价值大幅上升，而看跌期权价值逐渐下降，总头寸的价值将上升；如果标的物价格大幅下跌，看涨期权价值逐步下降，但损失有限，看跌期权价格大幅攀升，总头寸的价值将上升。这样无论标的物是向上变动还是向下变动，只要变动幅度足够大，实施该策略都能获利。但若标的资产价格变动较小，会造成该策略亏损，时间因素方面的影响也将使期权组合的价值快速下降。

由此可见，多头跨式组合期权策略适用于标的资产价格未来大幅波动的情形。

2. 如何考虑多头跨式组合期权的构建时机？

时间是期权的敌人，随着时间的消耗，期权每日都会贬值，多头跨式组合期权涉及买入多种期权，每日减值的速度比买入一种期权更快，因而时间损耗对于多头跨式组合期权是极为不利的。此外，多头跨式组合期权付出了两份权利金，无论向哪个方向发展，其获利需要标的资产变动的幅度更大，除非预期标的资产有足够大的波动，否则不宜构建多头跨式组合期权。

由于多头跨式组合期权每日贬值很快，并且需要标的物变动的幅度较大，因而构建多头跨式组合期权时机的选择更为重要。如果买入的期权较为昂贵，并且标的物变动的空间不大，多头跨式组合期权的投资者就容易亏损。但这并不是说明不应当建立多头跨式组合期权的头寸。标的资产在大多数时候只有小规模的增长，大幅度的变动则发生在非常短的时间内。有研究表明，90% 的增值是在仅仅 10% 的交易日里完成的，向下的运动也类似，而期权往往刚好在出现大幅度变动之前变得非常便宜。这是因为市场在即将出现大幅波动之前，表现为无方向状态。期权买方由于因时减值而遭受亏损，因而购买期权时变得缩手缩脚，只愿意支付较低的权利金；期权卖方随着盈利的积累变得更为激进，愿意以较低的价格出售期权。这时往往是构建多头跨式组合期权的好时机。

以上分析思路和建仓时机也适用于多头宽跨式组合期权策略，而空头跨式和宽跨式组合期权策略的建仓时机则应该与上述情形相反。

3. 多头跨式组合期权到期日损益结构图是怎样的？损益如何计算？

图 5 - 4 为期权到期时该策略损益结构图。

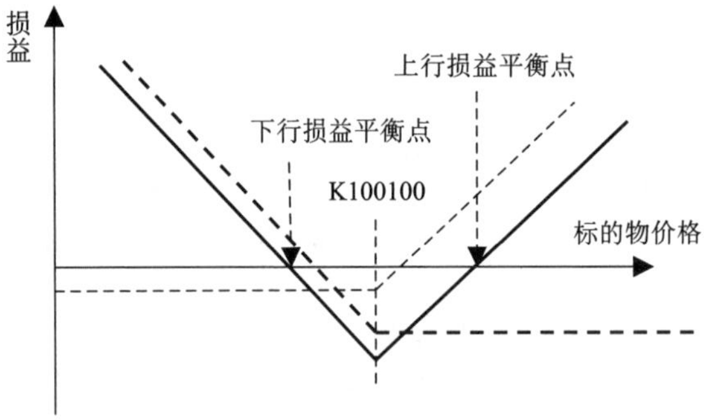

图 5 - 4　多头跨式组合期权到期损益结构图

由图 5 - 4 可见，在期权到期时，若标的资产价格介于两个损益平衡点之间时，该策略亏损，最大潜在损失为付出的权利金；若标的资产价格变化至两个损益平衡点之外，该策略盈利，且理论上上行（即标的资产价格上涨）盈利无限。

多头跨式组合期权到期损益概括如下：

当标的资产价格小于执行价格时，损益 = 执行价格 - 标的资产价格 - 付出的权利金；

当标的资产价格大于执行价格时，损益 = 标的资产价格 - 执行价格 - 付出的权利金；

上行损益平衡点 = 执行价格 + 付出的权利金；

下行损益平衡点 = 执行价格 - 付出的权利金。

【案例 5 - 13】

某日，上证 50TEF 基金的价格为 2.954 元，投资者同时买入 12 月执行价格为 3.1

元的该标的看涨期权和看跌期权各10张，支付每份看涨和看跌期权的权利金分别为0.0518元和0.2037元，每份组合期权支付的权利金为0.2555元，由10张看涨和看跌期权多头构建的期权组合，权利金总支付 = 10 × 10 000 × 0.2555 = 25 550（元）。

上行损益平衡点 = 执行价格 + 付出的权利金 = 3.1 + 0.2555 = 3.3555（元）

下行损益平衡点 = 执行价格 − 付出的权利金 = 3.1 − 0.2555 = 2.8445（元）

期权到期时：

当标的基金低于执行价格3.1元时，该策略损益 = 执行价格 − 标的基金价格 − 付出的权利金 = 2.8445 − 标的基金价格；

当标的基金高于执行价格3.1元时，该策略的损益 = 标的基金价格 − 执行价格 − 付出的权利金 = 3.3555 − 标的基金价格。

标的基金价格高于3.3555元以上时盈利，理论上盈利无上限；低于2.8445元以下时盈利，每份组合期权（即1份看涨期权多头和1份看跌期权多头构建的期权组合）最大盈利等于2.8445元；标的基金价格在两个损益平衡点之间时亏损，等于3.1元时亏损最大，每份组合期权最大亏损等于建仓时的权利金支出0.2555元，该策略的最大亏损等于25 550元。

（二）空头跨式组合期权（也称为卖出跨式组合期权）

1. 什么是空头跨式组合期权？该组合期权策略如何构建？适用于什么样的市场环境？

空头跨式组合期权是用期权空头构建的跨式组合期权，故此得名。

该策略的构建方式为：在卖出看涨期权的同时，卖出相同数量、相同执行价格、相同到期期限的看跌期权，建仓时收入看涨期权和看跌期权权利金的和，不考虑保证金要求时初始现金流为净流入，但卖出的看涨和看跌期权均需要缴纳保证金。

当预期市场波动幅度变小、标的物价格保持相对稳定时，可通过构建卖出跨式组合期权获利，属于做空波动率策略。但若价格发生大幅度变动时，该策略将面临较大亏损，且理论上上行损失无限。

由此可见，空头跨式组合期权策略适用于标的资产价格未来不波动或波动幅度较小的情形。

2. 空头跨式组合期权到期日损益结构图是怎样的？损益如何计算？

图5－5为期权到期时该策略损益结构图。

由图5－5可见，期权到期时，当标的资产价格位于两个损益平衡点之间时，该策略盈利，最大潜在盈利为收到的权利金；当标的资产价格位于两个损益平衡点之外，该策略亏损，且理论上上行损失无限。

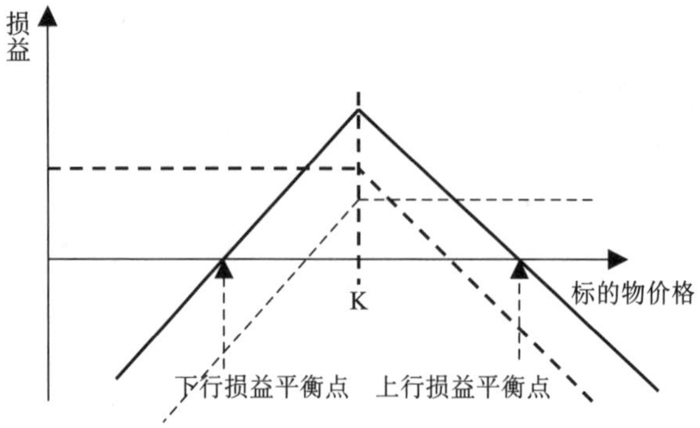

图 5－5　空头跨式组合期权到期损益结构图

空头跨式组合期权到期损益概括如下：

当标的资产价格低于执行价格时，损益＝收到的权利金－执行价格＋标的资产价格；

当标的资产价格高于执行价格时，损益＝收到的权利金－标的资产价格＋执行价格；

上行损益平衡点＝执行价格＋收到的权利金；

下行损益平衡点＝执行价格－收到的权利金。

用其他条件相同的看涨和看跌期权构建的多头跨式组合期权和空头跨式组合期权，损益平衡点相同，到期损益图互为镜像。

【案例 5－14】

在案例 5－13 中，假设投资者同时卖出 12 月执行价格为 3.1 元的该标的看涨期权和看跌期权各 10 张，每份看涨期权和看跌期权获得权利金分别为 0.0518 元和 0.2037 元，每份组合期权获得的权利金为 0.2555 元，该组合策略获得的权利金合计为 25 550 元。

上行损益平衡点＝执行价格＋收到的权利金＝3.1＋0.2555＝3.3555 （元）

下行损益平衡点＝执行价格－收到的权利金＝3.1－0.2555＝2.8445 （元）

期权到期时：

当标的基金低于执行价格 3.1 元时，该策略损益＝收到的权利金－执行价格＋标的基金价格＝标的基金价格－2.8445；

当标的基金高于执行价格 3.1 元时，该策略的损益＝收到的权利金－标的基金价格＋执行价格＝3.3555－标的基金价格。

标的基金价格高于 3.3555 元以上时亏损，理论上亏损无限；低于 2.8445 元以下时也亏损，每份组合期权最大亏损等于 2.8445 元；标的基金价格在两个损益平衡点之间时盈利，等于 3.1 元时盈利最大，每份组合期权最大盈利等于建仓时的权利金收入 0.2555 元，该策略的最大盈利为 25 550 元。

九、如何构建宽跨式组合期权，该组合期权有哪几种类型，损益如何计算?

与跨式组合期权不同的是，宽跨式组合期权是用不同执行价格的期权多头或期权空头构建的组合期权，即在买进（或卖出）看涨期权的同时，买进（或卖出）相同数量、相同到期期限、不同执行价格的看跌期权。

宽跨式组合期权也分为多头宽跨式组合期权和空头宽跨式组合期权。

（一）多头宽跨式组合期权（也称为买进宽跨式组合期权）

1. 什么是多头宽跨式组合期权？该组合期权策略如何构建？适用于什么样的市场环境？

多头宽跨式组合期权是用期权多头构建的宽跨式组合期权，因此得名。

该策略的构建方式为：在买进看涨期权的同时，买进相同数量、相同到期期限、不同执行价格的看跌期权，建仓时支付权利金的和。

当预期市场波动幅度加大，标的物价格将大幅变动，但变动方向难以确定时，可通过构建多头宽跨式组合期权获利，所以该策略属于做多波动率策略。

与多头跨式组合期权相同的是，均采用不同类型的期权多头构建；不同的是，多头宽跨式组合期权所用的看涨期权和看跌期权的执行价格不同。为了体现出宽跨式（马鞍式）损益特征，两个期权的执行价格必须要有重叠，所用的看跌期权的执行价格必须低于看涨期权的执行价格。

多头宽跨式组合期权策略与多头跨式组合期权的构建策略相近，适用的市场环境也相近，即适用于标的资产价格未来大幅波动的情形。

如果跨式组合期权所用的期权的执行价格为 K，宽跨式组合期权的执行价格在 K 的两侧，即看涨期权的执行价格大于 K，看跌期权的执行价格小于 K，则通常情况下，多头宽跨式组合期权付出的权利金相对于多头跨式组合要少，损益平衡点更宽，获利需要标的资产价格变化的范围更大一些。

2. 多头宽跨式组合期权到期日损益结构图是怎样的？损益如何计算？

图 5－6 为期权到期时该策略损益结构图。

期权到期时，若标的资产价格介于两个损益平衡点之间，该策略亏损，最大潜在损失为付出的权利金；若标的资产价格位于两个损益平衡点之外，该策略盈利，且理论上上行盈利无限。

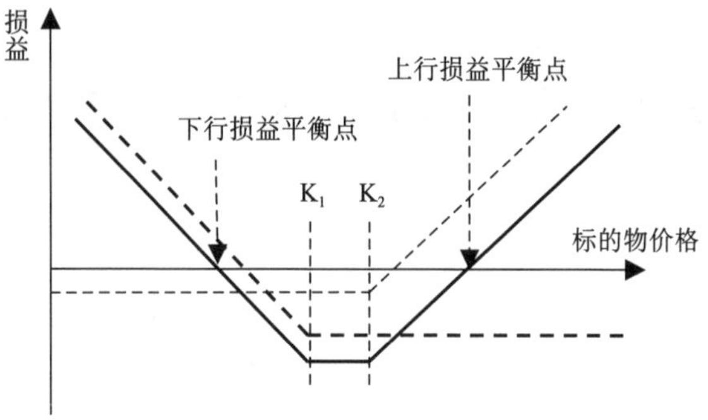

图 5-6　多头宽跨式组合期权到期损益结构图

多头宽跨式组合期权到期损益概括如下：

当标的资产价格小于低执行价格时，损益 = 低执行价格 - 标的资产价格 - 付出的权利金；

当标的资产价格大于高执行价格时，损益 = 标的资产价格 - 高执行价格 - 付出的权利金；

当标的资产价格介于执行价格之间时，损益 = - 付出的权利金；

上行损益平衡点 = 高执行价格 + 付出的权利金；

下行损益平衡点 = 低执行价格 - 付出的权利金。

【案例 5-15】

与案例 5-13 同一时间，投资者在买进 12 月执行价格为 3.2 元的该标的看涨期权的同时，买进相同数量的 12 月执行价格为 3.0 元的该标的看跌期权，支付每份看涨和看跌期权的权利金分别为 0.031 元和 0.1378 元，每份组合期权支付的权利金为 0.1688 元。

上行损益平衡点 = 高执行价格 + 付出的权利金 = 3.2 + 0.1688 = 3.3688 （元）；

下行损益平衡点 = 低执行价格 - 付出的权利金 = 3.0 - 0.1688 = 2.8312 （元）；

期权到期时：

当标的基金低于执行价格 3.0 元时，该策略损益 = 低执行价格 - 标的基金价格 - 付出的权利金 = 2.8312 - 标的基金价格；

当标的基金高于执行价格 3.2 元时，该策略的损益 = 标的基金价格 - 高执行价格 - 付出的权利金 = 3.3688 - 标的基金价格；

当标的基金价格介于两个期权的执行价格之间时，损益 = 付出的权利金 = 0.1688 元；

当标的基金价格高于 3.3688 元以上时盈利，理论上盈利无上限；低于 2.8312 元以下时也盈利，每份组合期权最大盈利等于 2.8312 元；标的基金价格在损益平衡点之间时亏损，在 3.0 元至 3.2 元时亏损最大，每份组合期权最大亏损等于建仓时的权利金支出 0.1688 元。

与案例 5－13 的多头跨式组合期权策略的损益相比，案例 5－15 的权利金支出总计较少；两个损益平衡点的跨度变大，只有在标的资产价格有更大幅度波动时才可实现盈利。所以，多头宽跨式较多头跨式组合期权，总支出减少，盈利机会也小。结果与前面的分析结论一致。

（二）空头宽跨式组合期权（也称为卖出宽跨式组合期权）

1. 什么是空头宽跨式组合期权？该组合期权策略如何构建？适用于什么样的市场环境？

空头宽跨式组合期权是用期权空头构建的宽跨式组合期权，因此得名。

该策略的构建方式为：在卖出看涨期权的同时，卖出相同数量、相同到期期限、不同执行价格的看跌期权，建仓时获得权利金的和。

当预期市场波动幅度变小，标的物价格变化不大时，可通过构建空头宽跨式组合期权获利，所以该策略属于做空波动率策略。若标的物价格发生较大幅度变动，该策略将面临较大的潜在损失，且理论上上行亏损无限。

由此可见，空头宽跨式组合期权策略与空头跨式组合期权策略的适用情形相近，即适用于标的资产价格未来不波动或波动幅度较小的情形。

通常来说，空头宽跨式组合期权获得的权利金相对于空头跨式组合期权要少，损益平衡点更宽，标的资产价格波动幅度较小时的获利范围更宽。

2. 空头宽跨式组合期权到期日损益结构图是怎样的？损益如何计算？

图 5－7 为期权到期时该策略损益结构图。

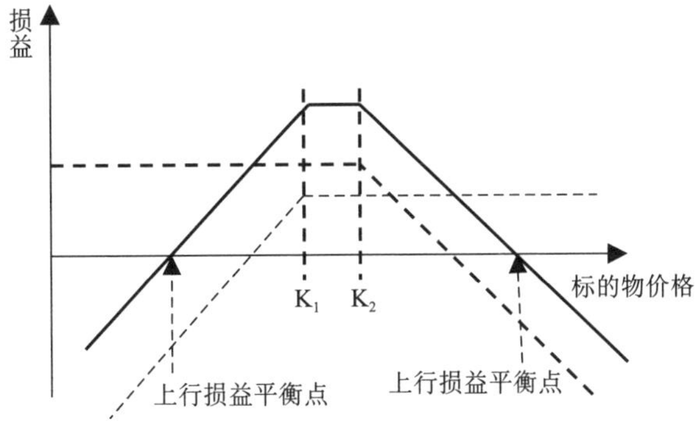

图 5－7　空头宽跨式组合期权到期损益结构图

期权到期时，当标的资产价格位于两个损益平衡点之间时，该策略盈利，最大潜在盈利为收到的权利金；当标的资产价格位于两个损益平衡点之外，该策略亏损，且理论上上行损失无限。

空头宽跨式组合期权到期时的损益概括如下：

当标的资产价格低于低执行价格时，损益＝收到的权利金－低执行价格＋标的资产价格；

当标的资产价格高于高执行价格时，损益＝收到的权利金－标的资产价格＋高执行价格；

当标的资产价格介于两个执行价格之间时，损益＝收到的权利金；

上行损益平衡点＝高执行价格＋收到的权利金；

下行损益平衡点＝低执行价格－收到的权利金。

用其他条件相同的看涨和看跌期权构建的多头宽跨式组合期权和空头宽跨式组合期权，损益平衡点相同，到期损益图互为镜像。

【案例5－16】

与案例5－13同一时间，投资者在卖出12月执行价格为3.2元的该标的看涨期权的同时，卖出相同数量的12月执行价格为2.9元的该标的看跌期权，支付每份看涨和看跌期权的权利金分别为0.031元和0.0838元，每份组合期权支付的权利金为0.1148元。

上行损益平衡点＝高执行价格＋收到的权利金＝3.2＋0.1148＝3.3148；

下行损益平衡点＝低执行价格－收到的权利金＝2.9－0.1148＝2.7852。

期权到期时：

当标的基金低于执行价格2.9元时，该策略损益＝收到的权利金－低执行价格＋标的基金价格＝标的基金价格－2.7852；

当标的基金高于执行价格3.2元时，该策略损益＝收到的权利金－标的基金价格＋高执行价格＝3.3148－标的基金价格。

当标的基金价格介于两份期权的执行价格之间时，损益＝收到的权利金＝0.1148元；

标的基金价格高于3.3148元以上时亏损，理论上亏损无限；低于2.7852元以下时也亏损，每份组合期权最大盈利等于2.7852元；标的基金价格在损益平衡点之间时盈利，等于2.9～3.2元时盈利最大，每份组合期权最大盈利等于建仓时的权利金收入0.1148元。

与案例5－14空头跨式组合期权策略的损益相比，案例5－16权利金支出总计较少；由于所选择的两个期权较空头跨式组合期权的差异不同，即看涨期权的执行价格高了0.1元，而看跌期权的执行价格低了0.2元，所以损益平衡点的跨度不比空头跨式组合期权大。因此，前面对跨式与宽跨式组合期权损益特征比较的结论应该建立在执行价格等距离增减的基础上。

十、什么是 strips 组合期权策略和 straps 组合期权策略，适用于什么样的市场环境？

除跨式组合期权策略、宽跨式组合期权策略外，还有一种跨式组合期权的变异，称为修正跨式组合期权，多用期权多头构建，即为多头跨式组合期权的变异。该策略与多头跨式组合策略的差异在于，买入看涨期权和买入看跌期权的手数不一样。这样的策略隐含了投资者对于标的物价格变动方向的预期。

如果投资者认为标的资产价格未来会大幅波动，而向上的概率更大，他可以通过构建多头跨式组合期权获利。但由于判断向上的概率更大，所以在买入看跌期权的同时，可买入更多数量的看涨期权，此策略称为 strips 组合期权策略。

如果投资者认为标的资产价格未来会大幅波动，而向下的概率更大，他同样可以通过构建多头跨式组合期权获利。但由于判断向下的概率更大，所以在买入看涨期权的同时，可买入更多数量的看跌期权，此策略称为 straps 组合期权策略。

一旦市场发展符合预期，strips 组合期权或 straps 组合期权策略的获利会明显好于跨式组合期权，但建仓时支付的权利金通常更多，在判断错误的情况下损失也更大。

十一、什么是价差期权策略，价差期权策略损益有何特征，常见的价差期权策略有哪几种类型？

价差期权策略是用同种类型、相同到期期限，但不同执行价格的两个或多个期权头寸、采用不同的交易方向构建（日历价差期权策略除外）。

此处相同类型的期权，是指在期权策略中，均由看涨期权或均由看跌期权构成；不同交易方式，是指买进和卖出同时操作。如同时买进和卖出两个不同执行价格的看涨期权，或同时买进和卖出两个不同执行价格的看跌期权。

价差期权也是期权的组合，但与跨式等组合期权策略的构建方式、适用情形和损益特征等均存在较大差异。为了区别于组合期权策略，也突出其构建和损益特征，如构建时选用两个或多个不同执行价格的同一类期权，建仓时现金流（不考虑权利金要求）为不同执行价格期权的价差，而组合期权建仓时的现金流为权利金的和（流入或流出）。

价差期权的损益特征：由于价差期权是相同类型的期权多头和空头的组合，所以潜在收益有限，潜在损失也有限。

价差期权的分类：价差期权常用的分类方式是按照组成期权组合的期权差异体现进行分类的。

最普通的价差期权是由期权多头和相同类型、相同到期期限、相同数量、不同执行价格的期权空头构建的，按照损益特征不同，按上述方式构建的价差期权有牛市价差期权、熊市价差期权、蝶式价差期权、飞鹰式价差期权等类型。

如果价差期权是用期权多头和相同类型、相同执行价格、相同数量、不同到期期限的期权空头构建的，则称为日历价差期权，其得名与构建价差期权的期权多头和空头头寸到期日不同。

如果价差期权是用期权多头和相同类型、相同数量，但执行价格和到期期限均不相同的期权空头构建的，称为对角价差期权。

如果价差期权是用期权多头和相同类型、相同到期期限，但执行价格和数量均不相同的期权空头构建的，称为比率价差期权。比率主要体现在多头和空头数量的不同上，但由于是对相同类型、相同到期期限的买和卖，所以多头和空头的执行价格也一定不同。

价差期权其他的分类依据

价差期权还可以按照组成期权组合的期权在行情表中的位置不同进行分类，可以分为垂直的、水平的和对角的三类。

由于期权的独特性，同一月份的期权合约存在一组执行价格不同的看涨期权和看跌期权，到期月份相同执行价格不同的看涨期权和看跌期权的集合被称为系列合约。

通常情况下，为了分析的方便，交易所会把同一系列合约的所有合约的价格信息显示在同一个报价表中。中间一列按执行价格不同排序，左右分别为同一个执行价格的看涨期权和看跌期权的价格信息，此报价方法是期权独有的，称为T型报价法（见表5－10）。

表5－10　2019年10月到期的上证50ETF期权的T型报价

风险　信息　合约选择：50ETF　▼ 2019年10月（5天）▼　标的名称：50ETF　最新价：3.014　涨跌：-0.045　幅度：-1.47%　成交量：5141968　持仓量：—　金额：15.64亿

交易状态	卖价	买价	涨幅%	涨跌	最新	购<行权价>沽↑	最新	涨跌	涨幅%	买价	卖价	交易状态	总量	持仓量
闭市	0.3094	0.3081	-13.40	-0.0481	0.3109	2.7000	0.0001	0.0000	0.00	0.0001	0.0002	闭市	1939	38535
闭市	0.2600	0.2587	-15.73	-0.0486	0.2604	2.7500	0.0002	0.0001	100.00	0.0001	0.0002	闭市	1416	29723
闭市	0.2150	0.2120	-18.15	-0.0470	0.2120	2.8000	0.0002	0.0000	0.00	0.0002	0.0003	闭市	2600	46522
闭市	0.1540	0.1500	-28.23	-0.0590	0.1500	2.8500	0.0004	0.0001	33.33	0.0003	0.0004	闭市	14383	71396
闭市	0.1106	0.1104	-30.57	-0.0486	0.1104	2.9000	0.0010	0.0007	233.33	0.0010	0.0011	闭市	37383	85706
闭市	0.0634	0.0633	-41.93	-0.0457	0.0633	2.9500	0.0031	0.0022	244.44	0.0030	0.0031	闭市	98563	113462
闭市	0.0230	0.0229	-63.20	-0.0395	0.0230	3.0000	0.0129	0.0086	200.00	0.0129	0.0130	闭市	421291	203250
闭市	0.0019	0.0018	-76.25	-0.0061	0.0019	3.1000	0.0910	0.0422	86.48	0.0910	0.0911	闭市	381973	62749
闭市	0.0003	0.0002	-71.43	-0.0005	0.0002	3.2000	0.1910	0.0500	35.46	0.1907	0.1910	闭市	58728	18614
闭市	0.0002	0.0001	0.00	0.0000	0.0002	3.3000	0.2880	0.0459	18.96	0.2832	0.2880	闭市	5874	2149
闭市	0.0002	0.0001	100.00	0.0001	0.0002	3.4000	0.3886	0.0476	13.96	0.3896	0.3900	闭市	4305	5755
闭市	0.0001	-	0.00	0.0000	0.0001	3.5000	0.4878	0.0453	10.24	0.4892	0.4907	闭市	899	278

在传统的纸媒体时代，报纸会把所有到期月份的不同的系列合约印刷在一个版面上，同一个系列合约构成一个T型报价，不同的系列合约按月份在报纸上同一版面顺

序横向排列。这样，相同执行价格不同到期月份的期权会显示在一行上。

根据T型报价法，如果选择相同到期月份不同执行价格的期权构建价差期权，则是在纵向排列的不同执行价格的期权中进行选择，由此构建的价差期权称为垂直价差期权。牛市价差期权、熊市价差期权、蝶式价差期权、飞鹰式价差期权等属于此类。

如果选择相同执行价格、但到期月份不同的期权，则应该在显示在同一行的相同执行价格不同到期月份的期权中进行选择，由此构建的价差期权称为水平价差期权。日历价差期权便属于此类。

如果选择执行价格不同、到期月份也不相同的期权构建价差期权，那么所选用的期权既不是行情表上同一列的期权（月份不同，不是垂直的），也不在同一行上（执行价格不同，不是水平的），所以称为对角价差期权。

十二、牛市价差期权是怎样的?

（一）牛市价差期权的构建

牛市价差期权是指在买入较低执行价格（K_1）期权的同时，卖出相同数量、具有相同到期日，但执行价格（K_2）较高的期权，且期权要么都为看涨期权，要么都为看跌期权。

牛市价差期权在标的物价格上涨时盈利，但潜在的盈利和亏损都是有限的，即上行盈利有限、下行亏损有限。所以，构建牛市价差期权的交易者对标的物后市是看多的，标的资产价格上涨对其有利，下跌对其不利。由于标的资产价格大幅上涨，该策略也不会获得更多的收益，因此，牛市价差期权适用于标的资产价格小幅上涨或温和上涨的情形。

（二）用看跌期权构建牛市价差期权

牛市价差期权虽然对标的物看多，但并不是只能由看涨期权构成，也可以由看跌期权构成。

由看涨期权构成的牛市价差期权是指买入较低执行价格（K_1）的看涨期权，同时卖出较高执行价格（K_2）的看涨期权，支付和得到的权利金分别为 C_1 和 C_2。通常情况下，看涨期权价格与执行价格呈负相关关系，即执行价格越低，权利金越高，所以有 $C_1 > C_2$。因此，由看涨期权构建的牛市价差期权建仓时权利金收支状况为净支出，即构建该组合的初始现金流状况为净流出（不考虑保证金要求），初始现金流 $= C_2 - C_1 < 0$，权利金净支出 $= -$初始现金流 $= C_1 - C_2$。

由看跌期权构成的牛市价差期权是指买入较低执行价格（K_1）的看跌期权，同时卖出较高执行价格（K_2）的看跌期权，支付和得到的权利金分别为P_1和P_2。通常情况下，看跌期权价格与执行价格呈正相关关系，即执行价格越高，权利金越高，所以有$P_1 < P_2$。因此，由看跌期权构建的牛市价差期权建仓时权利金收支状况为净收入，即构建该组合的初始现金流状况为净流入（不考虑保证金要求），初始现金流 = $P_2 - P_1 > 0$，权利金净收入 = 初始现金流。

（三）牛市价差期权损益的计算

牛市价差期权的潜在损失和潜在收益都是有限的。牛市价差期权中的“牛市”体现在该策略将从标的物价格上涨中获利，其对于标的物是看多的，牛市价差期权到期损益结构见图5－8。

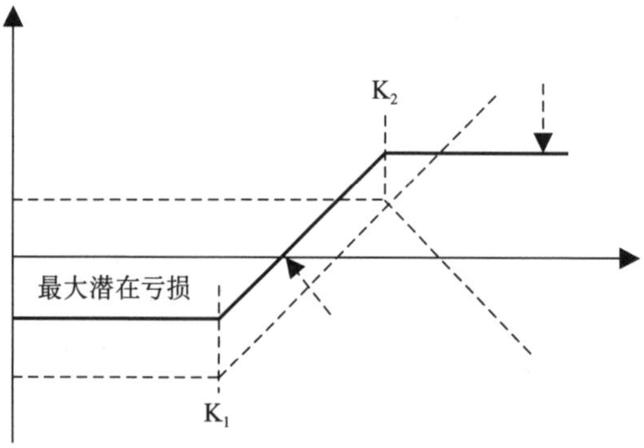

图5－8　看涨期权构建的牛市价差期权到期损益结构图

用看涨期权构建的牛市价差期权是以权利金净支出的方式建立的，这也是其最大的潜在亏损。若到期时标的物价格在买入期权的执行价格及以下，则两份期权都无价值过期，投资者损失其全部投资；若到期时标的物价格介于买入和卖出的期权的执行价格之间，则买入的期权是实值的，而卖出的期权将无价值过期，因而该策略的损益是买入的期权的内涵价值减去权利金净支出；若标的物价格在卖出期权的执行价格以上，两份期权都是实值的，买入期权头寸的盈利是标的物价格与低执行价格的差，而卖出期权头寸则亏损了标的物价格与高执行价的差，结合起来，总损益为高执行价与低执行价的差加上初始现金流；该策略的损益平衡点在低执行价格与高执行价格之间，等于低执行价格减去初始现金流，或等于低执行价格加上权利金净支出。

用看涨期权构建的牛市价差到期损益可以概括为：

当$S_T \leqslant K_1$时，损益 = 初始现金流 = $C_2 - C_1$，这是该策略最大的潜在损失；

当$S_T > K_2$时，损益 = 高执行价 － 低执行价 + 初始现金流 = $K_2 - K_1 + (C_2 - C_1)$，这是该策略最大的潜在盈利；

当 $K_1 < S_T \leqslant K_2$ 时，损益 = 标的物价格 - 低执行价 + 初始现金流 = $S_T - K_1 + (C_2 - C_1)$，该损益 = 0 时损益平衡；

损益平衡点 = 低执行价 - 初始现金流 = $K_1 - (C_2 - C_1)$，或损益平衡点 = 低执行价 + 权利金净支出 = $K_1 + (C_1 - C_2)$。

如果用两个实值看涨期权构建牛市价差期权，则建仓时两个期权的执行价格均低于标的资产价格，此时购买的期权比出售的期权实值程度更高，其对于标的资产价格的变动更为敏感（实值程度越高，delta 越大）。同时，该策略只有在标的物价格上涨至损益平衡点以上时才能够获利。当该策略能够获利时，购买的期权仍然是实值，甚至实值程度更深，随着到期日的临近，期权价格不再随期限缩短而衰减；而出售的期权实值程度较小，或接近平值，也有可能是虚值（但虚值程度不深），此时期权空头会获得时间价值，所以时间损耗是有利的；当面临亏损时，卖出的期权变为虚值，甚至虚值程度很深，不再获得或会获得很少的时间价值，而买进的期权趋于平值，也有可能变为虚值，会损失时间价值，所以时间损耗对其不利。因而当头寸逐渐获利时，时间损耗是有利的。当头寸亏损时，波动率加大有可能转为盈利，所以是有利的；当头寸盈利时，波动率加大有可能转为亏损，所以是不利的。

【案例 5-17】

某日，上证 50ETF 价格为 2.945 元，该标的同一系列行权价格为 3.0 元和 3.2 元的看涨期权的价格分别为 0.0269 元和 0.0035 元。请用以上两份期权构建牛市价差期权，并分析到期日损益状况（不考虑交易费用和行权费，按一份权利考虑）。

用以上两份期权构建牛市价差期权，应该在买进行权价格为 3.0 元看涨期权的同时，卖出行权价格为 3.2 元的看涨期权，并持有合约至到期。组合持仓为行权价格为 3.0 元的看涨期权多头和行权价格为 3.2 元的看涨期权空头，建仓时看跌期权均为虚值。

建仓时权利金净支出 = $(C_1 - C_2) = 0.0269 - 0.0035 = 0.0234$（元），初始现金流 = $C_2 - C_1 = 0.0035 - 0.0269 = -0.0234$（元）

当 $S_T \leqslant 3.0$ 元时，损益 = 初始现金流 = $C_2 - C_1 = 0.0035 - 0.0269 = -0.0234$（元），这是该策略最大的潜在损失；

当 $S_T > K_2$ 时，损益 = 高执行价 - 低执行价 + 初始现金流 = $K_2 - K_1 + (C_2 - C_1) = 3.2 - 3.0 - 0.0234 = 0.1766$（元），这是该策略最大的潜在盈利；

当 $K_1 < S_T \leqslant K_2$ 时，损益 = 标的物价格 - 低执行价 + 初始现金流 = $S_T - 3.0 - 0.0234 = S_T - 3.0234$，该损益 = 0 时损益平衡；

损益平衡点 = 低执行价 - 初始现金流 = $K_1 - (C_2 - C_1) = 3.0 + 0.0234 = 3.0234$，损益平衡点比 K_1 高 2.66%，即平仓时标的基金比建仓时高 2.66% 时该策略便可实现盈利，最大盈利为 0.1766 元，为最大权利金支出的 7.547 倍。

用看跌期权构建的牛市价差期权是以权利金净收入的方式建立的，这也是其最大的潜在盈利。若到期时标的物价格在卖出期权的执行价格及以上，两份期权都无价值过期，投资者获得初始投入的资金；若到期时标的物价格介于买入和出售的期权的执行价格之间，卖出的期权是实值的，而买入的期权将无价值过期，因而该策略的损益是权利金净收入减去卖出期权的内涵价值；若标的物价格在买入期权的执行价格以下，所有期权都为实值，买入期权的收获为低执行价格与标的物价格的差，而卖出期权则损失了高执行价与标的物价格的差，结合起来，总头寸的损益为权利金净收入减去高执行价与低执行价的差。到期损益结构与用看涨期权构建的牛市价差相同。

用看跌期权构建的牛市价差期权到期损益可以概括为：

当 $S_T \geq K_2$时，损益 = 初始现金流 = $(P_2 - P_1)$，这也是该策略最大的潜在盈利；

当 $S_T < K_1$时，损益 = 初始现金流 − 高执行价 + 低执行价 = $(P_2 - P_1) - (K_2 - K_1)$，这也是该策略的最大潜在盈利；

当 $K_1 \leq S_T < K_2$时，损益 = 初始现金流 − 高执行价 + 标的物价格 = $(P_2 - P_1) - (K_2 - S_T)$，该损益 = 0 时损益平衡；

损益平衡点 = 高执行价 − 初始现金流 = 高执行价 − 权利金净收入 = $K_2 - (P_2 - P_1)$。

用看跌期权构建牛市价差期权，买入的看跌期权能为卖出的看跌期权提供下行方向上的保护。如果是以虚值期权建立的价差期权，建仓时标的资产价格高于两个期权的执行价格，即使标的物价格略微下跌，该价差期权也能获利。当该头寸能够获利时，买进的期权为深度虚值，时间损耗几乎不对其产生影响，而卖出的期权虚值程度较小，也可能为平值或实值（实值程度较小），此时期权空头会获得时间价值，所以时间损耗对该策略有利；当面临亏损时，卖出的期权变为实值，甚至实值程度很深，不再获得或会获得很少的时间价值，而买进的期权虚值程度减少，还可能成为平值或实值，或损失时间价值，因此时间损耗对该策略不利。当头寸亏损时，波动率加大是有利的；当头寸盈利时，波动率加大是不利的。

【案例 5－18】

与案例 5－17 同日相同系列期权，行权价格为 3.2 元和 3.3 元的上证 50ETF 看跌期权的价格分别为 0.2596 元和 0.3555 元，请用以上两份期权构建牛市价差期权，并分析到期日损益状况（不考虑交易费用和行权费，按一份权利考虑）。

用以上两份期权构建牛市价差期权，应该在买进行权价格为 3.2 元的看跌期权的同时，卖出行权价格为 3.3 元的看跌期权，并持有合约至到期。组合持仓为行权价格为 3.2 元的看跌期权多头和行权价格为 3.3 元的看跌期权空头，建仓时看跌期权均为实值。

建仓时权利金净收入 = 0.3555 − 0.2596 = 0.0959（元）。

期权到期时，如果 $S_T<3.2$ 元，执行看跌期权多头，履约看跌期权空头，组合的损益为：

$I=(P_2-P_1)-K_2+K_1=0.0959-(3.3-3.2)=-0.0041$（元），这是该牛市价差期权组合的最大损失。

如果 $S_T\geqslant 3.3$ 元，既不执行看跌期权多头，看跌期权空头也不需要履约，则组合的损益为：

$I=(P_2-P_1)=0.0959$，即该牛市价差期权的最大收益等于建仓时的权利金净收入；

3.2 元 $\leqslant S_T<3.3$ 元，不执行看跌期权多头，看跌期权空头需要履约，组合的损益为：

$I=(P_2-P_1)-K_2+S_T=0.0959-3.3+S_T$，$-0.0041\leqslant I<0.0959$，当 $S_T=3.2041$（元）时，组合策略损益平衡。

由此可见，期权到期时，标的基金价格高时盈利、价格低时亏损，但收益和亏损均有限，符合牛市价差期权损益特征。

由于构建该价差策略时两个看跌期权头寸均为实值，并且有一定的实值程度，所以只有当标的基金价格有实质性上涨且上涨幅度较大时才可实现盈利，所以该策略属于较为激进的策略。

期权到期时，标的基金价格较建仓时上涨至 3.2041 元以上、涨幅 8.8% 以上才可实现盈利；上涨至 3.3 元及以上、涨幅 12.05% 及以上时盈利达到最大，为建仓时的权利金净收入。

（四）建立牛市价差期权头寸时选择虚值期权是否比实值期权好

用看涨期权构建牛市价差时：

建立看涨期权牛市价差期权主要有两个考虑：一是由于期权权利金过于昂贵，如果在买入期权的同时卖出相同数量价格较高的期权，便能降低买入成本；二是对于标的物虽然是看多的，但并不是强烈看涨，通过卖出期权降低了损益平衡点，获利的可能性将增大。

因此，用看涨期权构建牛市价差期权，选择期权执行价格时主要是根据实际情况来选择，并不是虚值或实值期权就一定好些。构建策略时，买进和卖出的期权可以均选用虚值期权，还可以选择实值和虚值的结合，也可以均选择实值期权进行构建。

对于第一种类型，构建该策略时成本较低，但只有在标的物价格有实质性上涨时，所构建的价差期权才有可能获利，一旦获利，收益率相对较高，所以这样的价差期权更为激进。与其他两种类型相比，第三种类型实现最大盈利的概率较高，但其潜在的回报比也较低，若价差期权建立时标的物价格接近低执行价时，牛市价差期权的吸引力更大。此外，若卖出的期权执行价格距离买入的期权的执行价格越远，那么卖出期权得到的权利金对于降低投资成本的作用越小，且对损益平衡点的改善和杠杆的提升越小，但最大潜在盈利空间将显著增加；用一个实值和一个虚值期权构建的牛市价差策略，策略的盈利率和盈利概率介于前后两类的中间，第一类和第二类比较，第二类和第三类比较，构建的策略趋于保守。

【案例 5－19】

与案例 5－17 同日且采用相同的系列期权，选用行权价格为 2.8 元和 2.9 元的上证 50ETF 看涨期权的价格分别为 0.1505 元和 0.0708 元，请用以上两份期权构建牛市价差期权，并分析到期日损益状况（不考虑交易费用和行权费，按一份权利考虑）。

用以上两份期权构建牛市价差期权，应该在买进行权价格为 2.8 元的看涨期权的同时，卖出行权价格为 2.9 元的看涨期权，并持有合约至到期。组合持仓为行权价格为 2.8 元的看涨期权多头和行权价格为 2.9 元的看涨期权空头，建仓时看跌期权均为实值。

建仓时权利金净支出 = $(C_1 - C_2) = 0.1505 - 0.0708 = 0.0797$（元），初始现金流 = $C_2 - C_1 = -0.0797$（元）；

当 $S_T \leqslant 2.8$ 元时，损益 = 初始现金流 = $C_2 - C_1 = -0.0797$（元），这是该策略最大的潜在损失；

当 $S_T > K_2$ 时，损益 = 高执行价 － 低执行价 ＋ 初始现金流 = $K_2 - K_1 + (C_2 - C_1) = 2.9 - 2.8 - 0.0708 = 0.0292$（元），这是该策略最大的潜在盈利；

当 $K_1 < S_T \leqslant K_2$ 时，损益 = 标的物价格 － 低执行价 ＋ 初始现金流 = $S_T - 2.8 - 0.0708 = S_T - 2.8708$，该损益 = 0 时损益平衡；

损益平衡点 = 低执行价 － 初始现金流 = $K_1 - (C_2 - C_1) = 2.8 + 0.0708 = 2.8708$。

该策略虽然是牛市价差期权，但由于建仓时两个期权均为实值，标的资产价格比执行价格高，所以损益平衡点低于建仓时标的基金价格，因此当标的基金价格在 2.8708 元以上时该策略便可实现盈利，即标的基金价格即便有一定幅度下跌，该策略仍可实现盈利，但盈利水平不高。与案例 5－17 中用两个虚值看涨期权构建的牛市价差期权相比，该策略偏保守。

用看跌期权构建牛市价差时：

根据前面对用看跌期权构建牛市价差期权的分析，买入的看跌期权可以为卖出的看跌期权提供下行方向上的保护。如果是以虚值期权建立的价差期权，建仓时标的资产价格高于两个期权的执行价格，即使标的物价格略微下跌，该价差期权也能获利，而且策略盈利时还会获得时间价值，但策略的盈利水平较低；如果用两个实值期权建立价差期权，要实现头寸的盈利，标的资产必须有较大幅度上涨，所以策略实现盈利的概率较小，属于相对激进的策略。由于用看跌期权构建的牛市价差策略最大的潜在收益为权利金净收入，所以用看跌期权构建的牛市价差期权的最终收益低于用看涨期权构建的牛市价差期权。

比较案例 5－17 和案例 5－18，两策略均为较为激进的牛市价差期权策略，但用看涨期权构建的牛市价差期权的盈利水平高于用看跌期权构建的牛市价差期权。

十三、熊市价差期权如何构建、损益分析和计算?

（一）构建熊市价差期权，损益特征，适用的市场环境

熊市价差期权是指在卖出较低执行价格（K_1）期权的同时，买入相同数量、具有相同到期日，但执行价格（K_2）较高的期权，且期权要么都为看涨期权，要么都为看跌期权。

与牛市价差期权的损益特征类似，熊市价差期权潜在盈利和亏损也都是有限的，但盈亏方向不同。熊市价差期权在标的物价格下跌时盈利，且下行盈利有限、上行亏损有限。所以，构建熊市价差期权的交易者对标的物后市是看空的，标的资产价格下跌对其有利，上涨对其不利。由于标的资产价格大幅下跌，该策略也不会获得更多的收益。因此，熊市价差期权适用于标的资产价格小幅下跌或温和下跌的情形。

（二）熊市价差期权是否全部用看涨期权构建

与牛市价差期权相同，熊市价差期权可以全部由看涨期权构成，也可以全部由看跌期权构成。

由看涨期权构成的熊市价差期权是指卖出较低执行价格（K_1）的看涨期权，同时买入较高执行价格（K_2）的看涨期权，售出的看涨期权的权利金（C_1）高于买入的看涨期权的权利金（C_2），因此由看涨期权组成的熊市价差期权是以权利金净收入的方式建立的，建仓时有净现金流入（不考虑保证金要求），这也是其最大的潜在收益。初始现金流 $= C_1 - C_2 > 0$，权利金净收入 = 初始现金流。

由看跌期权构成的熊市价差期权是指卖出较低执行价格（K_1）的看跌期权，同时买入较高执行价格（K_2）的看跌期权，由于执行价格较高的看跌期权的权利金（P_2）大于执行价格较低的看跌期权的权利金（P_1），因此由看跌期权组成的熊市价差期权是以权利金净支出的方式建立的，建仓时有净现金流出（不考虑保证金要求）。初始现金流 $= P_1 - P_2 < 0$，权利金净支出 = －初始现金流 $= P_2 - P_1$。

（三）熊市价差期权的损益

熊市价差期权的潜在损失和潜在收益都是有限的。熊市价差期权中的“熊市”体

现在该策略将从标的物价格下跌中获利，其对于标的物后市是看空的（见图5－9）。

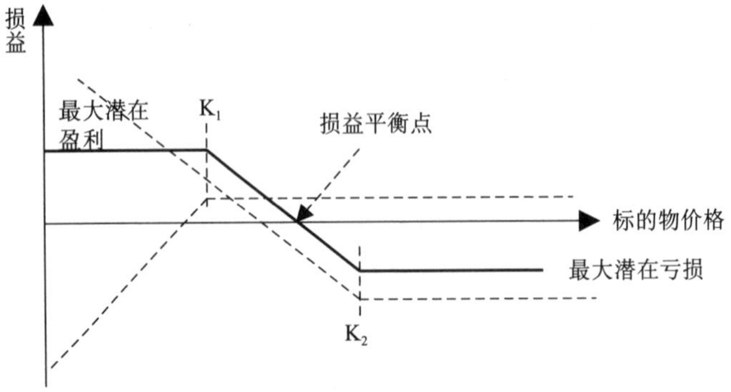

图5－9　看跌期权构建的熊市价差期权到期损益结构图

用看涨期权构建的熊市价差期权是以权利金净收入的方式建立的，这也是其最大的潜在盈利。若到期时标的物价格低于卖出期权的执行价格，两份期权都无价值过期，投资者将获得初始投资；若到期时标的物价格介于买入和出售的期权的执行价格之间，卖出的期权是实值的，而买入的期权将无价值过期，因而该策略的损益是权利金净收入减去卖出期权的内涵价值；若标的物价格在买入期权的执行价格及以上，所有期权都是实值的，买入高执行价的期权取得的盈利为标的物价格减去高执行价格的差，而卖出低执行价期权的亏损为标的物价格与低执行价的差，结合起来，总头寸的损益为权利金净收入减去高执行价与低执行价的差。

用看涨期权构建的熊市价差期权到期损益可以概括为：

当标的物价格高于高执行价时，损益＝净债权－高执行价＋低执行价；

当 $S_T \geq K_2$ 时，损益＝初始现金流－高执行价＋低执行价＝$(C_1 - C_2) - (K_2 - K_1)$，这也是该策略最大的潜在损失；

当 $K_1 \leq S_T < K_2$ 时，损益＝初始现金流＋低执行价－标的物价格＝$(C_1 - C_2) - (S_T - K_1)$，该损益＝0时损益平衡；

损益平衡点＝低执行价＋初始现金流＝$K_1 + (C_1 - C_2)$；

当 $S_T < K_1$ 时，损益＝初始现金流＝$(C_1 - C_2)$，这也是该策略最大的潜在盈利。

用看跌期权构建的熊市价差期权是以权利金净支出的方式建立的，若到期时标的物价格高于买入期权的执行价格，两份期权都无价值过期，投资者损失其全部投资；若到期时标的物价格介于买入和出售的期权的执行价格之间，买入的期权是实值的，而卖出的期权将无价值过期，因而该策略的损益是买入期权的内涵价值加上初始现金流；若标的物价格低于卖出期权的执行价格，所有期权都是实值的，买入期权的收益为高执行价格与标的物价格的差，而卖出期权则损失了低执行价格与标的物价格的差，结合起来，总头寸的损益为高执行价与低执行价的差加上初始现金流。到期损益结构与用看涨期权构建的熊市价差相同。

用看跌期权构建的熊市价差期权到期损益可以概括为：

当 $S_T \geq K_2$时，损益 = 初始现金流 = $(P_1 - P_2)$，这也是该策略的最大潜在损失；

当 $S_T < K_1$时，损益 = 初始现金流 + 高执行价 − 低执行价 = $(P_1 - P_2) + (K_2 - K_1)$，这也是该策略最大的潜在盈利；

当 $K_1 \leq S_T < K_2$时，损益 = 初始现金流 + 高执行价 − 标的物价格 = $(P_1 - P_2) + (K_2 - S_T)$，该损益 = 0 时损益平衡；

损益平衡点 = 高执行价 + 初始现金流 = $K_2 + (P_1 - P_2)$。

【案例 5－20】

选用案例 5－17 中的两个看跌期权，即行权价格为 3.2 元和 3.3 元，价格分别为 0.2596 元和 0.3555 元的上证 50ETF 看跌期权构建熊市价差期权，并分析到期日损益状况（不考虑交易费用和行权费）。

用以上两份看跌期权构建熊市价差期权，应该在卖出行权价格为 3.2 元的看跌期权的同时，买进相同数量行权价格为 3.3 元的看跌期权，并持有合约至到期。组合持仓为行权价格为 3.2 元的看跌期权空头和行权价格为 3.3 元的看跌多头。

该策略是以权利金净支出的方式构建的，初始现金流 = $P_1 - P_2 = 0.2596 - 0.3555 = -0.0959$（元），权利金净支出 = 0.3555 − 0.2596 = 0.0959（元）；

期权到期时，如果 $S_T < 3.2$ 元，履约看跌期权空头，执行看跌期权多头，组合的损益为：

$I = (P_1 - P_2) + (K_2 - K_1) = -0.0959 + (3.3 - 3.2) = 0.0041$（元），这是该策略的最大潜在收益。

如果 $S_T \geq 3.3$ 元，既不执行看跌期权多头，看跌期权空头也不需要履约，则组合的损益为：

$I = P_1 - P_2 = -0.0959$（元），这是该策略最大潜在亏损，等于建仓时的权利金净支出。

如果 3.2 元 $\leq S_T < 3.3$ 元，不需要履约看跌期权空头，执行看跌期权多头，则组合的损益为：

$I = (P_1 - P_2) + (K_2 - S_T) = -0.0959 + (3.3 - S_T)$，当 $S_T = 3.2041$（元）时，组合策略损益平衡。

由于期权到期时，标的基金价格低时盈利、标的基金价格高时亏损，但收益和亏损均有限，因此符合熊市价差期权损益特征。

该策略是用两个实值看跌期权构建的，损益平衡点等于 3.2041 元，即标的资产基金价格在 3.2041 元以下时盈利，所以，该策略盈利的可能性很大，但盈利值较低，相对保守。

比较案例 5－17 和案例 5－19 的损益结果，用以上两份看跌期权构建的牛市价差期权的效果刚好相反，所构建的牛市价差相对激进，只有当标的基金价格有实质性上涨且上涨幅度较大时才可获利；而熊市价差则相对保守，即标的基金价格保持不变，甚至有一定程度上涨时仍可获利。但如果盈利的话，牛市价差的盈利水平高于熊市价差。

十四、蝶式价差期权如何构建、损益分析和计算？

牛市价差期权和熊市价差期权是用类型相同执行价格不同的两个期权采用不同交易方向构建的，而蝶式价差期权是用类型相同的三个不同执行价格的期权采用不同交易方向构建的，如买两边执行价格的期权，卖中间执行价格的期权；或卖两边执行价格的期权，买中间执行价格的期权。中间执行价格期权的数量是两边执行价格期权数量的和。这样，就构成了牛市价差期权和熊市价差期权的组合或熊市价差期权和牛市价差期权的组合，建仓时标的资产价格通常接近中间的执行价格。

按照对两边执行价格期权的操作方向不同，蝶式价差期权分为多头蝶式价差期权和空头蝶式价差期权。

（一）构建多头蝶式价差期权，多头蝶式价差期权是否为看多的策略，损益有何特征，如何计算，适用的市场环境

多头蝶式价差期权也称为买入蝶式价差期权。构建方式是，在买入较低执行价格（K_1）期权和较高执行价格（K_3）期权，即在买入两边执行价格期权的同时，卖出中间执行价格（K_2）的期权，所卖出的期权数量等于买入期权数量的和，且买入的两边执行价格的期权数量相等。所以，多头蝶式价差期权是数量相同的牛市价差期权和熊市价差期权的组合，可以全部用看涨期权构建，也可以全部用看跌期权构建。

多头蝶式价差期权并不是对标的资产后市看多，当然也不是看空。期权到期时其获利条件是标的资产价格在中间执行价格（K_2）附近，等于 K_2 时获利最高，所以该策略适用于标的资产价格不波动或波动幅度较小的市场环境，属于做空波动率策略；如果标的资产价格下降至较低执行价之下或涨至较高执行价之上，该策略面临最大的亏损。

所以，该类策略名称中“多头”并非说建仓时所有期权头寸均采用多头策略，也不是说该策略适用于看多标的资产后市，多头策略体现在该策略是采用权利金净支出的方式构建的。

该策略的盈利水平不会很高，也不会造成较大亏损（见图 5－10）。

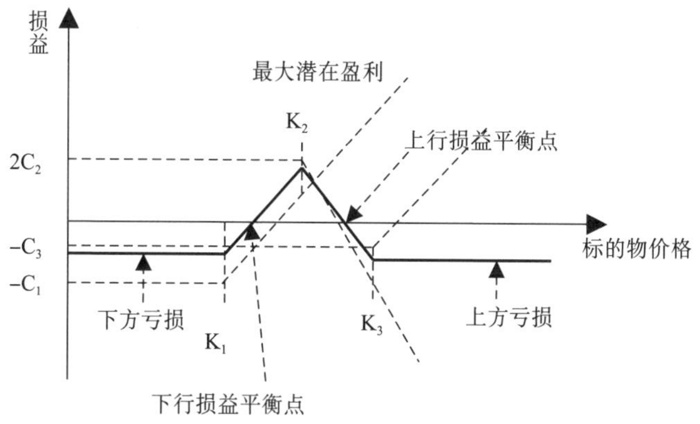

图 5－10　看涨期权构建的多头蝶式价差期权到期损益结构图

用看涨期权牛市价差期权和熊市价差期权构成的多头蝶式价差期权，买入较低和较高执行价格的看涨期权，同时卖出中间执行价格的看涨期权，权利金收支 $=2\times C_2-(C_1+C_3)$。通常情况下，看涨期权的价格与执行价格负相关；而且，随着执行价格的降低，权利金提高的比率会加大。所以，(C_1-C_2) 通常会大于 (C_2-C_3)，从而有 $(C_1+C_3)>2\times C_2$。因此，该策略是以权利金净支出的方式构建的，初始现金流状况为流出（不考虑保证金要求），初始现金流 $=2\times C_2-(C_1+C_3)=-$权利金净支出。

期权到期时，策略损益概括为：

当 $S_T=K_2$时，期权 1 为实值，2 为平值，3 为虚值。损益 $=-K_1+K_2+$初始现金流 $=K_2-K_1+2\times C_2-(C_1+C_3)$，这是该策略的最大盈利；

当 $K_2<S_T\leqslant K_3$时，期权 1、2 为实值，3 为平值或虚值，损益 $=2\times K_2-2\times S_T-K_1+S_T+$初始现金流 $=2\times K_2-S_T-K_1+2\times C_2-(C_1+C_3)$；

$S_T=K_1-2\times K_2-2\times C_2+(C_1+C_3)$ 时损益平衡，该损益平衡点高于执行价格 K_2，为上行损益平衡点，高于该价格时亏损；

当 $S_T>K_3$时，3 个期权均为实值，损益 $=2\times K_2-K_1-K_3+$初始现金流 $=2\times K_2-(K_1+K_3)+2\times C_2-(C_1+C_3)$，这是该策略上行的最大亏损值，$S_T=K_3$时亏损达到该值，且不随标的资产价格提高而改变；

当 $K_1<S_T\leqslant K_2$时，期权 1 为实值，2 为平值或虚值，3 为虚值，损益 $=-K_1+S_T+$初始现金流 $=S_T-K_1+2\times C_2-(C_1+C_3)$；

$S_T=K_1-2\times C_2+(C_1+C_3)$ 时损益平衡，该损益平衡点低于执行价格 K_2，为下行损益平衡点，低于该价格时亏损；

当 $S_T\leqslant K_1$时，期权 1 为平值或虚值，2、3 为虚值，损益 = 初始现金流 $=2\times C_2-(C_1+C_3)$，这是该策略下行的最大亏损值，$S_T=K_1$时亏损达到该值，且不随标的资产价格降低而改变。

期权到期时，标的资产价格在下行损益平衡点和上行损益平衡点之间时盈利，低于下行损益平衡点、高于上行损益平衡点均亏损。所以该策略适用于标的资产价格小幅波动的情形，和空头跨式与空头宽跨式的适用环境相近，但不同点是该策略的盈利和亏损均有限。

【案例 5 - 21】

与案例 5 - 17 同日且采用相同的系列期权，用行权价格为 2.8 元、2.95 元和 3.2 元，价格分别为 0.1505 元、0.0450 元和 0.0035 元的三个上证 50ETF 看涨期权构建多头蝶式价差期权，问如何构建，并分析到期日损益状况（不考虑交易费用和行权费）。

用以上三个看涨期权构建多头蝶式价差期权，构建方法是：

买进数量相同的执行价格为 2.8 元和 3.2 元的看涨期权 1 和 3，同时卖出执行价格为 2.95 元的看涨期权 2，卖出期权 2 的数量等于买进的期权 1 和期权 3 数量的和。

建仓时权利金收支 = 2 × 0.0450 - （0.1505 + 0.0035） = -0.064（元），所以该策略是用权利金净支出的方式构建的，与前面的分析一致。

权利金净支出 = 0.064（元），初始现金流 = -0.064（元）（不考虑保证金要求）。

期权到期时，策略损益为：

当 $S_T = 2.95$ 元时，期权 1 为实值，2 为平值，3 为虚值。损益 = $-K_1 + K_2$ + 初始现金流 = 2.95 - 2.8 - 0.064 = 0.086（元），这是该策略的最大盈利；

当 2.95 元 < $S_T \leqslant 3.2$ 元时，期权 1、2 为实值，3 为平值或虚值，损益 = $2 \times K_2 - 2 \times S_T - K_1 + S_T$ + 初始现金流 = $2 \times 2.95 - S_T - 2.8 - 0.064 = 3.036 - S_T$；

当 $S_T = 3.036$（元）时损益平衡，该损益平衡点为上行损益平衡点，高于该价格时亏损；

当 $S_T > K_3$ 时，3 个期权均为实值，损益 = $2 \times K_2 - K_1 - K_3$ + 初始现金流 = 2 × 2.95 - （2.8 + 3.2） - 0.064 = -0.164（元），这是该策略上行的最大亏损值，$S_T = K_3$ 时亏损达到该值，且不随标的资产价格提高而改变；

当 2.8 元 < $S_T \leqslant 2.95$ 元时，期权 1 为实值，2 为平值或虚值，3 为虚值，损益 = $-K_1 + S_T$ + 初始现金流 = $S_T - 2.8 - 0.064 = S_T - 2.864$；

$S_T = 2.864$（元）时损益平衡，该损益平衡点为下行损益平衡点，低于该价格时亏损；

当 $S_T \leqslant K_1$ 时，期权 1 为平值或虚值，2、3 为虚值，损益 = 初始现金流 = -0.064（元），这是该策略下行的最大亏损值，$S_T = K_1$ 时亏损达到该值，且不随标的资产价格降低而改变。

由上述结果可知，期权到期时，标的基金价格等于 2.95 元时，该策略实现最大盈利，盈利值为 0.086 元；标的基金价格在 2.864 元至 3.036 元之间时，该策略盈利，低于 2.864 元和高于 3.036 元时均会出现亏损，下行最大亏损为 0.064 元，等于该策略建仓时的权利金支出，上行最大亏损为 0.164 元。建仓时标的基金价格为 2.945 元，所以，标的基金价格稳定不变时，对该策略最为有利，上涨 3.09% 以上、下跌 2.828% 以上，均会造成该策略亏损。但该策略的盈利和亏损均有限。

多头蝶式价差期权也可以用看跌期权构建：

用看跌期权构建多头蝶式价差期权，是牛市价差期权和熊市价差期权的组合，即买入较低和较高执行价格的看跌期权，同时卖出中间执行价格的看跌期权，权利金收支 $=2\times P_2-(P_1+P_3)$。通常情况下，看跌期权的价格与执行价格正相关；而且，随着执行价格的降低，权利金提高的比例会加大。所以，(P_3-P_2) 通常会大于 (P_2-P_1)，从而有 $(P_1+P_3)>2\times P_2$。因此，该策略也是以权利金净支出的方式构建的，初始现金流状况为流出（不考虑保证金要求），初始现金流 $=2\times P_2-(P_1+P_3)=$ $-$权利金净支出。

期权到期时，策略损益概括为：

当 $S_T=K_2$ 时，期权 1 为虚值，2 为平值，3 为实值。损益 $=K_3-K_2+$ 初始现金流 $=K_3-K_2+2\times P_2-(P_1+P_3)$，这是该策略的最大盈利；

当 $K_2<S_T<K_3$ 时，期权 1、2 为虚值，3 为实值，损益 $=K_3-S_T+$ 初始现金流 $=K_3-S_T+2\times P_2-(P_1+P_3)$；

当 $S_T=K_3-2\times P_2+(P_1+P_3)$ 时损益平衡，该损益平衡点高于执行价格 K_2，为上行损益平衡点，高于该价格时亏损；

当 $S_T\geqslant K_3$ 时，期权 1、2 为虚值，3 为平值或虚值，损益 $=$ 初始现金流 $=2\times P_2-(P_1+P_3)$，这是该策略上行的最大亏损值，$S_T=K_3$ 时亏损达到该值，且不随标的资产价格提高而改变；

当 $K_1\leqslant S_T<K_2$ 时，期权 1 为虚值或平值，2、3 为实值，损益 $=-2K_2+2S_T+K_3-S_T+$ 初始现金流 $=S_T-2K_2+K_3+2\times P_2-(P_1+P_3)$；

当 $S_T=2K_2-K_3-2\times P_2+(P_1+P_3)$ 时损益平衡，该损益平衡点低于执行价格 K_2，为下行损益平衡点，低于该价格时亏损；

当 $S_T<K_1$ 时，3 个期权均为实值，损益 $=$ 初始现金流 $=K_1-2K_2+K_3+2\times P_2-(P_1+P_3)$，这是该策略下行的最大亏损值，$S_T=K_1$ 时亏损达到该值，且不随标的资产价格降低而改变。

期权到期时，标的资产价格在下行损益平衡点和上行损益平衡点之间时盈利，低于下行损益平衡点、高于上行损益平衡点均亏损。所以该策略适用于标的资产价格小幅波动的情形，和空头跨式与空头宽跨式的适用环境相近，但与之不同的是该策略的盈利和亏损均有限。

【案例 5－22】

与案例 5－17 同日且采用相同的系列期权，用行权价格为 2.8 元、2.95 元和 3.2 元，价格分别为 0.0072 元、0.0518 元和 0.2596 元的三个上证 50ETF 看跌期权构建多头蝶式价差期权，应如何构建？并分析到期日损益状况（不考虑交易费用和行权费）。

用以上三份看跌期权构建多头蝶式价差期权，构建方法是：

买进数量相同的执行价格为2.8元和3.2元的看跌期权1和3，同时卖出执行价格为2.95元的看跌期权2，卖出的期权2的数量等于买进的期权1和期权3数量的和。

该策略的初始现金流（不考虑保证金要求）$=2\times P_2-(P_1+P_3)=2\times 0.0518-(0.0072+0.2596)=-0.1632$（元），所以，该策略是以权利金净支出的方式构建的，权利金净支出$=0.1632$（元）。

期权到期时，策略损益为：

当$S_T=2.95$元时，期权1为虚值，2为平值，3为实值。损益$=K_3-K_2+$初始现金流$=3.2-2.95-0.1632=0.0868$（元），这是该策略的最大盈利；

当2.8元$<S_T<3.2$元时，期权1、2为虚值，3为实值，损益$=K_3-S_T+$初始现金流$=3.2-S_T-0.1632=3.0368-S_T$；

当$S_T=3.0368$元时损益平衡，该损益平衡点为上行损益平衡点，高于该价格时亏损；

当$S_T\geqslant 3.2$元时，期权1、2为虚值，3为平值或虚值，损益$=$初始现金流$=-0.1632$元，这是该策略上行的最大亏损值，$S_T=3.2$元时亏损达到该值，且不随标的资产价格提高而改变；

当2.8元$\leqslant S_T<3.2$元时，期权1为虚值或平值，2、3为实值，损益$=-2K_2+2S_T+K_3-S_T+$初始现金流$=S_T-2\times 2.95+3.2-0.1632=S_T-2.8632$；

$S_T=2.8632$元时损益平衡，该损益平衡点为下行损益平衡点，低于该价格时亏损；

当$S_T<2.8$元时，3个期权均为实值，损益$=K_1-2K_2+K_3+$初始现金流$=K_1-2K_2+K_3+2\times P_2-(P_1+P_3)=2.8-2\times 2.95+3.2-0.1632=-0.0632$（元），这是该策略下行时，$S_T=2.8$元时亏损达到该值，且不随标的资产价格降低而改变。

由上述结果可知，期权到期时，标的基金价格等于2.95元时，该策略实现最大盈利，盈利值为0.0868元；标的基金价格在2.8632元至3.0368元之间时，该策略盈利，低于2.8632元和高于3.0368元时均会出现亏损，下行最大亏损为0.0632元，等于该策略建仓时的权利金支出，上行最大亏损为0.1632元。建仓时标的基金价格为2.945元，所以，标的基金价格稳定不变时，对该策略最为有利，上涨3.12%以上、下跌2.86%以上，均会造成该策略亏损。但该策略的盈利和亏损均有限。

比较案例5－19和案例5－20，用3份执行价格相同的看涨期权和看跌期权构建的蝶式价差期权，用看跌期权构建的蝶式价差期权的效果好于用看涨期权构建的。潜在的最大盈利高、两侧的亏损小，且损益平衡点宽度大，即盈利区间大。由此可见，追求不同的损益效果，需选择不同的期权策略，但确定了期权策略后，选择合适的期权头寸能够确定更好的效果。

多头蝶式价差期权的一种分解：

使用看涨期权构建蝶式价差期权，可以视为在卖出接近平值看涨期权的同时，买进实值和虚值看涨期权来保护看涨期权空头的上方损失。

使用看跌期权构建蝶式价差期权，可以视为在卖出接近平值看跌期权的同时，买进虚值和实值看跌期权来保护看跌期权空头的下方损失。

构建保护策略时，需在保护成本和盈利水平间进行权衡。

（二）如何构建空头蝶式价差期权，其损益有何特征，如何计算，适用的市场环境

多头蝶式价差期权是牛市价差期权和熊市价差期权的组合，而空头蝶式价差期权是熊市价差期权与牛市价差期权的组合，既可以用看涨期权构建，也可以用看跌期权构建。

空头蝶式价差期权也被称为卖出蝶式价差期权。构建方式是，在卖出较低执行价格（K_1）期权和较高执行价格（K_3）期权，即在卖出两边执行价格期权的同时，买入中间执行价格（K_2）的期权，所买入的期权数量等于卖出期权数量的和，且卖出的两边执行价格的期权的数量相等。所以，空头蝶式价差期权是数量相同的熊市价差期权和牛市价差期权的组合。

与多头蝶式价差期权相似，空头蝶式价差期权并不是对标的资产后市看空，当然也不是看空，期权到期吋其获利条件是标的资产价格远离中间执行价格（K_2），即高于或低于 K_2时获利，在 K_2附近时亏损，等于 K_2时亏损最大，所以该策略适用于标的资产价格大幅波动的市场环境，属于做多波动率策略。

同样，该类策略名称中“空头”并非说建仓时所有期权头寸均采用空头策略，也不是说策略适用于看空标的资产后市，空头策略体现在该策略是采用权利金净收入的方式构建的。该策略的盈利水平不会很高，也不会造成较大亏损（见图 5－11）。

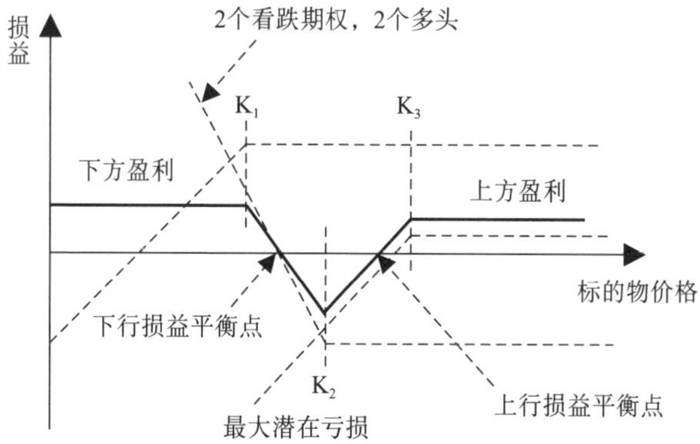

图 5－11　看跌期权构建的空头蝶式价差期权到期损益结构图

用看涨期权熊市价差期权和牛市价差期权构成空头蝶式价差期权，卖出较低和较高执行价格的看涨期权，同时买进中间执行价格的看涨期权，该策略是以权利金净收入方式构建的，初始现金流（不考虑保证金要求）=（C_1+C_3）$-2\times C_2$=权利金净收入。

期权到期时，策略损益概括为：

当$S_T=K_2$时，期权1为实值，2为平值，3为虚值。损益$=-K_3+K_2+$初始现金流$=K_2-K_3+(C_1+C_3)-2\times C_2$，这是该策略的最大亏损；

当$K_2<S_T\leqslant K_3$时，期权1、2为实值，3为平值或虚值，损益$=-2\times K_2+2\times S_T+K_1-S_T+$初始现金流$=S_T-2\times K_2+K_1+(C_1+C_3)-2\times C_2$；

当$S_T=2\times K_2-K_1+2\times C_2-(C_1+C_3)$时损益平衡，该损益平衡点高于执行价格$K_2$，为上行损益平衡点，高于该价格时盈利；

当$S_T>K_3$时，3个期权均为实值，损益$=-2\times K_2+K_1+K_3+$初始现金流$=(K_1+K_3)-2\times K_2+(C_1+C_3)-2\times C_2$，这是该策略上行能够实现的最大盈利，$S_T=K_3$时盈利达到该值，且不随标的资产价格提高而改变；

当$K_1<S_T\leqslant K_2$时，期权1为实值，2为平值或虚值，3为虚值，损益$=K_1-S_T+$初始现金流$=K_1-S_T+(C_1+C_3)-2\times C_2$；

当$S_T=K_1+(C_1+C_3)-2\times C_2$时损益平衡，该损益平衡点低于执行价格$K_2$，为下行损益平衡点，低于该价格时盈利；

当$S_T\leqslant K_1$时，期权1为平值或虚值，2、3为虚值，损益=初始现金流$=(C_1+C_3)-2\times C_2$，这是该策略下行的最大盈利值，$S_T=K_1$时盈利达到该值，且不随标的资产价格降低而改变。

期权到期时，标的资产价格在下行损益平衡点和上行损益平衡点之间时亏损，低于下行损益平衡点、高于上行损益平衡点均盈利。所以该策略适用于标的资产价格大幅波动的情形，和多头跨式与多头宽跨式的适用环境相近，但与之不同的是该策略的盈利和亏损均有限。

空头蝶式价差期权也可以用看跌期权构建：

用看跌期权构建空头蝶式价差期权，也是熊市价差期权和牛市价差期权的组合，即卖出较低和较高执行价格的看跌期权，同时买进中间执行价格的看跌期权，权利金收支$=(P_1+P_3)-2\times P_2$。该策略也是以权利金净收入的方式构建的，初始现金流状况为流入（不考虑保证金要求），初始现金流=权利金净支出$=(P_1+P_3)-2\times P_2$。

期权到期时，策略损益概括为：

当$S_T=K_2$时，期权1为虚值，2为平值，3为实值，损益$=-K_3+K_2+$初始现金流$=K_2-K_3+(P_1+P_3)-2\times P_2$，这是该策略的最大亏损；

当$K_2<S_T<K_3$时，期权1、2为虚值，3为实值，损益$=-K_3+S_T+$初始现金流

$= S_T - K_3 + (P_1 + P_3) - 2 \times P_2$；

当 $S_T = K_3 + 2 \times P_2 - (P_1 + P_3)$ 时损益平衡，该损益平衡点为上行损益平衡点，高于该价格时盈利；

当 $S_T \geq K_3$ 时，期权 1、2 为虚值，3 为平值或虚值，损益 = 初始现金流 = $(P_1 + P_3) - 2 \times P_2$，这是该策略上行的最大盈利值，$S_T = K_3$ 时盈利达到该值，但不随标的资产价格提高而改变；

当 $K_1 \leq S_T < K_2$ 时，期权 1 为虚值或平值，2、3 为实值，损益 $= 2K_2 - 2S_T - K_3 + S_T$ + 初始现金流 $= 2K_2 - K_3 - S_T + (P_1 + P_3) - 2 \times P_2$；

当 $S_T = 2K_2 - K_3 + 2 \times P_2 - (P_1 + P_3)$ 时损益平衡，该损益平衡点为下行损益平衡点，低于该价格时盈利；

当 $S_T < K_1$ 时，3 个期权均为实值，损益 $= 2K_2 - K_1 - K_3$ + 初始现金流 $= 2K_2 - K_1 - K_3 + (P_1 + P_3) - 2 \times P_2$，这是该策略下行的最大盈利值，$S_T = K_1$ 时盈利达到该值，但不随标的资产价格下跌而改变。

与用看涨期权构建的空头蝶式价差期权的损益结构相似，标的资产价格在下行损益平衡点和上行损益平衡点之间时亏损，低于下行损益平衡点、高于上行损益平衡点均盈利。所以该策略适用于标的资产价格大幅波动的情形。

十五、飞鹰式价差期权如何构建、损益分析和计算？

飞鹰式价差期权是蝶式价差期权的变体，构建方式和损益特征相近。所不同的是，飞鹰式价差期权是用类型相同的四个不同执行价格的期权采用不同交易方向进行构建，中间两个期权的执行价格不同。所以，飞鹰式价差期权也是牛市价差期权和熊市价差期权的组合或熊市价差期权和牛市价差期权的组合，建仓时标的资产价格通常在两个中间执行价格之间。

按照对两边执行价格期权的操作方向不同，飞鹰式价差期权分为多头飞鹰式价差期权和空头飞鹰式价差期权。

（一）多头飞鹰式价差期权的构建

多头飞鹰式价差期权也称为买入飞鹰式价差期权。构建方式是，在买入较低执行价格（K_1）期权和较高执行价格（K_4）期权，即在买入两边执行价格期权的同时，卖出中间两个执行价格（K_2 和 K_3）期权，所卖出的期权数量等于买入期权数量的和，且买入的两边执行价格的期权的数量相等，卖出的中间的两个期权的数量也相等。所以，与多头蝶式价差期权相似，多头飞鹰式价差期权是数量相同的牛市价差期权和熊市价差期权的组合，可以全部用看涨期权构建，也可以全部用看跌期权构建。无论用看涨期权还是用看跌期权，多头飞鹰式价差期权建仓时权利金价差均为净支出。

多头飞鹰式价差期权的损益特征与多头蝶式价差期权相近，标的资产价格大幅波动时亏损，不波动或小幅波动时盈利，且盈利和亏损有限。因此，多头飞鹰式价差期权属于做空波动率策略。

看涨期权和看跌期权构建的多头飞鹰式价差期权到期损益结构见图 5－12。

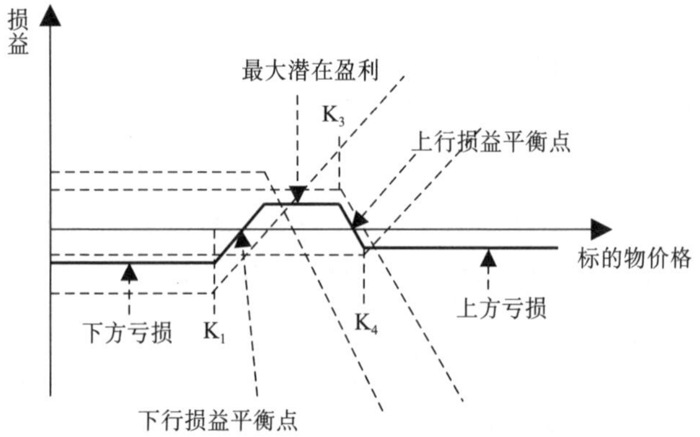

图 5－12　看涨期权构建的多头飞鹰式价差期权到期损益结构图

无论用看涨期权还是看跌期权构建多头飞鹰式价差期权，期权到期时，策略损益均可概括为：

当标的资产价格在两个中间执行价格之间时，策略的盈利相同，且为策略潜在盈利的最大值；

当标的资产价格在下行和上行两个损益平衡点之间时，该策略可实现盈利，高于上行损益平衡点和低于下行损益平衡点，该策略均会产生亏损，所以，标的资产价格波动幅度很小时该策略盈利，大幅波动时会产生损失；

如果标的资产价格上涨，等于 K_4 时亏损达到上行最大值，且不随标的资产价格提高而改变；

如果标的资产价格下跌，等于 K_1 时亏损达到下行最大值，且不随标的资产价格降低而改变；

用看涨期权构建的多头飞鹰式价差期权，建仓时初始现金流 $= C_2 + C_3 - (C_1 + C_4)$；

用看跌期权构建的多头飞鹰式价差期权，建仓时初始现金流 $= P_2 + P_3 - (P_1 + P_4)$；

通常情况下，$C_2 + C_3 < C_1 + C_4$，$P_2 + P_3 < P_1 + P_4$。所以无论是用看涨期权还是用看跌期权构建多头飞鹰式价差期权，建仓时均采用权利金净支出方式，初始现金流状况为流出（不考虑保证金要求）。

【案例 5－23】

上证 50ETF 基金为 2.945 元时，用该标的执行价格为 2.80 元、2.90 元、3.00 元和 3.2 元的看涨期权构建多头飞鹰式价差期权，并分析到期损益结果。以上 4 个执行价格看涨期权的价格分别为 0.1505 元、0.0807 元、0.0269 元和 0.0035 元。

用看涨期权构建该策略：

买进数量相同的执行价格为 2.80 元和 3.2 元的看涨期权，同时卖出数量相同的执行价格为 2.90 元和 3.00 元的看涨期权，卖出数量和等于买进的数量和。

建仓时初始现金流 $= C_2 + C_3 - (C_1 + C_4) = 0.0807 + 0.0269 - (0.1505 + 0.00350) = -0.0464$（元），所以该策略采用权利金净支出方式构建，权利金净支出 $= 0.0464$（元）。

期权到期时：

如果 $S_T = 2.90$（元），期权 1 为实值，2 为平值，3、4 为虚值，则该策略损益为：

损益 $= -K_1 + S_T +$ 初始现金流 $= -2.8 + 2.9 - 0.0464 = 0.0536$（元）。

如果 $S_T = 3.00$（元），期权 1、2 为实值，3 为平值，4 为虚值，则该策略损益为：

损益 $= -K_1 + S_T + K_2 - S_T +$ 初始现金流 $= -2.8 + 2.9 - 0.0464 = 0.0536$（元）。

所以，标的基金价格在中间两个执行价格之间时，该策略盈利相等，等于 1、2 两份期权高执行价格与低执行价格的差减去建仓时的权利金净支出，为该策略最大盈利区间，在此区间盈利不随标的基金价格变化而改变。

如果 $S_T = 3.20$（元），期权 1、2、3 均为实值，4 为平值，则该策略损益为：

损益 $= -K_1 + S_T + K_2 - S_T + K_3 - S_T +$ 初始现金流 $= -2.8 + 2.9 + 3.0 - 3.2 - 0.0464 = -0.1464$（元）。

如果 $S_T > 3.20$（元），期权 1、2、3、4 均为实值，则该策略损益为：

损益 $= -K_1 + S_T + K_2 - S_T + K_3 - S_T - K_4 + S_T +$ 初始现金流 $= -2.8 + 2.9 + 3.0 - 3.2 - 0.0464 = -0.1464$（元），即标的基金价格上涨至最高执行价格及以上，该策略亏损达到上行最大值，且不随标的基金价格上涨而改变。

如果 $S_T \leqslant 2.80$（元），期权 1 为平值或虚值，2、3、4 均为虚值，则该策略损益为：

损益 = 初始现金流 $= -0.0464$（元），即标的基金价格下跌至最低执行价格及以下，该策略亏损达到下行最大值，且不随标的基金价格下跌而改变。

如果 3.0 元 $< S_T <$ 3.20 元，期权 1、2、3 均为实值，4 为虚值，则该策略损益为：

损益 $= -K_1 + S_T + K_2 - S_T + K_3 - S_T +$ 初始现金流 $= -2.8 + 2.9 + 3.0 - S_T - 0.0464 = 3.0536 - S_T$，

$S_T = 3.0536$（元）为上行损益平衡点。

如果 2.80 元 $< S_T <$ 2.90 元，期权 1 为实值，2、3、4 为虚值，则该策略损益为：

损益 $= -K_1 + S_T +$ 初始现金流 $= -2.8 + S_T - 0.0464 = S_T - 2.8464$，$S_T = 2.8464$（元）为下行损益平衡点。

标的基金价格在 2.8464 元至 3.0536 元之间时该策略盈利，低于 2.8464 元或高于 3.0536 元均会产生亏损。因此，该策略在标的基金价格大幅上涨或下跌时亏损，小幅波动或不波动时盈利，但盈利和亏损均有限。

（二）空头飞鹰式价差期权的构建

空头飞鹰式价差期权也被称为卖出飞鹰式价差期权，构建方式与多头飞鹰式价差期权相反，损益结构互为镜像。空头飞鹰式价差期权的构建方式是：在卖出较低执行价格（K_1）期权和较高执行价格（K_4）期权，即在卖出两边执行价格期权的同时，买入中间两个执行价格（K_2和 K_3）期权，所买入的期权数量等于卖出期权数量的和，且卖出的两边执行价格的期权的数量相等，买入的中间的两个期权的数量也相等。所以，与空头蝶式价差期权相似，空头飞鹰式价差期权是数量相同的熊市价差期权和牛市价差期权的组合，可以全部用看涨期权构建，也可以全部用看跌期权构建。无论用看涨期权还是用看跌期权，空头飞鹰式价差期权建仓时权利金价差均为净收入。

空头飞鹰式价差期权的损益特征与空头蝶式价差期权相近，标的资产价格大幅波动时盈利，不波动或小幅波动时亏损，且盈利和亏损有限。因此，空头飞鹰式价差期权属于做多波动率策略。看涨期权构建的空头飞鹰式价差期权到期损益结构见图 5－13。

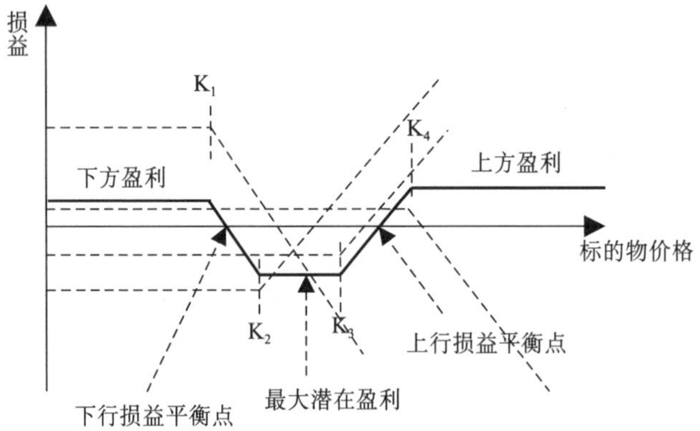

图 5－13　看涨期权构建的空头飞鹰式价差期权到期损益结构图

无论用看涨期权还是看跌期权构建空头飞鹰式价差期权，期权到期时，策略损益均可概括为：

当标的资产价格在两个中间执行价格之间时，策略的亏损相同，且为该策略潜在亏损的最大值；

当标的资产价格在下行和上行两个损益平衡点之间时，该策略亏损，高于上行损益平衡点和低于下行损益平衡点，该策略均会实现盈利，所以，标的资产价格波动幅度很小时该策略亏损，大幅波动时该策略可实现盈利；

如果标的资产价格上涨，等于 K_4时盈利达到上行最大值，且不随标的资产价格提高而改变；

如果标的资产价格下跌，等于 K_1时盈利达到下行最大值，且不随标的资产价格降低而改变；

用看涨期权构建的空头飞鹰式价差期权，建仓时初始现金流 $= C_1 + C_4 - (C_2 + C_3)$；

用看跌期权构建的多头飞鹰式价差期权，建仓时初始现金流 $= P_1 + P_4 - (P_2 + P_3)$；

通常情况下，$C_2 + C_3 < C_1 + C_4$，$P_2 + P_3 < P_1 + P_4$，所以无论是用看涨期权还是用看跌期权构建空头飞鹰式价差期权，建仓时均为权利金净收入，初始现金流状况为流入（不考虑保证金要求）。

【案例 5－24】

上证 50ETF 基金为 2.945 元时，用该标的执行价格为 2.80 元、2.90 元、3.00 元和 3.2 元的看跌期权构建空头飞鹰式价差期权，并分析到期损益结果。以上 4 个执行价格的看跌期权的价格分别为 0.0072 元和 0.0300 元、0.0846 元和 0.2596 元。

建仓时初始现金流 $= P_1 + P_4 - (P_2 + P_3) = 0.0072 + 0.2596 - (0.0300 + 0.0846) = 0.1522$（元），所以该策略采用权利金净收入方式构建，权利金净收入 = 初始现金流 = 0.1522（元）。

期权到期时：

如果 $S_T = 2.90$（元），期权 1 为虚值，2 为平值，3、4 为实值，则该策略损益为：

损益 $= K_3 - S_T - K_4 + S_T +$ 初始现金流 $= 3.0 - 3.2 + 0.1522 = -0.0478$（元）；

如果 $S_T = 3.00$（元），期权 1、2 为虚值，3 为平值，4 为实值，则该策略损益为：

损益 $= -K_4 + S_T +$ 初始现金流 $= -3.2 + 3.0 + 0.1522 = -0.0478$（元）。

所以，标的基金价格在中间两个执行价格之间时，该策略亏损相等，等于 3、4 两份期权低执行价格与高执行价格的差加上建仓时权利金净收入，为该策略最大亏损区间，在此区间亏损不随标的基金价格变化而改变。

如果 $S_T \geqslant 3.20$（元），期权 1、2、3 均为实值，4 为平值或虚值，此时该策略损益为：

损益 $= -K_1 + S_T + K_2 - S_T + K_3 - S_T +$ 初始现金流 $= -2.8 + 2.9 + 3.0 - 3.2 - 0.0464 = -0.1464$（元），即标的基金价格上涨至最高执行价格及以上，该策略亏损达到上行最大值，且不随标的基金价格上涨而改变。

如果 $S_T \leqslant 2.80$ 元，期权 1 为平值或虚值，2、3、4 均为虚值，则此时该策略损益为：

损益＝初始现金流＝-0.1464（元），即标的基金价格下跌至最低执行价格及以下，该策略亏损达到下行最大值，且不随标的基金价格下跌而改变。

如果 $3.0 < S_T < 3.20$（元），期权 1、2、3 均为虚值，4 为实值，则该策略损益为：

损益＝$-K_4 + S_T$＋初始现金流＝$-3.2 + S_T + 0.1522 = -3.0478 + S_T$，

$S_T = 3.0478$（元）为上行损益平衡点。

如果 $2.80 < S_T < 2.90$（元），期权 1 为虚值，2、3、4 为实值，则此时该策略损益为：

损益＝$K_2 - S_T + K_3 - S_T - K_4 + S_T$＋初始现金流＝$2.9 + 3.0 - 3.2 - S_T + 0.1522 = 2.8522 - S_T$，$S_T = 2.8522$（元）为下行损益平衡点。

标的基金价格在 2.8522 元至 3.0478 元之间亏损，低于 2.8522 元或高于 3.0478 元均可实现盈利。因此，该策略在标的基金价格大幅上涨或下跌时盈利，小幅波动或不波动时亏损，但盈利和亏损均有限。

十六、什么是比率价差期权和反比率价差期权，其损益有何特征，如何计算其损益？

与普通的价差期权的不同之处在于，比率价差期权卖出期权的数量多于买入期权的数量，是净卖出策略，因而投入的成本较低，是杠杆策略的一种。由于卖出了一部分未持保的期权，所以潜在损失很大，潜在收益有限。

（一）比率价差期权

比率价差期权可以由看涨期权多头和空头构建，也可以由看跌期权多头和空头构建。

看涨期权比率价差期权是指全部用看涨期权构建的比率价差期权，在买进执行价格较低的看涨期权的同时，卖出更多数量的执行价格较高的看涨期权。该价差期权是看涨期权牛市价差期权和卖出未持保看涨期权的结合，最大收益有限，在下行方向上损益不变，但在上行方向上损失无限（见图 5－14）。一般来说比率为 2:1 或 3:2。

比率为 2:1 的看涨期权比率价差期权是指买入一份具有较低执行价格（K_1）的看涨期权，卖出两份具有较高执行价格（K_2）的看涨期权；比率为 3:2 的看涨期权比率价差期权是指买入两份执行价格（K_1）较低的看涨期权，卖出 3 份执行价格（K_2）较高的看涨期权。

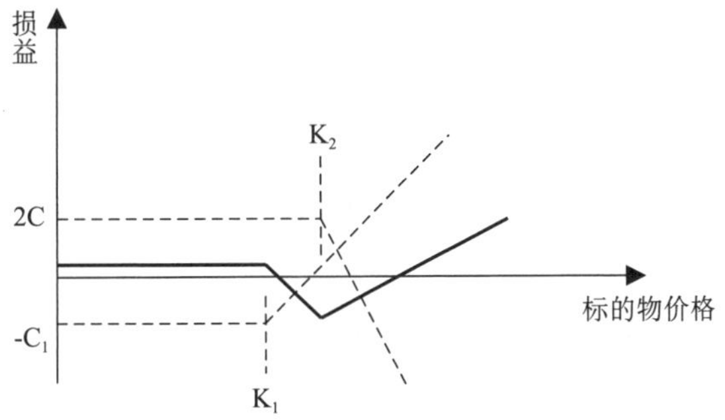

图 5-14 比率为 2:1 的看涨期权比率价差期权到期损益结构图

看涨期权比率价差期权的损益可以概括为：

建仓时现金流（不考虑保证金要求）$=N\times C_2-nC_1$，N：n 为卖出期权数量与买入期权数量的比，$N>n$。由于 $C_1>C_2$，所以，初始现金流状况可能为净流入，也可能为净流出。

期权到期时：

当 $S_T>K_2$ 时，期权 1、2 均为实值，损益 = 初始现金流 $+n\times(S_T-K_1)+N\times(K_2-S_T)$；

上行损益平衡点 =（初始现金流 $+N\times K_2-n\times K_1$）/（$N-n$），即 S_T 在上行损益平衡点以上时，策略的损失随着标的资产价格提高而增加，理论上可以是无限大。

当 $K_1<S_T\leqslant K_2$ 时，期权 1 为实值，2 为平值或虚值，损益 = 初始现金流 $+n\times(S_T-K_1)$；

当损益 =0 时，下行损益平衡点 =（$n\times K_1$ − 初始现金流）/n；

如果损益 = 初始现金流 $+n\times(S_T-K_1)>0$，则策略不会产生下行损益平衡点，当 $S_T=K_1$ 时该策略损益等于初始现金流，且不再随标的资产价格下跌而改变。

当 $S_T=K_2$ 时，该策略盈利最大，损益 = 初始现金流 $+n\times(S_T-K_1)$；

当 $S_T\leqslant K_1$ 时，期权 1 为平值或虚值，2 为虚值，损益 = 初始现金流，即 S_T 在 K_1 及以下时，策略亏损达到最大，等于初始现金流，且不随标的资产价格降低而改变。

【案例 5-25】

假设股票 ABC 以 50 元的价格交易，投资者以 6 元的价格买入 6 月到期、执行价格为 45 元的看涨期权，以 2.5 元的价格卖出两份 6 月到期、执行价格为 50 元的看涨期权。分析该策略的损益状况。

建仓时现金流（不考虑保证金要求）$=2.5\times2-6=-1$（元），为权利金净支出。

期权到期时：

如果 $S_T>50$（元），期权 1、2 均为实值，损益 $=-1+(S_T-45)+2\times(50-S_T)$；

上行损益平衡点 $=(-1+2\times50-45)=54$（元）。

如果 $45 < S_T \leq 50$（元），期权 1 为实值，2 为平值或虚值，损益 $= -1 + (S_T - 45)$；

下行损益平衡点 $= 45 + 1 = 46$（元）。

如果 $S_T \leq 45$（元），期权 1 为平值或虚值，2 为虚值，损益 $= -1$（元）。

如果 $S_T = 50$（元），损益 $= -1 + (50 - 45) = 4$（元），为该策略的最大收益。

所以，该策略权利金净支出 1 元，最大盈利为 4 元，下行损益平衡点为 46 元，标的资产价格在 46 元以下时开始亏损，下跌至 45 元时亏损达到最大，最大亏损为 1 元，且不随标的资产价格降低而改变；上行损益平衡点为 54 元，标的资产价格在 54 元以上时，该策略亏损，且随着标的资产价格提高，亏损加大，最大损失无限。

看涨期权比率价差期权与卖出比率看涨期权的区别

看涨期权比率价差期权在下行方向上损益不变，上行亏损可能无限。卖出比率看涨期权策略是指在持有标的资产的同时，出售一定数量的看涨期权，其中出售的看涨期权所代表的标的资产数量比拥有的标的资产数量更多。所以，卖出比率看涨期权是卖出持保看涨期权和卖出看涨期权的组合。卖出比率看涨期权既存在较大的上行风险，也存在较大的下行风险。只有当买入的看涨期权是深度实值时，看涨期权比率价差期权和卖出比率看涨期权的损益才较为接近。

看跌期权比率价差期权是指买入一定数量看跌期权的同时，卖出数量更多的执行价格较低的看跌期权，可以看作是看跌期权熊市价差期权与卖出未持保看跌期权的结合。一般使用的比率为 2:1 或 3:2。

比率为 2:1 的看跌期权价差期权是指买入一份具有较高执行价格（K_2）的看跌期权，卖出两份具有较低执行价格（K_1）的看跌期权；比率为 3:2 的看涨期权比率价差期权是指买入两份具有较高执行价格（K_2）的看跌期权，卖出 3 份具有较低执行价格（K_1）的看跌期权。投资者卖出的看跌期权数量比买入的多，面临较大的下行损失。如果到期时标的物价格在卖出期权的执行价格（K_1）附近，该策略将实现最大盈利。当标的物价格介于两个执行价格之间时，建立看跌期权比率价差期权是很有吸引力的，向上的风险有限，向下有盈利的可能（见图 5－15）。如果标的物价格在较低执行价之下时，建立看跌期权比率价差期权，其下行风险难以控制。如果标的物价格高于较高执行价时，付出的初始成本较高，因而下行风险也较大。

看跌期权比率价差期权到期时的损益可以概括为：

建仓时现金流（不考虑保证金要求）$= N \times P_1 - nP_2$，$N:n$ 为卖出期权数量与买入期权数量的比，$N > n$。由于 $P_2 > P_1$，所以，初始现金流状况可能为净流入，也可能为净流出。

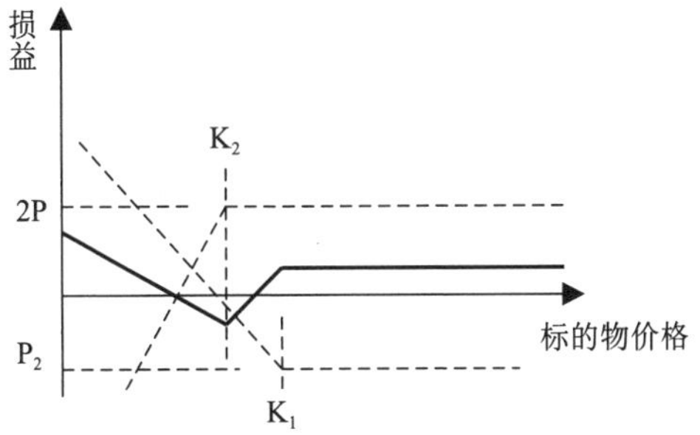

图 5－15　比率为 2:1 的看跌期权比率价差期权到期损益结构图

期权到期时：

如果 $S_T \geqslant K_2$ 时，期权 1 为虚值、2 为平值或虚值，损益 = 初始现金流，即 S_T 在 K_2 及以上时，该策略损益达到固定，等于初始现金流，且不随标的资产价格增加而改变；

当 $K_1 \leqslant S_T < K_2$ 时，期权 1 为平值或虚值，2 为实值，损益 = 初始现金流 + n × $(K_2 - S_T)$；

当损益 =0 时，上行损益平衡点 = （初始现金流 + n × K_2）/ n，即 S_T 在上行损益平衡点以上时，策略开始亏损，上行至 K_2 损益等于初始现金流，且不随标的资产价格增加而改变。

如果损益 = 初始现金流 + n × （$K_2 - S_T$） >0，则策略不会产生上行损益平衡点，标的资产价格上行至 K_2 时，损益等于初始现金流，且不随标的资产价格上升而改变；

当 $S_T = K_1$ 时，该策略盈利最大，损益 = 初始现金流 + n × （K_2 － K_1）；

当 $S_T < K_1$ 时，期权 1、2 均为实值，损益 = 初始现金流 + N × （$S_T - K_1$） + n × $(K_2 - S_T)$；

下行损益平衡点 = （N × K_1 － n × K_2 － 初始现金流）/（N － n），当 S_T 低于下行损益平衡点时，策略的亏损随着标的资产价格降低而增加，标的资产价格跌至 0 时策略的亏损最大，最大损失 = N × K_1 － n × K_2 － 初始现金流。

【案例 5－26】

假设股票 ABC 以 30 元的价格交易，投资者以 1.5 元的价格买入一份 10 月到期、执行价格（K_2）为 29 元的看跌期权，以 0.5 元的价格卖出两份 10 月到期、执行价格（K_1）为 25 元的看跌期权。分析该策略的损益状况。

建仓时现金流（不考虑保证金要求） =2 × 0.5 － 1.5 = －0.5（元），该策略以权利金净支出方式构建，初始现金流为净流出（不考虑保证金要求）。

期权到期时：

如果 $S_T \geqslant 29$ 元时，期权 1 为虚值、2 为平值或虚值，损益 = －0.5 元；

当 $25 \leqslant S_T < 29$ 元时，期权 1 为平值或虚值，2 为实值，损益 = －0.5 + （$29 - S_T$） $= 28.5 - S_T$；

当 $S_T=28.5$ 元时损益平衡，为该策略的上行损益平衡点。

当 $S_T=25$ 元时，损益 $=-0.5+(29-25)=3.5$（元），为该策略的最大收益；

当 $S_T<K_1$ 时，期权 1、2 均为实值，损益 $=-0.5+2\times(S_T-25)+(29-S_T)=S_T-21.5$

$S_T=21.5$ 元时损益平衡，为该策略的下行损益平衡点。

所以，该策略权利金净支出为 0.5 元，最大盈利为 3.5 元，下行损益平衡点为 21.5 元，当 S_T 低于 21.5 元时，策略的亏损随着标的资产价格降低而增加，标的资产价格跌至 0 时策略的亏损最大，最大损失等于 21.5 元；上行损益平衡点为 28.5 元，标的资产价格在 28.8 元以上时，该策略亏损，上行至 29 元时亏损等于权利金净支出，且损益不再随标的资产价格提高而改变。

（二）反向比率价差期权

反向比率价差期权是比率价差期权的反向策略，该策略中买入的期权数量多于卖出的期权数量，其中买入与卖出的期权比率一般为 2:1 或 3:2。该策略是期权的净买入策略，其潜在的亏损有限，潜在的收益无限或很高。卖出的期权增加了策略的杠杆，使得买入的成本相对较低，因而也是杠杆策略的一种。与普通的价差期权相同，该策略同样可以用看涨期权多头和空头构建，也可以全部用看跌期权多头和空头构建。

看涨期权反向比率价差期权是指全部用看涨期权构建的反向比率价差期权，在卖出执行价格（K_1）较低的看涨期权的同时，买进更多数量的执行价格（K_2）较高的看涨期权。

该策略是看涨期权熊市价差期权和买入看涨期权的结合。比率为 2:1 的反向比率价差期权是指买入两份具有较高执行价格（K_2）的看涨期权和卖出一份具有较低执行价格（K_1）的看涨期权。比率为 3:2 的反向比率价差期权是指买入 3 份具有较高执行价格（K_2）的看涨期权和卖出两份具有较低执行价格（K_1）的看涨期权。该策略对标的物看涨意愿较为强烈，波动率越高，对该策略越有利。卖出的期权降低了期权多头的购买成本，也降低了多头的最大亏损，但也会降低标的物价格上涨时多头创造的收益。反向比率看涨期权价差期权的最大潜在收益没有上限，最大潜在亏损有限（见图 5－16）。

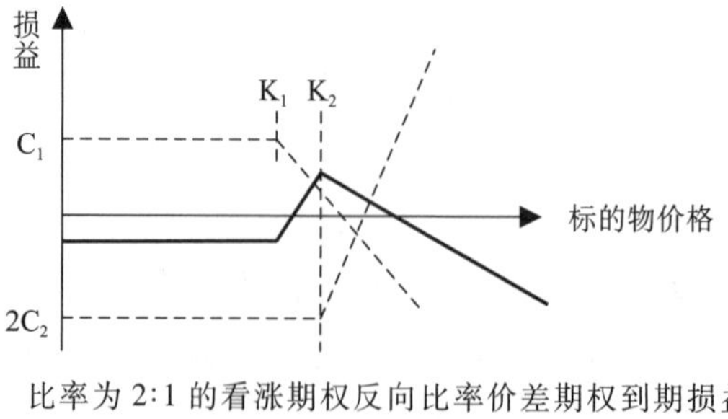

图 5－16　比率为 2:1 的看涨期权反向比率价差期权到期损益结构图

看涨期权反向比率价差期权的损益可以概括为：

建仓时现金流（不考虑保证金要求）$=n\times C_1-NC_2$，N∶n 为买入期权数量与卖出期权数量的比，$N>n$。由于 $C_1>C_2$，所以，初始现金流状况可能为净流入，也可能为净流出。

期权到期时：

当 $S_T>K_2$ 时，期权 1、2 均为实值，损益 = 初始现金流 $+n\times(K_1-S_T)+N\times(S_T-K_2)$；

上行损益平衡点 =（$N\times K_2-n\times K_1$ − 初始现金流）/（$N-n$），即 S_T 在上行损益平衡点以上时，策略的盈利随着标的资产价格提高而增加，理论上可以是无限大；

当 $S_T=K_2$ 时，期权 1 为实值，2 为平值，该策略亏损最大，损益 = 初始现金流 $+n\times(K_1-K_2)$；

当 $K_1<S_T<K_2$ 时，期权 1 为实值，2 为虚值，损益 = 初始现金流 $+n\times(K_1-S_T)$；

如果损益 =0，则下行损益平衡点 =（$n\times K_1$ − 初始现金流）/n；

如果损益 = 初始现金流 $+n\times(K_1-S_T)<0$，则策略不会产生下行损益平衡点，当 $S_T=K_1$ 时该策略损益等于初始现金流，且不再随标的资产价格下跌而改变。

当 $S_T\leqslant K_1$ 时，期权 1 为平值或虚值，2 为虚值，损益 = 初始现金流，即 S_T 在 K_1 及以下时，损益等于初始现金流，且不随标的资产价格降低而改变。

【案例 5－27】

假设 XYZ 以 30 元的价格交易，以 5 元的价格出售执行价格为 27 元的看涨期权 1，以 2.5 元的价格买入相同到期月份、执行价格为 30 元的看涨期权 2。实施比率为 2∶1 的看涨期权反比率价差期权。分析该策略的损益状况。

建仓时初始现金流（不考虑保证金要求）$=5-2\times2.5=0$（元），该策略使用 0 收支方式构建。

期权到期时：

当 $S_T>30$ 元时，期权 1、2 均为实值，损益 $=0+(27-S_T)+2\times(S_T-30)=S_T-33$；

上行损益平衡点 =33 元，即 S_T 在 33 元以上时，策略的盈利随着标的资产价格提高而增加，理论上可以是无限大；

当 $S_T=K_2$ 时，期权 1 为实值，2 为平值，损益 $=0+(27-30)=-3$（元），为该策略亏损最大值；

当 $K_1<S_T<K_2$ 时，期权 1 为实值，2 为虚值，损益 $=0+27-S_T=27-S_T$；

下行损益平衡点 =27 元 $=K_1$。

所以，该策略在 K_1 及以下时，损益等于初始现金流 =0，且不随标的资产价格降低而改变。

综上分析，该策略最大亏损 3 元，向上损益平衡点为 33 元，最大收益无限；下行至 27 元时损益等于初始现金流 =0，且不随标的资产价格下跌而改变。

看跌期权反比率价差期权是指卖出一定数量看跌期权的同时，买入数量更多的执行价格较低的看跌期权，可以看作是看跌期权熊市价差期权与看跌期权多头的结合。一般使用的比率为 2:1 或 3:2。

比率为 2:1 的看跌期权反向比率价差期权是指买入两份执行价格（K_1）较低的看跌期权，卖出一份执行价格（K_2）较高的看跌期权；比率为 3:2 的看跌期权反向比率价差期权是指买入 3 份执行价格（K_1）较低的看跌期权，卖出两份执行价格（K_2）较高的看跌期权。该策略对标的物看跌意愿较为强烈，在标的资产价格波动率大幅下降或价格大幅下跌时，可获得较大收益（见图 5－17）。

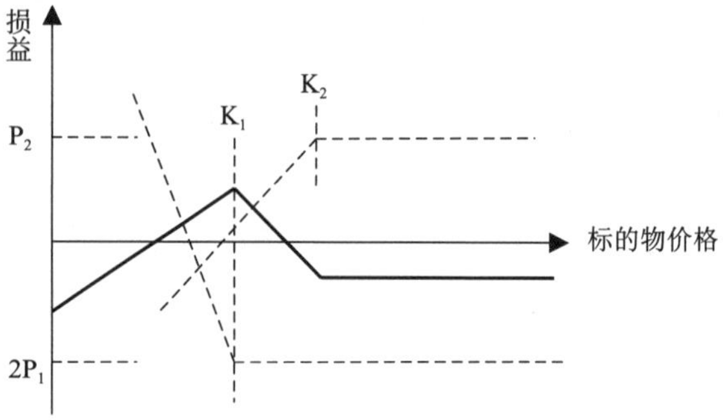

图 5－17　比率为 2:1 的看跌期权反比率价差期权到期损益图

看跌期权反向比率价差期权的损益概括为：

建仓时现金流（不考虑保证金要求）$= nP_2 - N \times P_1$，N:n 为买入期权数量与卖出期权数量的比，$N > n$。由于 $P_2 > P_1$，所以，初始现金流状况可能为净流入，也可能为净流出。

期权到期时：

如果 $S_T \geqslant K_2$ 时，期权 1 为虚值、2 为平值或虚值，损益 = 初始现金流，即 S_T 在 K_2 及以上时，该策略损益达到固定值，等于初始现金流，且不随标的资产价格增加而改变；

当 $K_1 \leqslant S_T < K_2$ 时，期权 1 为平值或虚值，2 为实值，损益 = 初始现金流 $+ n \times (S_T - K_2)$；

如果损益 =0，则上行损益平衡点 =（$n \times K_2$ − 初始现金流）/ n，即 S_T 在上行损益平衡点以下时，策略开始亏损，下行至 K_1 时亏损达到最大；

如果损益 = 初始现金流 $+ n \times (S_T - K_2) < 0$，则策略不会产生上行损益平衡点，当 $S_T = K_2$ 时该策略损益等于初始现金流，且不再随标的资产价格下跌而改变；

当 $S_T = K_1$ 时，损益 = 初始现金流 + n ×（$K_1 - K_2$），该损益为策略的最大亏损；

当 $S_T < K_1$ 时，期权 1、2 均为实值，损益 = 初始现金流 + n ×（$S_T - K_2$）+ N ×（$K_1 - S_T$）

下行损益平衡点 =（初始现金流 + N × K_1 - n × K_2）/（N - n），当 S_T 低于下行损益平衡点时，策略的盈利随着标的资产价格降低而增加，标的资产价格跌至 0 时策略的盈利最大，最大盈利 = 初始现金流 + N × K_1 - n × K_2。

【案例 5 - 28】

交易者看空后市，决定利用上证 50ETF 看跌期权获利，还希望通过看跌期权空头降低构建策略的成本，于是决定构建比率为 3:2 的上证 50ETF 看跌期权反向比率价差期权。建仓时标的基金的价格为 2.945 元，该交易者买进 3 张执行价格（K_1）为 3.00 元的看跌期权，卖出 2 张相同到期期限的执行价格（K_2）为 3.20 元的看跌期权，价格分别为 0.0846 元和 0.2596 元。分析该策略每份基金对应权利的损益结果。

建仓时现金流（不考虑保证金要求）= $nP_2 - N \times P_1 = 2 \times 0.2596 - 3 \times 0.0846 = 0.2654$（元），所以，该策略是以权利金净收入的方式构建的，初始现金流状况为净流入（不考虑保证金要求）。

期权到期时：

如果 $S_T \geq 3.2$ 元时，损益 = 0.2654 元，即 S_T 如果有一定程度上涨，该策略可以获利，上行最大收益等于权利金净收入，且不随标的资产价格增加而改变；

当 $3.0 \leq S_T < 3.2$ 元时，损益 = 初始现金流 + n ×（$S_T - K_2$）= 0.2654 + 2 ×（S_T - 3.2）；

上行损益平衡点 =（2 × 3.2 - 0.2564）/2 = 3.0718（元），即标的基金价格在 3.0718 元以下时，策略开始亏损，下行至 3.0 元时亏损达到最大。

当 S_T = 3.0 元时，损益 = 初始现金流 + n ×（$K_1 - K_2$）= 0.2564 + 2 ×（3.0 - 3.2）= - 0.1436（元），即标的基金价格在 3.0 元时该策略亏损最大，亏损 0.1436 元；

当 S_T < 3.0 元时，损益 = 初始现金流 + n ×（$S_T - K_2$）+ N ×（$K_1 - S_T$）= 0.2564 + 2 ×（S_T - 3.2）+ 3 ×（3.0 - S_T）。

下行损益平衡点 =（初始现金流 + N × K_1 - n × K_2）/（N - n）=（0.2564 + 3 × 3.0 - 2 × 3.2）/（3 - 2）= 2.8564（元）；当标的基金价格低于 2.8564 元时，策略的盈利随着标的资产基金价格降低而增加，标的基金价格跌至 0 时策略的盈利最大，最大盈利 = 初始现金流 + N × K_1 - n × K_2 = 0.2564 + 3 × 3.0 - 2 × 3.2 = 2.8564（元）。

所以，该策略在标的基金价格小幅波动或不波动时亏损，大幅下跌时盈利，大幅上涨时会收获权利金净收入。

十七、如何构建日历价差期权，其损益有何特征，如何计算其损益？

前面介绍的牛市价差期权、熊市价差期权、蝶式价差期权和飞鹰式价差期权等，均为用相同到期期限、不同执行价格的期权构建的，属于垂直价差期权，而日历价差期权是用相同执行价格、不同到期期限的期权构建的价差期权，属于垂直价差期权。建仓时现金流（不考虑权利金要求）为相同执行价格、不同到期期限期权的价差。

日历价差期权同样具有潜在收益有限、潜在损失也有限的损益特征。

日历价差期权分为日历和逆日历价差期权。可以用看涨期权构建，也可以用看跌期权构建。

（一）日历价差期权

日历价差期权可通过以下方式构造：出售一个看涨期权（或看跌期权），同时购买一个具有相同执行价格且期限较长的看涨期权（或看跌期权）。期权了结头寸的方式通常为：在期限短的期权到期时，将期限长的期权出售。在其他条件相同的情况下，期权的剩余期限越长，价格越高。因此日历价差期权采用权利金净支出的方式构建，也可以称为多头日历价差期权。用看涨期权构建的日历价差期权在了结期权头寸时（短期限期权到期时）的损益结构见图 5－18。

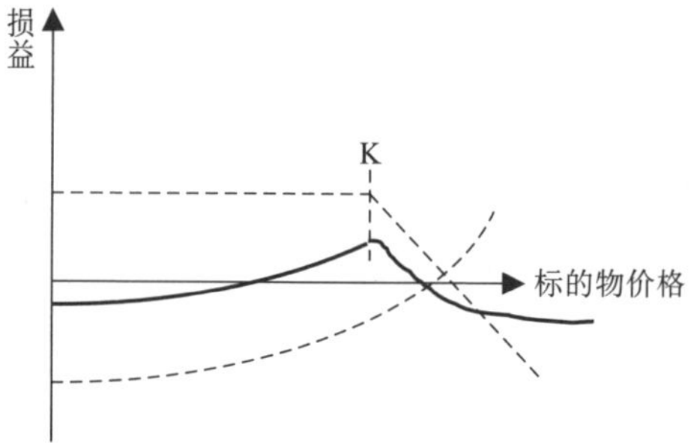

图 5－18 日历价差期权损益结构

随着时间的流逝，近期期权减值速度通常快于远期期权减值的速度，因而在其他因素不变的情况下，两份期权的价差会变大，当近期期权到期时，日历价差期权将会获利。但若标的物价格大幅上涨或下跌，两份期权的价值差异会缩小，当标的物价格离执行价格很远时，两份期权价值几乎相同，两份期权的价差会缩小至零，该策略会面临亏损，但亏损不会超过初始的权利金净支出。

看涨期权日历价差期权的损益可以概括为：

建仓时现金流（不考虑权利金要求）$=C_1-C_2<0$；

权利金净支出 $=C_2-C_1$，为该策略的最大亏损；

在近期期权到期的T时刻，买入的期权价格等于 C_{2T}，当 $S_T=K$ 时，该策略收益最高，最大收益 $=C_{2T}-$ 权利金净支出。

由图5-18可见，日历价差期权的损益特征与多头蝶式价差期权相近，如果建仓时标的资产价格在执行价格附近，则标的资产价格大幅波动时亏损，不波动或小幅波动时盈利，且盈利和亏损有限。因此，日历价差期权属于做空波动率策略。

如果对于标的物持中性的看法，那么建立日历价差期权选择的期权的执行价格最好在标的物价格附近，这样即使标的物价格没有变化，日历价差期权也能利用两份期权因时间衰减导致减值速度的不同而获利。如果投资者对于标的物谨慎看多，认为标的物价格会实质性上涨一段时间，那么可以买进和卖出两个较为虚值的看涨期权，随着近期看涨期权的无价值过程，既降低了买入期权的成本，也能利用标的物价格上涨预期获利，但前提是近期期权无价值过期，远期期权随标的物价格波动有符合预期的上涨。

【案例5-29】

假设股票ABC以50元的价格在交易，3个月、6个月、9个月到期的、执行价格为50元的看涨期权的权利金分别为6元、9元、11元，投资者买入6个月到期的、卖出3个月到期的看涨期权，建立日历价差期权，权利金净支出为3元。若3个月后，股票ABC并没有发生变化，那么，卖出的期权将无价值过期，而买入的期权价格仍为6元，该投资者获得3元的收益。

（二）逆日历价差期权

逆日历价差期权通过以下方式构造：出售一个看涨期权（看跌期权），同时购买一个具有相同执行价格且期限较短的看涨期权（看跌期权），建仓时标的资产价格与期权执行价格相近。期权了结头寸的方式通常为：在期限短的期权到期时，将期限长的期权出售。逆日历价差期权通常采用权利金净收入的方式构建，所以也被称为空头日历价差期权。

逆日历价差期权的损益特征与空头蝶式价差期权相近，即如果建仓时标的资产价格在执行价格附近，则标的资产价格大幅波动时盈利，不波动或小幅波动时亏损，且盈利和亏损有限。因此，逆日历价差期权属于做多波动率策略。逆日历价差期权的构建和适用情形与日历价差期权相反，损益特征互为镜像。

【案例5-30】

2019年9月30日，上证50ETF的价格为2.945元，某交易者认为至10月底，该基金价格不会有大的变化，决定用该标的10月和12月到期的看涨期权构建价差期权获利。分析构建策略及损益结构。

10 月到期的 50ETF 期权最后交易日和行权日为 2019 年 10 月 23 日（10 月的第 4 个星期三），由于交易者认为至 10 月底该基金价格不会有大的变化，而且决定用到期期限不同的两个看涨期权构建价差期权，所以应该构建日历价差期权；所选择的期权行权价格应该与标的基金的价格接近。交易者可以选择行权价格为 3.0 元的看涨期权构建日历价差期权。10 月和 12 月到期、行权价格为 3.0 元的看涨期权的价格分别为 0.0269 元和 0.085 元。

构建策略：卖出 10 月合约，同时买进 12 月合约，持有合约至 10 月合约到期。

建仓时权利金合计 =0.0269 - 0.085 = -0.0581（元）。

所构建的日历价差期权是以权利金净支出的方式构建的，初始现金流状况（不考虑保证金要求）为净流出；

2019 年 10 月 23 日 10 月合约到期，该日收盘时，标的基金价格为 3.000 元，交易者了结期权头寸：

10 月期权为平值，多头放弃行权，期权无价值过期；12 月合约收盘价为 0.0695 元，交易者以收盘价将 12 月合约卖出平仓。

该策略的损益 = C_{2T} - 权利金净支出 =0.0695 - 0.0581 =0.0114（元）。

该策略建仓时权利金净支出 0.0581 元，持有 23 天，获利 0.0114 元，不考虑保证金要求，资金收益率为 19.62%。在此期间，标的基金的价格较建仓时微涨 1.87%，与交易者预期一致，而且等于期权的执行价格，根据该策略特点，执行价格时日历价差期权的获利最大。所以，交易者对其获利应该是较为满意的。

十八、如何用期权构建标的资产？

由于期权的非线性损益特征，使得期权在风险管理、组合投资方面具有独特的优势，通过不同期权、期权与其他金融工具组合，投资者可以构造出风险和损益状况的新的金融工具。期权和期权进行组合，可以构造出标的资产多头或空头。

（一）用看涨期权多头与看跌期权空头构建标的资产多头

用看涨期权多头和看跌期权空头，可以构建标的资产多头。

【案例 5 -31】

9 月 30 日，某交易者认为股市会进一步上涨，决定利用上证 50ETF 获取股市上涨收益，当日上证 50ETF 基金的价格为 2.945 元，如果用执行价格（K）为 3.00 元、12 月到期的看涨和看跌期权构建该标的基金多头，该日看涨期权和看跌期权的价格分别为0.085元和0.1378元。分析所构建标的基金的成本，比较与直接购买标的基金的差异。

用看涨和看跌期权构建标的资产多头，构建方式为买进看涨期权的同时，卖出其他条件相同的看跌期权。建仓时现金流（不考虑保证金要求）=0.1378－0.085=0.0528（元），现金流状况为净流入。所以，用以上两份期权构建标的基金多头，是用权利金净收入的方式构建的，即不考虑保证金要求时，持有标的基金多头，不仅不需要支付权利金，还会有权利金净收入。期权组合到期损益结构见图5－19。

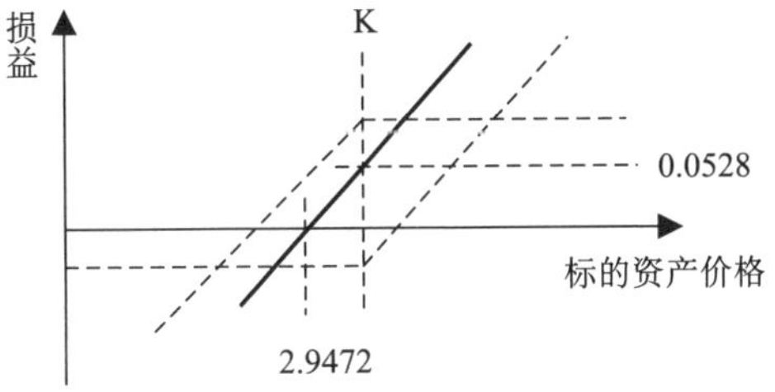

图5－19　看涨期权多头和看跌期权空头组合的到期损益结构图

期权到期时行权或履约买进标的基金的成本：

如果 $S_T=K$，看涨期权和看跌期权均无价值过期，期权组合损益=初始现金流=0.0528（元），交易者按市场价格买进标的基金，成本=3－0.0528=2.9472（元）；

如果 $S_T>K$，看跌期权无价值过期，交易者执行看涨期权，按执行价格3.0元买进标的基金，考虑建仓时权利金净收入，买进标的基金的成本=3.0－0.0528=2.9472（元）；

如果 $S_T<K$，看涨期权无价值过期，交易者履约看跌期权，按执行价格3.0元买进标的资产，考虑建仓时权利金净收入，持有标的基金的成本=3.0－0.0528=2.9472（元）。

所以，期权到期时，无论标的基金价格高低，交易者均可通过以上期权组合持有标的基金，而且成本均为2.9472元，略高于建仓时直接购买标的基金的成本（高0.0022元）。

因此，看涨期权多头和其他条件相同的看跌期权空头可以构建标的资产多头，持有标的资产的成本可能略高于直接购买资产的成本；当然，也可能低于直接购买标的资产的成本。

对于建仓资金的要求，直接购买标的基金需要资金2.945元，构建期权组合有权利金净收入0.0528元，但卖出的看跌期权需要缴纳保证金，借鉴第二章的案例2－4和案例2－5，保证金比率按标的基金价格的15%计算，卖出看跌期权需要缴纳保证金0.4418元。

所以，考虑保证金要求时，构建标的基金多头的期权组合需要初始资金=0.4418

$-0.0528=0.389$（元），仅为直接购买基金所需资金的13%。如果标的基金价格下跌，卖出的看跌期权需要追加保证金。

所以，如果构建成本相近，从资金占用角度考虑，通过期权持有标的资产比直接购买标的资产可能更为有利。

（二）用看涨期权空头与看跌期权多头构建标的资产空头

如果交易者看空标的物后市，而卖空较难实现时，则可以通过看涨期权空头与看跌期权多头构建标的资产空头。

【案例5－32】

9月30日，如果某交易者看空股市，决定利用上证50ETF获取股市下跌收益，交易者用案例5－29的两份期权构建标的基金空头，分析构建结果。

直接做空50ETF的做法：交易者可向经纪人融券卖出50ETF，卖出价2.945元，如果基金价格下跌，该交易者可买回基金归还经纪人，从而获取价差收益。融券卖出时有资金成本和保证金要求，即需要一定的初始资金和资金成本。所以，只有当价格下跌至超过保证金利息和融券的资金成本时，融券做空才可获利；而且，市场存在做空机制。

通过买进看跌期权卖出看涨期权构建标的基金空头头寸：

交易者卖出执行价格（K）为3.00元、12月到期的看涨期权，同时买进其他条件相同的看跌期权，卖出和买进的看涨期权和看跌期权的价格分别为0.085元和0.1378元。

建仓时现金流（不考虑保证金要求）$=0.085-0.1378=-0.0528$（元），现金流状况为净流出。所以，用以上两份期权构建标的基金空头，是用权利金净支出的方式构建的，即不考虑保证金要求时，持有标的基金空头，不仅不会得到权利金，还需要有权利金支出。期权组合到期损益结构见图5－20。

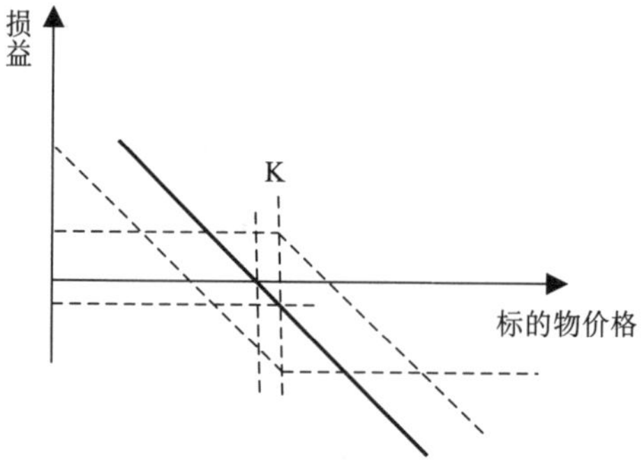

图5－20　看涨期权空头和看跌期权多头组合的到期损益结构图

期权到期时行权或履约卖出标的基金的价格：

如果 $S_T = K$，看涨期权和看跌期权均无价值过期，期权组合损益 = 初始现金流 = -0.0528（元），交易者按市场价格卖出标的基金，售价 = 3 - 0.0528 = 2.9472（元）；

如果 $S_T > K$，看跌期权无价值过期，交易者履约看涨期权，按执行价格 3.0 元卖出标的基金，考虑建仓时权利金净支出，卖出标的基金的价格 = 3.0 - 0.0528 = 2.9472（元）；

如果 $S_T < K$，看涨期权无价值过期，交易者执行看跌期权，按执行价格 3.0 元卖出标的基金，考虑建仓时权利金净支出，卖出标的基金的价格 = 3.0 - 0.0528 = 2.9472（元）。

所以，期权到期时，无论标的基金价格高低，交易者均可通过以上期权组合将标的基金卖出，卖出所得均为 2.9472 元，略低于建仓时直接卖出标的基金。

因此，看涨期权空头和其他条件相同的看跌期权多头可以构建标的资产空头，卖出标的资产的收入可能略低于直接卖出标的资产的收入；当然，也可能高于直接卖出标的资产的收入。

对于建仓现金流的考虑，直接卖出标的基金可以获得 2.945 元，构建期权组合需要权利金净支出 0.0528 元，而且还需要缴纳保证金，如果行情上涨时，还需要追加保证金。

所以，如果两种方式的售价相近，从资金角度考虑，通过期权出售标的资产不如直接卖出标的资产，除非通过期权策略卖出标的资产的价格能够高出较多；但通过期权构建标的资产空头更多的用于标的资产不允许做空或做空较为困难的情形。

十九、如何用期权和标的资产构建新的期权头寸？

可以通过期权的组合构建标的资产，还可以通过期权和标的资产组合构建出新的期权头寸，包括期权多头与标的资产空头进行组合构建出期权空头，以及期权空头和标的资产多头进行组合构建出期权多头等形式。

（一）用看涨期权多头与标的资产空头构建看跌期权多头

买进看涨期权，同时卖空标的资产，可以构建出该标的与看涨期权执行价格相同的看跌期权多头头寸（见图 5-21）。这是之前所介绍的用看涨期权多头对标的物空头的套期保值策略，效果是对标的物空头购买了一个上行方向的保险，标的资产价格下跌时仍然能够获得较高的收益，买进看涨期权的费用即保险费。

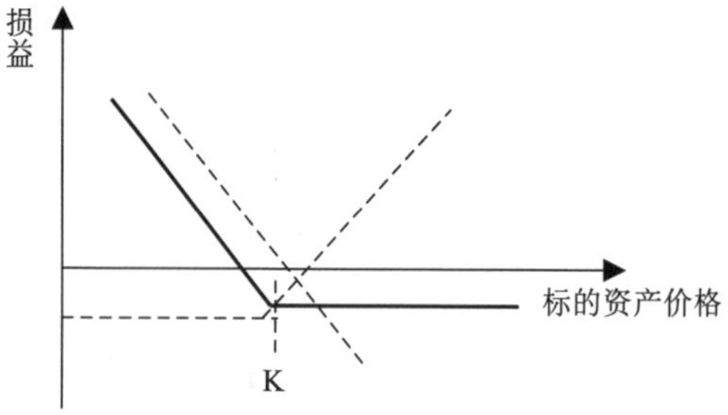

图 5－21 看涨期权多头和标的物空头构建的看跌期权多头

（二）用看跌期权多头与标的资产多头构建看涨期权多头

买进看跌期权，同时买进标的资产，可以构建出该标的与看跌期权执行价格相同的看涨期权多头头寸（见图 5－22）。这是之前所介绍的用看跌期权多头对标的物多头的套期保值策略，效果是对标的物多头购买了一个下行方向的保险，标的资产价格上涨时仍然能够获得较高的收益，买进看跌期权的费用即保险费。

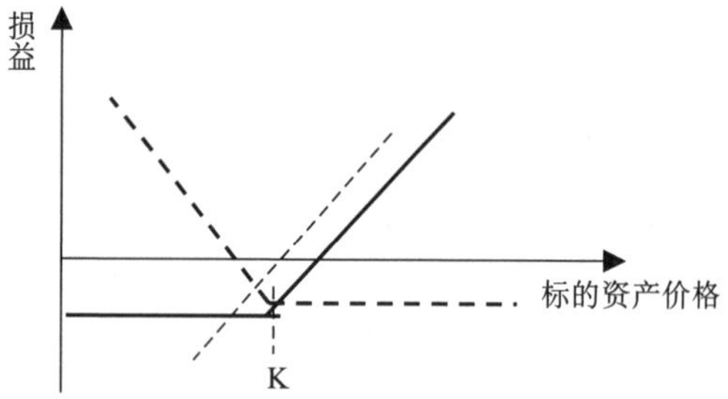

图 5－22 看跌期权多头和标的物多头构建的看涨期权多头

（三）用看涨期权空头与标的资产多头构建看跌期权空头

卖出看涨期权，同时买进标的资产，可以构建出该标的与看涨期权执行价格相同的看跌期权空头头寸（见图 5－23）。该策略相当于用标的物多头对看涨期权空头进行保护，所以被称为有保护的看涨期权，也被称为备兑看涨期权。当标的资产价格上涨超过执行价格时，看涨期权多头行权，该策略的持有人用所持有的标的资产进行履约，规避了看涨期权空头的上行风险。持有标的资产者不继续看多后市，也可以通过卖出看涨期权实现按执行价格卖出标的资产的目的。

（四）用看跌期权空头与标的资产多头构建看涨期权多头

卖出看跌期权，同时卖空标的资产，可以构建出该标的与看跌期权执行价格相同的看涨期权空头头寸（见图 5－24）。该策略相当于用标的物空头对看跌期权空头进行

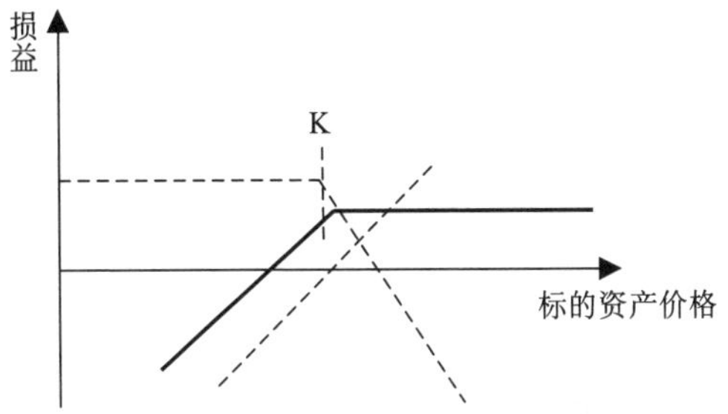

图 5－23　看涨期权空头与标的物多头构建的看跌期权空头

保护，所以被称为有保护的看跌期权。当标的资产价格下跌至执行价格以下时，看跌期权多头行权，该策略的持有人履约买进标的资产，将所持有的标的资产空头对冲平仓，用标的资产规避看跌期权空头的下行风险。持有标的资产空头者不继续看空后市，也可以通过卖出看跌期权实现按执行价格平仓标的资产空头的目的。

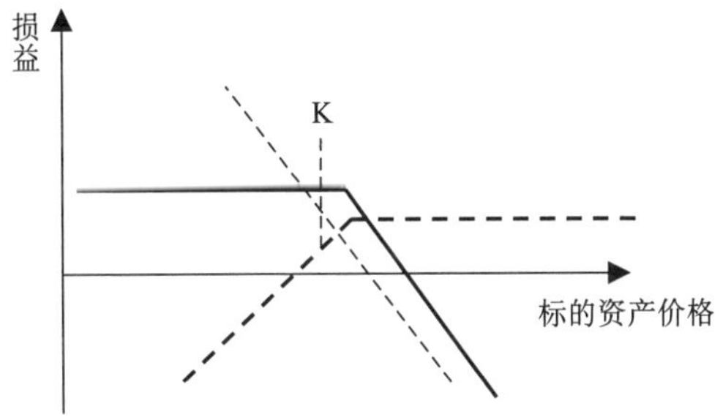

图 5－24　看跌期权空头和标的物多头构建的看涨期权空头

第六章　期权的定价方法

本章要点

期权的定价方法自期权诞生之日起就成为经济学家和金融从业人员的重要课题之一。现代金融期权至今已走过40多年，在专业人士对期权定价的不断探索和努力下，涌现出各类不同风格的期权定价模型，其中一些发展比较成熟。本章从风险中性定价原理出发，较为细致地介绍了布莱克-斯科尔斯（Black-Scholes）期权定价模型、二叉树定价模型和蒙特卡洛（Monte-Carlo）定价方法，并给出了各方法的适用情况；本章的最后还简述了其他几种期权定价方法，供读者参考。

一、什么是风险中性定价原理？

首先来看一个例子。

【案例6-1】

假设1年期无风险利率 $r=3\%$，某公司股票的当前价格是每股 $S=100$ 元，1年后其价格有且仅有两种可能的走势：或者是上涨至 $S\times u=120$（元），或者是下跌至 $S\times d=80$（元），其中u和d分别是上涨和下跌因子（或称上升系数和下跌系数），在本例中分别为 $u=1.2$ 和 $d=0.8$。现有以此股票为标的资产的欧式看涨期权，执行价格为 K =75 元，1 年后到期。现在请给该欧式看涨期权定价。

根据以上条件，如果 1 年后该股票价格实际上涨至 120 元，那么该欧式看涨期权在到期时的价值是 $C_U = 120 - 75 = 45$（元）；如果 1 年后该股票价格实际下跌至 80 元，那么该欧式看涨期权在到期时的价值是 $C_D = 80 - 75 = 5$（元）。1 年以后该股票上涨至 120 元和下跌至 80 元的概率分别是多少？现价和 1 年后价格关系如何？只要能确切回答这两个问题，就很容易计算出看涨期权在 1 年后到期时的理论价值以及看涨期权的现值。

股票价格与期权价格关系见图 6－1。

图 6－1　股票价格和期权现价以及股票和期权价格关系

对于股票，1 年后的远期价格应该等于每一种远期价格可能性的加权平均，即：

$S_F = 120p + 80(1 - p)$

此外，股票 1 年后的远期价格与现价的关系式为：$S_F = S_0(1 + r)^1$

上式中 p 和 r 的值即为计算期权价格的依据。p 和 r 为多少？

依据该股票的风险特征，假设该股票的必要收益率为 10%，市场上的无风险利率为 5%，则 1 年后的股票价格应该是 10% 还是 5%？

通常情况下，大家都认为应该按照股票的风险特征对股票进行定价，据此得到的股票 1 年后的价格应该是 110。如果定价合理的话，应该不存在套利机会，下面对股票定价的合理性进行分析。以无风险利率借入资金 100 元，买入价格等于 100 元的股票，与远期买入方约定按 110 元在 1 年后卖出。

1 年后，无论股票价格涨跌，该交易者均可将持有的股票按 110 元卖给远期买入者，然后将 105 元归还资金贷出方。此价格和策略可使交易者获得 5 元的无风险套利收益，无风险套利收益等于风险溢价与标的资产初始价格的乘积。

所以，任何资产远期价格应该等于按无风险收益进行投资的终值，或任何资产现值等于该资产的远期按无风险利率贴现的现值。

一年以后上涨或下跌的概率 P 可通过下式求得：

$S_0 = [120p + 80(1 - p)]/(1 + r)$

$$p = \frac{1 + rf - d}{u - d} \quad 1 - p = \frac{u - (1 + rf)}{u - d}$$

式中：$U = S_U/S = 120/100 = 1.2$，$d = S_d/S = 80/100 = 0.8$。

从以上分析可知，由于市场远期价格和即期价格的关系由市场上唯一的无风险利率确定，所以股票未来上涨和下跌的概率并非是某一个或者某一类市场投资者所认为的概率，而必须是一个唯一的市场概率，即风险中性概率。

风险中性概率的含义是指，在无风险利率确定的情况下，市场对于风险资产价格的上行下跌概率有一个统一的中性预期，在该中性预期下无风险套利的机会不存在。换句话说，在风险偏好中性的度量下，该股票从现在的每股 100 元于一年后上涨至 120 元的概率 p 是理论确定的；相应地，该股票从现在的每股 100 元于一年后下跌至 80 元的概率也是理论确定的，为 1 - p。而只要能确定风险中性概率 p 和 1 - p，则上例中一年后到期时的看涨期权价值可以直接写出，为 $C_U \times p + C_D \times (1-p)$，再用无风险利率贴现到现在，可得出当前该看涨期权的理论价格为：

$$\frac{C_U \times p + C_D \times (1-p)}{1+r} \tag{6-1}$$

因此，实际上只要得到风险中性概率 p，就可以为上例中的看涨期权定价。

具有普遍性的确定风险中性概率的方法如下：假设当前某风险资产的价值为 1 个货币单位，无风险资产的价值也是 1 个货币单位，一年期无风险利率仍然以 r 代表，市场上有以该风险资产作为标的物的欧式看涨期权。现假定风险资产在一年后有两种走势可能：或者是上涨至 $1 \times u = u$ 货币单位，或者是下跌至 $1 \times d = d$ 货币单位，则一年后该欧式看涨期权在风险资产上涨的情况下价值为 C_U，在风险资产下跌的情况下价值为 C_D。构造一个由 a 份风险资产和 b 份无风险资产构成的组合，该组合一年后的价值也有两种可能走势：或者是较高的 $a \times u + b \times (1+r)$，或者是较低的 $a \times d + b \times (1+r)$。令：

$$\begin{cases} a \times u + b \times (1+r) = C_U \\ a \times d + b \times (1+r) = C_D \end{cases}，\text{则解得} \begin{cases} a = \dfrac{C_U - C_D}{u-d} \\ b = \dfrac{C_U - a \times u}{1+r} \end{cases}$$

以上式子的含义在于：当一开始所构造出的组合是由 $a = \frac{C_U - C_D}{u-d}$ 份和 $b = \frac{C_U - a \times u}{1+r}$ 份构成时，该组合一年后的价值可能走势和以该风险资产为标的物的欧式看涨期权价值可能走势完全一样。因此，该组合在最开始构成时的价值 a + b 即为欧式看涨期权的最初价值。经过算术恒等转换，可以得到该欧式看涨期权最初理论价格应为：

$$a + b = \frac{C_U \times \dfrac{1+r-d}{u-d} + C_D \times \left[1 - \dfrac{1+r-d}{u-d}\right]}{1+r} \tag{6-2}$$

比较式（6 - 1）和式（6 - 2），可以看到风险中性概率为：

$$p = \frac{1+r-d}{u-d} \tag{6-3}$$

所以该欧式看涨期权的初始理论价格应为：

$$\frac{C_U \times \frac{1+r-d}{u-d} + C_D \times \left[1-\frac{1+r-d}{u-d}\right]}{1+r}$$

$$=\frac{45 \times \frac{1+0.03-0.8}{1.2-0.8} + 5 \times \left[1-\frac{1+0.03-0.8}{1.2-0.8}\right]}{1+0.03} \approx 29.42\text{（元）}$$

以上通过构造组合的方式导出式（6－3）的风险中性概率，并运用该概率为期权定价的方式即为期权的风险中性定价方法。式（6－3）给出的是时间区间为一年情况下的年复利风险中性概率公式，更为一般的情况下，年复利风险中性概率公式应为：

$$p=\frac{(1+r)^t-d}{u-d}$$

其中 r 为年无风险利率，而 t 为时间的步进区间。如果采用连续复利的方式，则一般性的风险中性概率公式应为：

$$p=\frac{e^{rt}-d}{u-d}$$

其中 e≈2.71828，是自然常数。如果该标的资产本身有年固定回报率（比如标的资产是支付股息的股票）v，则一般性的连续复利风险中性概率公式应为：

$$p=\frac{e^{(r-v)t}-d}{u-d}$$

在本章中，如不特别说明，则不考虑标的资产本身的固定回报率，并采用年复利的风险中性概率公式展开计算。

再来看一个欧式看跌期权的例子。

【案例 6－2】

假设 1 年期无风险利率 r＝3%，某公司股票的当前价格是每股 S＝100 元，一年后其价格有且仅有两种可能的走势：或者是上涨至 S×u＝110（元），或者是下跌至 S×d＝90（元），其中 u 和 d 分别是上涨和下跌因子，在本例中分别为 u＝1.1 和 d＝0.9。现有以此股票为标的资产的欧式看跌期权，执行价格为 K＝97 元，一年后到期。现在请运用风险中性定价原理给该欧式看跌期权定价。

解： 根据以上条件，我们知道 1 年后该股票涨至 110 元的风险中性概率为：

$$p=\frac{1+r-d}{u-d}=\frac{1+0.03-0.9}{1.1-0.9}=0.65$$

此时该欧式看跌期权价值为 $C_U=0$；该股票跌至 90 元的风险中性概率为 1－p＝0.35，此时该欧式看跌期权价值为 $C_D=97-90=7$（元）。因此，该欧式看跌期权的当前理论价格应为：

$$\frac{C_U \times p + C_D \times (1-p)}{1+r}=\frac{0+7\times 0.35}{1+0.03}\approx 2.38\text{（元）}$$

综上所述，当运用风险中性定价原理对欧式期权定价的时候，应先计算标的资产未来两种可能走势的风险中性概率，然后再根据这两种走势下期权相应的价值并以分别对应的风险中性概率加权平均后算得期权未来的价值，最后将期权未来的价值以无风险利率贴现到现在算出期权当前的理论价格。

然而，读者不免会有疑惑：现实世界中任何一个标的资产未来价格的走势绝不仅仅只有两种离散的可能性，通常总是无限连续的。以案例 6－1 为例，某公司股票的当前价格是每股 S＝100 元，一年后只要该公司没有破产，其股票实际价格可以是任何正数，而绝非只有 120 元和 80 元这两种可能性。因此，以上风险中性定价原理是否适用是读者常有的疑问。关于该疑问的解释将在下文“什么是二叉树模型”中详述。

二、什么是二叉树模型?

二叉树模型是风险中性定价原理的重要应用之一。在上文，为了说明风险中性定价原理，我们简化地假设初始价格为 100 元的某公司股票在一年后其价格只有 120 元和 80 元这两种可能性。但实际上，只要该公司不破产，其股票价格可以为任意正数。“在某固定时间段里，股票价格只会上涨或下跌至两种可能价格”的假设非常具有启发式的含义，因为每段较长的时间段都可以被分割成大量极短的小时间段，在每段极短的小时间段里“股票价格只会上涨或下跌至两种可能价格”的假设就会愈发有效。如果极短的小时间段区间趋向于 0 的话，那么原本假设中离散的过程就会趋向于连续化了。如图 6－2 所示，股票最初价格为 S_0，经过一个极短的时间段 Δt 后其价格只有两种走势：可能上升至 $S_{1u}=S_0\times u$，也可能下降至 $S_{1d}=S_0\times d$，其中 u 和 d 分别是上升系数和下降系数。依此类推，以后每一个价格在经过 Δt 时间段后都只有两种价格走势，且每次价格上升的幅度都相同，每次价格下降的幅度也都相同，即 $S_{2uu}=S_{1u}\times u$，$S_{2ud}=S_{1u}\times d=S_{1d}\times u$，$S_{2dd}=S_{1d}\times d$。基于以上假设，在经过相当长一段时间以后，该股票价格的可能分布便可以由该二叉树描述出来。而如果时间段 $\Delta t\to 0$，则该股票价格的离散变化便转化成了连续变化。运用如图 6－1 来描述标的资产价格变化的模型便是二叉树模型，二叉树模型可以模拟出标的资产价格在一定时间以后的可能分布，并继而为基于该标的资产的各类期权定价。考克斯（J. C. Cox）、罗斯（S. A. Ross）、鲁宾斯坦（M. Rubinstein）和夏普（Sharpe）最早提出了二叉树期权定价模型，由于该模型可以模拟标的资产价格演变路径，因此运用十分广泛，不仅能为欧式期权定价，尤其特别适合为允许在到期日前（包括到期日）任何交易日行权的美式期权定价。

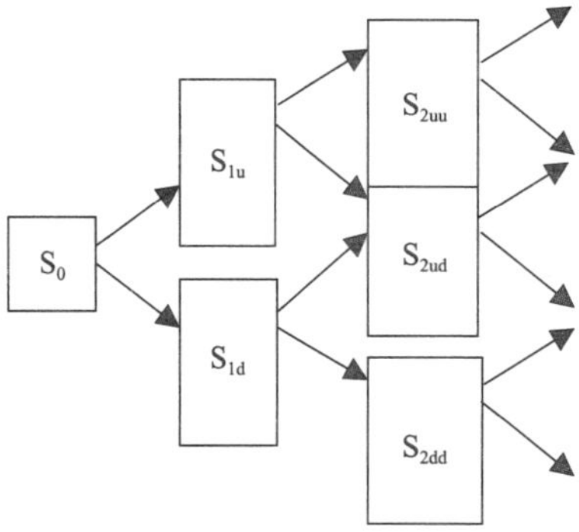

图 6－2　二叉树模型

对于不支付红利的看涨期权，由于美式期权与欧式期权的价值应该相等，所以案例 6－3 以欧式期权为例介绍二叉树模型在期权定价中的应用。

【案例 6－3】

假设某股票当前价格为 100 美元，每年的价格上升系数为 1.1，下降系数为 0.9，年无风险利率为 5%，以该股票作为标的资产的美式看涨期权执行价格为 98 美元，1 年以后到期，请构造单步二叉树模型对该期权当前价格定价。

参照图 6－1 构建股票价格的二叉树模型（见图 6－3）。

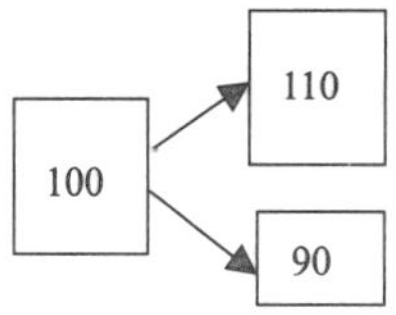

图 6－3　股票价格的二叉树模型

股票价格上涨的风险中性概率为：$p=\frac{1+r-d}{u-d}=\frac{1+0.05-0.9}{1.1-0.9}=0.75$；相应的，下跌的风险中性概率为：$1-p=0.25$。

在各节点执行该看涨期权所获得的利润见图 6－3。

如果在一年后到期的时候执行该期权，获得利润有可能是 12 美元（对应的风险中性概率为 0.75），也有可能是 0 美元（对应的风险中性概率为 0.25）。因此，1 年后到期时执行预期获得的利润应为：

$12\times0.75+0\times0.25=9$（美元）

1 年后预期利润贴现到今天，应为：

$\frac{9}{1+r}=\frac{9}{1.05}=8.5714$（美元）

据此，该看涨期权的理论价格为 8.5714 美元。

【案例 6 –4】

假设某股票当前价格为 100 美元，每年的价格上升系数为 1.1，下降系数为 0.9，年无风险利率为 5%，以该股票作为标的资产的美式看跌期权执行价格为 100 美元，两年以后到期，请构造两步二叉树模型对该期权当前价格定价。

首先构造股票价格的二叉树模型（见图 6 –4）。

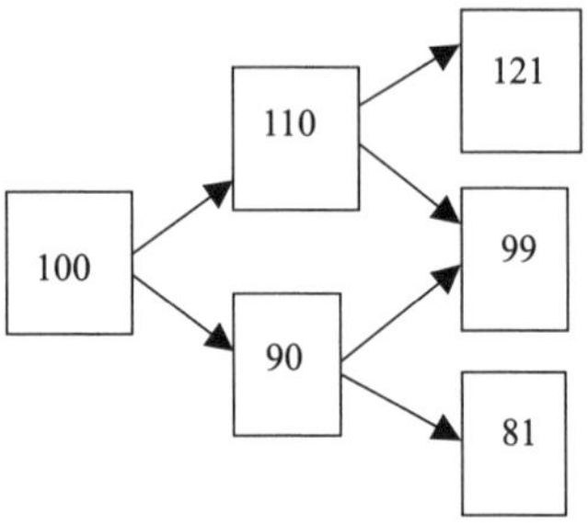

图 6 –4　股票价格的二叉树模型

由上例可知，股票每年价格上涨的风险中性概率为 $p=\frac{1+r-d}{u-d}=\frac{1+0.05-0.9}{1.1-0.9}=0.75$，相应的，下跌风险中性概率为 $1-p=0.25$。根据图 6 –4，可列出表 6 –1。

因此，根据两步二叉树模型计算的结果，在该美式看跌期权正确的执行策略下，在当前时刻的预期利润应为 2.5510 美元，这也正是根据该模型计算得到的该美式看跌期权的当前理论价格。在实际操作中，为提高精确度，可根据实际情况减少每个步进的时间跨度，这将增加步进的数量。如果该股票以及以该股票为标的的期权可每日交易，那么每个步进可设为一天，其他计算步骤和案例 6 –4 类似。当然，如果步进数量较多，那么利用计算机来编程计算就是必然的选择了。此外，如果每个步进的时间跨度趋向于 0，那么原本的离散化问题就直接转化成了连续化问题。

表 6 –1　期权价格定价分析

节点股票价格	如在此节点上执行该看跌期权获得利润	在此节点后执行该美式看跌期权获得的预期利润贴现到此节点	在此节点上执行该美式看跌期权是否为好的选择
121	0	—	—
99	1	—	—
81	19	—	—
110	0	$\frac{0\times p+1\times(1-p)}{1+r}=0.2381$	不是
90	10	$\frac{1\times p+19\times(1-p)}{1+r}=5.2381$	是
100	0	$\frac{0.2381\times p+10\times(1-p)}{1+r}=2.5510$	不是

三、二叉树模型中的上升系数和下降系数是如何确定的？

至此，二叉树定价的方法介绍告一段落。但是，读者不免仍有疑问，上述例子中每年股票价格的上升系数和下降系数都是如何确定的呢？难道是人为给定的么？实际上，在二叉树定价的现实运用中，标的资产价格的上升系数和下降系数是由该标的资产历史价格的波动率来确定的。比如，某股票当前价格为 $S_0=100$ 美元/股，该股票历史年波动率 $\sigma=20\%$，以 1 年为例（即 $t=1$ 年），则该股票价格年上升系数和下降系数分别为：

$$\begin{aligned} u &= e^{\sigma\sqrt{t}} = e^{0.2\times\sqrt{1}} \approx 1.2214 \\ d &= e^{-\sigma\sqrt{t}} = e^{-0.2\times\sqrt{1}} \approx 0.8187 \end{aligned} \qquad (6-4)$$

由于 σ 反映的是波动率，$\sigma\sqrt{t}$ 反映的则是波动幅度，因此在连续计算下 $e^{\sigma\sqrt{t}}$ 反映的就是上升的幅度，相应的，$e^{-\sigma\sqrt{t}}$ 反映的就是下降的幅度。

公式（6－4）中，$e^{+\sigma\sqrt{t}}$ 反映了未来股票价格不确定性的分布，这是与该股票价格波动率有关的量，这样确定下来的上升系数和下降系数能够很好地反映标的资产价格的实际分布特征。所以，在具体运用二叉树方法的时候，需要首先测算该标的资产价格的历史波动率，然后根据式（6－4）计算出该标的资产价格的上升系数和下降系数，继而构造出价格二叉树。在案例 6－3 和案例 6－4 中，为了使问题简化而直接给定了上升系数和下降系数；在实际应用中，上升系数和下降系数需根据标的资产价格的历史波动率计算得出。以下再举几例以强化二叉树模型在期权定价中的应用。

【案例 6－5】

某股票当前价格为 $S_0=100$ 美元/股，该股票历史年波动率经测算为 $\sigma=20\%$，年无风险利率是 $r=5\%$，该股票无股息，以该股票作为标的资产的美式看跌期权执行价格为 100 美元，两年以后到期，请构造两步二叉树模型对该期权当前价格定价。所有条件相同，如果是美式看涨期权，则期权当前理论价格应是多少？

首先计算股票年上升系数和下降系数，分别为：

$$u = e^{\sigma\sqrt{t}} = e^{0.2\times\sqrt{1}} \approx 1.2214$$

$$d = e^{-\sigma\sqrt{t}} = e^{-0.2\times\sqrt{1}} \approx 0.8187$$

然后构造股票价格的二叉树模型（见图 6－5）。

进一步计算该股票每年价格上涨的风险中性概率为：

$$p = \frac{(1+r)^1 - d}{u-d} = \frac{1+0.05-0.8187}{1.2214-0.8187} \approx 0.5744$$

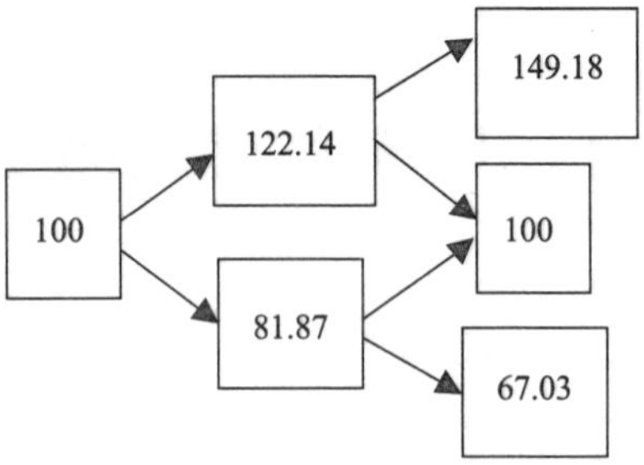

图 6-5　股票价格的二叉树模型

相应的，下跌的风险中性概率为 $1-p\approx0.4256$。根据图 6-5，对于美式看跌期权，可列出表 6-2。

表 6-2　　美式看跌期权分析

节点股票价格	如在此节点上执行该看跌期权获得利润	在此节点后执行该美式看跌期权获得的预期利润贴现到此节点	在此节点上执行该美式看跌期权是否为好的选择
149.18	0	—	—
100	0	—	—
67.03	32.97	—	—
122.14	0	$\frac{0\times p+0\times(1-p)}{(1+r)^1}=0$	在此节点上执行和不执行无区别
81.87	18.13	$\frac{0\times p+32.97\times(1-p)}{(1+r)^1}\approx13.3638$	是
100	0	$\frac{0\times p+18.13\times(1-p)}{(1+r)^1}\approx7.3487$	不是

根据两步二叉树模型计算的结果，在该美式看跌期权正确执行策略下，在当前时刻的预期利润约为 7.4387 美元，这也正是根据该模型计算得到的该美式看跌期权的当前理论价格。

对于美式看涨期权，可列出表 6-3。

根据两步二叉树模型计算的结果，在该美式看涨期权正确执行策略下，在当前时刻的预期利润约为 14.7177 美元，这也正是根据该模型计算得到的该美式看涨期权的当前理论价格。

注：如果考虑连续复利的情况，则以上 $(1+r)^1$ 应写为 $e^{r\times1}$。

【案例 6-6】

某股票当前价格为 $S_0=100$ 美元/股，该股票历史年波动率经测算为 $\sigma=20\%$，年无风险利率是 $r=5\%$，该股票无股息，以该股票作为标的资产的美式看涨期权执行价格为 100 美元，6 个月以后到期，请构造两步二叉树模型对该期权当前价格定价（以连续复利计算）（见表 6－3）。

表 6－3　　美式看涨期权分析

节点股票价格	如在此节点上执行该看涨期权获得利润	在此节点后执行该美式看涨期权获得的预期利润贴现到此节点	在此节点上执行该美式看涨期权是否为好的选择
149.18	49.18	/	/
100	0	/	/
67.03	0	/	/
122.14	22.14	$\frac{49.18\times p+0\times(1-p)}{(1+r)^1}\approx 26.9038$	不是
81.87	0	$\frac{0\times p+0\times(1-p)}{(1+r)^1}=0$	在此节点上执行和不执行无区别
100	0	$\frac{26.9038\times p+0\times(1-p)}{(1+r)^1}\approx 14.7177$	不是

两步二叉树涵盖 6 个月的时间，因此每个步进涵盖 3 个月时间。首先计算股票每个步进（3 个月）上升系数和下降系数，分别为：

$u=e^{\sigma\sqrt{t}}=e^{0.2\times\sqrt{0.25}}\approx 1.1052$

$d=e^{-\sigma\sqrt{t}}=e^{-0.2\times\sqrt{0.25}}\approx 0.9048$

然后构造 6 个月股票价格的二叉树（每个步进为 3 个月）（见图6－6）。

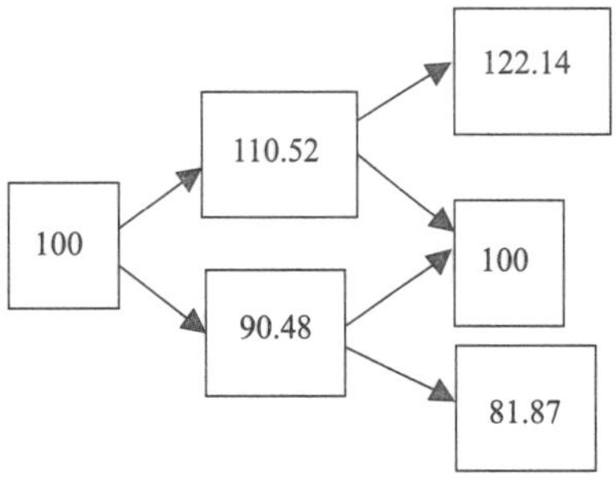

图 6－6　6 个月股票价格的二叉树模型

进一步计算该股票每 3 个月价格上涨的风险中性概率为：$p=\frac{e^{rt}-d}{u-d}=\frac{e^{0.05\times0.25}-0.9048}{1.1052-0.9048}\approx 0.5378$，相应的，下跌风险中性概率为：$1-p\approx 0.4622$。根据图 6－6，对于美式看跌期权，可列出表 6－4。

表 6－4　　美式看跌期权分析

节点股票价格	如在此节点上执行该看跌期权获得利润	在此节点后执行该美式看跌期权获得的预期利润贴现到此节点	在此节点上执行该美式看跌期权是否为好的选择
122.14	0	/	/
100	2	/	/
81.87	20.13	/	/
110.52	0	$\frac{0\times p+2\times(1-p)}{e^{r\times 0.25}}\approx 0.9129$	不是
90.48	11.52	$\frac{2\times p+20.13\times(1-p)}{e^{r\times 0.25}}\approx 10.2507$	是
100	0	$\frac{0.9129\times p+11.52\times(1-p)}{e^{r\times 0.25}}\approx 5.7433$	不是

根据两步二叉树模型计算的结果，在该 6 个月美式看跌期权正确的执行策略下，在当前时刻的预期利润约为 5.7433 美元，这也正是根据该模型计算得到的该美式看跌期权的当前理论价格。

四、怎么用基于二叉树的复制策略为期权定价？

基于二叉树的期权复制策略是指在标的资产价格未来变化方向符合二叉树条件，即在期权到期时，标的资产价格未来的变化方向只有两种可能——上涨至 Su 或下跌至 Sd。在此条件下，首先计算期权到期时该标的看涨或看跌期权的价格；然后用资金和标的资产构建期权头寸，得到期权价格、资金和标的资产价格关系式；将期权到期时标的资产价格与期权价格带入关系式，最后得到现在时刻看涨或看跌期权的价格。

（一）使用复制策略确定看涨期权的价格

某交易者拥有资金 c，考虑以下两种策略：

策略 A：购买一张价格等于 c 的看涨期权，初始持仓头寸为 c；

策略 B：借入成本为 r 的无风险资产 L，和自有资金 c 一并用于购买 Δ 份价格等于 S 的标的资产，初始持仓头寸为 L + ΔS。

如果定价合理，策略 A 和策略 B 的价值应该相等，看涨期权的价格为：

$$c = L + \Delta S \tag{6-5}$$

该公式表示，用 Δ 份标的资产和资金为 L 的现金头寸，可以复制一份看涨期权。如果计算出的 Δ 大于 0，表明标的资产为多头头寸，反之为空头头寸；如果计算出的 L 大于 0，表明资金为多头，反之资金为空头，即借入资金来构建期权头寸。

在期权到期时，标的资产价格上涨至 Su 或下跌至 Sd，看涨期权的价格将上涨至 Cu 或下跌至 Cd，如果无风险利率按一般复利考虑，式（6－5）为：

$$L(1+r)^{(T-t)}+\Delta Su=Cu \tag{1}$$

$$L(1+r)^{(T-t)}+\Delta Sd=Cd \tag{2}$$

式中，r 为无风险利率（该式中无风险利率为普通复利），（T－t）为期权的剩余期权，解（1）、（2）式可得：

$$\Delta S_u-\Delta S_d= C_u-C_d$$

$$L=(C_u-\Delta S_u)/(1+r)^{(T-t)}\text{或}L=(C_d-\Delta S_d)/(1+r)^{(T-t)} \tag{6-6}$$

将 Δ 和 L 值带入式（6－5）中，即可得到看涨期权的价格。

【案例 6－7】

使用复制策略计算案例 6－3 中看涨期权的价格。

$S_u=100\times1.1=110$，$S_d=100\times0.9=90$，对于 K＝98（美元）的看涨期权：

$C_u=12$，$C_d=0$

$$\Delta=\frac{12}{110-90}=0.6$$

$$L=(C_u-\Delta S_u)/(1+r)^{(T-t)}=(12-0.6\times110)/(1+5\%)^1=-51.429$$

$$c=L+\Delta S=-51.429+0.6\times100=8.571\text{（美元）}$$

与案例 6－3 计算结果相同。

计算结果中 Δ 等于 0.6，L 等于 －51.429，表明借入资金 51.429 美元，购买 0.6 份标的股票可以复制 1 份看涨期权；也表明看涨期权价格上涨等于标的股票价格上涨的 0.6 倍。

（二）使用复制策略确定看跌期权的价格

某交易者拥有资金 P，考虑以下两种策略：

策略 A：购买一张价格等于 P 的看跌期权，初始持仓头寸为 P；

策略 B：卖空 Δ 份价格等于 S 的标的资产，将所得资金和自有资金 P 进行无风险投资，得到无风险资产 L，策略 B 的初始持仓头寸为 L＋ΔS。

如果定价合理，策略 A 和策略 B 的价值应该相等，则看跌期权的价格为：

$$P=L+\Delta S \tag{6-7}$$

公式内涵与看涨期权表示的类似。

在（T－t）时期权到期，标的资产价格上涨至 S_u 或下跌至 S_d，看涨期权的价格将上涨至 C_u 或下跌至 C_d，如果无风险利率按一般复利考虑，式（6－7）为：

$$L(1+r)^{(T-t)}+\Delta S_u=pu \tag{1}$$

$$L(1+r)^{(T-t)}+\Delta S_d=pd \tag{2}$$

解（1）、（2）式可得：

$\Delta S_u - \Delta S_d = C_u - C_d$

$L = (p_u - \Delta S_u) / (1+r)^{(T-t)}$ 或 $L = (p_d - \Delta S_d) / (1+r)^{(T-t)}$ （6－8）

将 Δ 和 L 值带入式（6－7）中，即可得到看跌期权的价格。

【案例 6－8】

非现金股票当前价格为 100 元，半年后股票价格可能上升 10%，或下降 5%。剩余期权 6 个月的该股票欧式看跌期权，执行价格为 103 元。若市场无风险连续复利率为 4%，用股票和无风险资产来复制此期权。（1）计算该看跌期权当前的理论价格；（2）复制 100 份该看跌期权，当前银行账户的资金数额应为多少？需要的标的股票头寸为多少？（3）用普通二叉树模型计算该看跌期权的价格。

（1）$S_u = 100 \times 1.1 = 110$（元），$S_d = 100 \times 0.95 = 95$（元），$P_u = 0$，$P_d = 8$（元）

$\Delta = (0-8) / (110-95) = -0.5333$，$L = (P_u - \Delta S_u)\ e^{-r(T-t)} = (0 + 0.5333 \times 110)\ e^{-4\% \times 0.5} = 57.5014$（元）

$p = L + \Delta S = 57.5014 - 0.5333 \times 100 = 4.1714$（元）

（2）计算的 L 值为复制 1 份期权的银行账户资金数额，因为 L 为正，所以复制 1 份期权存入银行的资金为 57.5014 元。

复制 100 份期权，存入银行的资金 $= 100 \times 57.5014 = 5\ 750.14$（元）。

复制 100 份期权，需要的股票头寸 $= -0.5300 \times 100 = -53$，所有复制 100 份看跌期权，需要卖空 53 股股票。

（3）股票上涨和下降系数分别为：$u = 110/100 = 10$，$d = 95/100 = 0.95$

上涨概率 $\rho = [e^{r(T-t)} - d] / (u-d) = (e^{4\% \times 0.5} - 0.95) / (1.1 - 0.95) = 0.4680$，下降系数 $(1-\rho) = 0.5320$

$P = Pd \times (1-\rho)\ e^{-r(T-t)} = 8 \times 0.5320 \times e^{-4\% \times 0.5} = 4.1716$（元）

由于计算基础相同，用二叉树模型和基于二叉树模式的复制策略对看涨和看跌期权进行定价，定价结果应该是一样的。本题计算结果相差 0.0002，应该是两种方法的计算误差所致。

此处计算的 Δ 与第七章介绍的期权的希腊字母 delta（用 Δ 或 δ 表示）的概念是一致的，即表示复制一份期权所需要的标的资产构成的比例，也表示期权价格变化与标的资产变化的比率，即期权价格变化时标的资产价格变化的 Δ 倍。看涨期权的 Δ 大于 0，表明期权价格变化方向与标的资产价格变化方向相同；看跌期权的 Δ 小于 0，表明看跌期权价格变化方向与标的资产价格变化方向相反。

五、什么是布莱克－斯科尔斯（Black－Scholes）模型？

在上面例子里，期权的标的资产是股票，且假设股票价格的变动是离散的，而在现实世界中，如果不考虑开盘后的价格跳跃情况，标的资产的价格（或标的资产指数）随时间变化幅度可能是很小的，甚至几乎是连续的。20 世纪 70 年代，布莱克（Fisher Black）、斯科尔斯（Myron Scholes）和默顿（Robert Merton）给出了标的资产为连续变化情况下的期权定价模型，该公式称为布莱克－斯科尔斯模型，是金融经济学中的经典模型之一。为了表彰他们在该领域做出的贡献，斯科尔斯和默顿被授予 1997 年的诺贝尔经济学奖。遗憾的是布莱克于 1995 年去世，否则他也将理所当然成为获奖者之一。布莱克－斯科尔斯模型成立的前提有如下几条：

（1）市场中没有无风险套利的机会；

（2）可以自由地以无风险利率借贷现金；

（3）可以买多和卖空任意数量（包括分数）的股票；

（4）所有交易都是在无摩擦的市场中，即不考虑任何交易成本和其他费用；

（5）标的资产价格变化遵守具有固定漂移率和波动率的几何布朗运动；

（6）标的资产不支付股息或者红利；

（7）推导中采用连续复利的方式。

我们以股票作为期权的标的资产展开讨论。这里，需首先解释以上（5）中的几何布朗运动。布朗运动最初源于物理学中某粒子受到大量小分子碰撞以后产生的随机运动过程。符合几何布朗运动的随机变量是指这样一类随机变量：该随机变量的对数符合布朗运动过程。以更为数学的语言来表达，布朗运动随机过程服从的是正态分布，几何布朗运动随机过程服从的则是对数正态分布。根据大量实证观察和研究，无股息股票价格的波动被认为基本符合几何布朗运动过程，即服从对数正态分布，满足上述（5）的前提。股票价格的固定漂移率指的是单位时间内股票的收益率期望值，波动率则反映股票价格的不确定性。设 S 为股票价格，μ 为股票价格的漂移率，σ 为股票价格的波动率，t 为时间，ε 为服从标准正态分布（均值为 0，标准差为 1）的一个扰动，则无股息股票价格的离散数学形式可以表达为：

$$\frac{\Delta S}{S} = \mu\Delta t + \sigma\varepsilon\sqrt{\Delta t} \qquad (6-9)$$

公式（6－9）中 ΔS 和 Δt 分别指股票价格和时间的微小变化。实际上，但凡满足上述（5）和（6）前提假设的标的资产价格变化即可由公式（6－9）给出。该式等号右面第一项体现了该标的资产价格期望收益的程度；等号右面第二项反映了该标的资产价格随机游走的几何布朗运动特性。进一步将式（6－9）的离散形式连续化，可以得到：

$$\frac{dS}{S}=\mu dt+\sigma dq \tag{6-10}$$

其中，dq 为 $\Delta t\rightarrow 0$ 时 $\varepsilon\sqrt{\Delta t}$ 的极限形式。在标的资产价格变化特征服从式（6－10）给出的方程时，并结合其他几条模型成立的前提条件，布莱克、斯科尔斯和默顿推导出了欧式看涨期权和看跌期权的定价公式，分别为：

欧式看涨期权当前价格 $C_0=S_0N(d_1)-Ke^{-rT}N(d_2)$ （6－11）

欧式看跌期权当前价格 $P_0=Ke^{-rT}N(-d_2)-S_0N(-d_1)$ （6－12）

其中，$d_1=\dfrac{\ln(S_0/K)+(r+\sigma^2/2)T}{\sigma\sqrt{T}}$，$d_2=\dfrac{\ln(S_0/K)+(r-\sigma^2/2)T}{\sigma\sqrt{T}}=d_1-\sigma\sqrt{T}$，$S_0$ 是标的资产当前价格，K 为期权执行价格，r 为年无风险利率，σ 为标的资产价格的年波动率，T 为期权到期时间，N(x)是标准正态分布的累计概率分布函数，通常代入 x 的数值后通过查表或在 Excel 中运用 NORMSDIST 命令计算获得，C_0 和 P_0 则分别是经布莱克－斯科尔斯模型计算得到的欧式看涨和看跌期权的当前理论价格。通俗地说，布莱克－斯科尔斯模型实际上就是在满足以上 6 个前提条件的情况下，为标的资产的衍生品定价的一个模型，具体在欧式期权上给出的表达式就是式(6－11)和式（6－12）。

式（6－11）和式（6－12）给出的仅是静态情况下的欧式期权价格定价公式。由于随着时间的演化，期权（更广义的可以是任何价格基于标的资产的衍生品）的价格变化依赖于其标的资产的价格变化，因此，动态情况下期权的理论价格可以写成其标的资产价格和时间的函数，即 $D=f(S,t)$，其中 D 为期权价格（衍生品价格），S 是标的资产价格，t 为时间。布莱克－斯科尔斯－默顿微分方程给出了期权价格必须满足的微分方程：

$$\frac{\partial D}{\partial t}+rS\frac{\partial D}{\partial S}+\frac{1}{2}\sigma^2S^2\frac{\partial^2 D}{\partial S^2}=rD \tag{6-13}$$

其中，D 为期权价格（衍生品价格），S 是标的资产（该标的资产不产生股息或者利息）价格，t 为时间，r 是年无风险利率，σ 为标的资产价格的年波动率。满足微分方程式（6－13）的期权价格（衍生品价格）函数 $D=f(S,t)$ 有许多，具体到实际情况，应根据该期权（衍生品）的类型（欧式/美式，看涨/看跌等）选择边界条件，进而得到满足式（6－13）的解。举例而言，对于欧式看涨期权，边界条件为：

$D=\max(S-K,0)$，当 $t=T$ 时；

而对于欧式看跌期权，边界条件为：

$D=\max(K-S,0)$，当 $t=T$ 时。

其中 K 是期权执行价格，S 是标的资产价格，T 是期权到期时间。

【案例 6－9】

考虑以某股票作为标的资产的欧式看涨期权和看跌期权。该股票当前价格 50 美元，执行价格 55 美元，年无风险利率为 5%，该股票价格年波动率为 20%，欧式看涨和看跌期权均在 9 个月后到期。请运用布莱克－斯科尔斯模型导出的期权计算公式，分别计算该欧式看涨期权和看跌期权的当前理论价格。

首先根据公式把 d_1 和 d_2 算出来：

$$d_1 = \frac{\ln(S_0/K) + (r + \sigma^2/2)T}{\sigma\sqrt{T}} = \frac{\ln(50/55) + (0.05 + 0.2^2/2) \times 0.75}{0.2 \times \sqrt{0.75}}$$

$$= -0.2472$$

$$d_2 = \frac{\ln(S_0/K) + (r - \sigma^2/2)T}{\sigma\sqrt{T}} = d_1 - \sigma\sqrt{T} = -0.2472 - 0.2 \times \sqrt{0.75}$$

$$= -0.4204$$

在 Excel 中运用 NORMSDIST 命令算得：

$$N(d_1) = N(-0.2472) = 0.4024$$

$$N(d_2) = N(-0.4204) = 0.3371$$

$$N(-d_1) = N(0.2472) = 0.5976$$

$$N(-d_2) = N(0.4204) = 0.6629$$

代入式（6－11）和式（6－12），分别算得：

$C_0 = S_0N(d_1) - Ke^{-rT}N(d_2) = 50 \times 0.4024 - 55 \times e^{-0.05 \times 0.75} \times 0.3371 = 2.2619$（美元）；

$P_0 = Ke^{-rT}N(-d_2) - S_0N(-d_1) = 55 \times e^{-0.05 \times 0.75} \times 0.6629 - 50 \times 0.5976 = 5.2375$（美元）。

因此，当前的欧式看涨期权理论价格为 2.2617 美元，欧式看跌期权理论价格为 5.2375 美元。

【案例 6－10】

请以上例中数据验证欧式期权的平价关系。

根据欧式期权平价关系 $C_0 + Ke^{-rT} = P_0 + S_0$，等式左边代入数字：$C_0 + Ke^{-rT} = 2.2619 + 55 \times e^{-0.05 \times 0.75} = 55.2375$；等式右边代入数字：$P_0 + S_0 = 5.2375 + 50 = 55.2375$，所以等式两边相等。

六、怎么用蒙特卡洛（Monte－Carlo）方法来定价期权？

蒙特卡洛模拟是处理许多路径依赖型问题的有效数值方法之一，该方法最初由 Metropolis 和 Ulam 在 20 世纪 40 年代提出。运用蒙特卡洛方法需要重复产生随机样本并考虑平均效果后得到最终估计值。当前该方法已被不同领域的从业人员广泛采纳以研究复杂系统，尤其是当无法通过解析公式推导直接获得结果时，蒙特卡洛方法往往显示出威力。将蒙特卡洛方法应用到期权定价上，具体步骤如下：

（1）在风险中性条件下模拟出标的资产价格的可能变化路径；

（2）计算基于上述标的资产价格的期权执行后的利润；

（3）大量重复（1）（2）步骤得到尽可能多的标的资产价格可能变化路径，并算得每条可能变化路径下执行期权所能获得的利润；

（4）计算各路径下期权执行所获得利润的平均值，该平均值即为风险中性条件下该期权的预期利润；

（5）将该期权的预期利润以无风险利率贴现到现在，即为该期权的当前理论价值。

根据式（6－9），无股息股票价格变化可以表达为$\frac{\Delta S}{S}=\mu\Delta t+\sigma\varepsilon\sqrt{\Delta t}$，其中股票价格的漂移率 μ 即为股票价格的预期年收益率。不过，这里特别需要指出的是，在风险中性条件下，股票价格的预期年收益率应等于无风险年利率 r。将式（6－9）展开，可以写成：

$$S(t+\Delta t)-S(t)=rS(t)\Delta t+\sigma S(t)\varepsilon\sqrt{\Delta t} \tag{6-14}$$

根据式（6－14），在已知最初的无股息股票（也可以是其他价格符合对数正态分布的标的资产）价格，以及年无风险利率和波动率之后，随着时间的演化，之后该股票价格的变化路径可通过式（6－14）数值模拟。再重复大量模拟（比如 100 万次）之后，便可获得该股票价格变化的大量（比如 100 万条）可能路径。基于每条价格路径以及其他给定的期权参数（如执行价格、期权特征）等，便可计算得到基于每条股票价格路径的期权执行后的利润。计算出各路径下期权执行所获得利润的平均值后，再贴现回现在，得到该期权的当前理论价格。蒙特卡洛方法特别适合运用于路径依赖型奇异期权定价。由于许多路径依赖型奇异期权不存在解析解的直接定价公式，因此，蒙特卡洛数值方法往往是为这类期权定价的最优选择之一。举例而言，由于欧式固定执行价格回望期权的收益取决于标的物资产在期权存续期内的最高价格（看涨期权）和最低价格（看跌期权），其定价无法用解析公式直接表达，蒙特卡洛定价方法就成了较好的选择。重复式（6－14）可以模拟出尽可能多的标的资产（如无股息股票）的价格变化路径，然后根据每条价格变化路径遵循回望期权的定义，得到各路径下在到期日执行该期权的利润，并加以平均，最后将该平均利润贴现回现在，得到该期权的当前理论价格。

布莱克－斯科尔斯模型适用于欧式期权和不支付红利的美式看涨期权。而二叉树模型和蒙特卡洛方法的适用面更广，其中二叉树模型特别适用于执行时间不确定的美式期权，而蒙特卡洛方法对于路径依赖型缺乏直接解析解的奇异期权定价尤其有效。

七、还有哪些主流的期权定价模型?

（一）三叉树模型

在上述介绍的二叉树模型中，假定在每个步进下标的资产价格只有两种可能变化状态，为提高计算精确度，往往需要尽可能减少每个步进的时间跨度，这样步进的数量就会相应增加。如果步进数量很多，则通常利用计算机编程加以解决。随着每个步进时间跨度的不断减小和步进数量的不断增多，计算量将呈指数级增长，计算速度将越来越慢。B. Kamrad，P. P. Boyal 和 Y. Tian 等相对独立地研究了风险中性条件下的三叉树模型方法，和二叉树模型的根本区别在于假定每个步进下标的资产价格有三种可能变化状态。在步进数量相同的情况下，三叉树模型所能产生的标的资产可能的价格数量比二叉树模型多得多，因此，计算结果也更加准确。

（二）非参数定价方法

上述介绍的布莱克 - 斯科尔斯模型的出发点是标的资产价格变化服从几何布朗运动（对数正态分布），继而导出期权定价公式。非参数定价方法指的是标的资产价格（或标的资产指数）未来随时间的演化并不受任何分布函数形式限制，而是利用数学上的数据匹配密度函数方法构造它的非参数估计，进而计算期权的均衡价格。就股指期权而言，首先根据股票指数的历史走势利用数学方法构造它的非参数估计，之后再在此基础上计算以该股票指数为标的资产的指数期权均衡价格。

（三）有限元方法

由于期权价格与标的资产价格以及时间有关，式（6 - 13）给出了期权价格必须满足的微分方程。有限元方法是一种微分方程的数值解法，在将整个时间区间分成大量小时间段以后，在每个小时间段内用微分方法一步一步得到数值结果。在期权的具体条件给定，即微分方程式（6 - 13）的边界条件给定以后，通过有限元方法可以得到期权价格随标的资产价格的时间演化过程。因此，有限元方法和二叉树模型一样，对于美式期权定价特别有效。

第七章　风险参数：希腊字母

本章要点

本章所讨论的希腊字母是期权公式十分重要的“副产品”，被广泛用作交易以及风险管理的指导。不同的希腊字母代表了影响期权价格的不同影响因素。本章主要介绍了标的物价格、距离到期日时间、波动率、利率以及标的物价格的变动对期权价格的影响，分别用希腊字母delta、theta、vega、rho和gamma表示。阅读本章，读者将了解这些希腊字母的来由和用途。

为了分析方便，我们将需要用到的基本公式列示如下：

欧式看涨期权价格：$C_0 = S_0N(d_1) - Ke^{-rT}N(d_2)$　　(7－1)

欧式看跌期权价格：$P_0 = Ke^{-rT}N(-d_2) - S_0N(-d_1)$　　(7－2)

其中，$d_1 = \dfrac{\ln(S_0/K) + (r + \sigma^2/2)T}{\sigma\sqrt{T}}$

$$d_2 = \frac{\ln(S_0/K) + (r - \sigma^2/2)T}{\sigma\sqrt{T}} = d_1 - \sigma\sqrt{T}$$

S_0是标的资产当前价格，K为期权执行价格，r为年无风险利率，σ为标的资产价格的年波动率，T为期权到期时间，N(x)是标准正态分布的累计概率分布函数。关于布莱克－斯科尔斯公式的假设条件在此不再一一赘述。

一、期权中的希腊字母指的是什么?

期权中的希腊字母一个最主要的功能就是用来衡量和控制风险。一个期权的做市商在市场上不断报出买价与卖价，与不同的投资者成交，如果他成交的买方头寸恰好等于卖方头寸，那么他可以赚取到买卖价差而不用承担任何头寸敞口的风险。但市场并不总是那么完美，大多数情况下他要么是多头，要么是空头，作为净多头，他所面临的风险以权利金为限，而在净空头的情况下，他需要怎样去管理暴露出来的头寸风险呢?

他可以选择的最简单的方式是什么都不干，只是持有现有的头寸，是赔是赚完全听从命运的安排。这显然并不是做市商或者机构投资者追求的境界，他们需要将风险掌握在自己可以控制的范围内。

可以选择的另外一种方式是持有一个与期权头寸方向相反的标的资产。比如期权头寸是卖出看涨期权，那么就需要在现货市场中买入标的资产；如果期权头寸是卖出看跌期权，那么就需要在现货市场中卖空标的资产。采用这种方法，当标的资产价格在期权市场上朝着不利于自己的方向发展，期权的卖方被要求行权的时候，其在现货市场上的头寸将提供很好的保护。但是当标的物价格在期权市场看来有利于自己时，其在现货市场上必然是亏损的，有时候这个亏损甚至会吞掉卖出期权收入的权利金。

【案例7-1】

假设某做市商以9美元/股的价格卖出了20万股执行价格为215美元IBM股票的欧式看涨期权，当前IBM股票价格为212美元，无风险利率为2%，距离到期日还有13周(0.25年)，IBM股票波动率是每年20%。

将上述条件代入布莱克-斯科尔斯公式中，可以得到期权的理论价格是7.56元，而该做市商收入了180万美元(=9×20)的权利金。他赚取到了829.44万美元[=28.8×(9-7.56)×20]的超额收益。

为了对冲卖出该看涨期权所暴露出来的风险，该做市商从股票市场上以212美元的价格买入20万股IBM的股票。

到期时，如果股价涨到230美元，那么皆大欢喜，期权的买方可以实现每股6美元(=230-215-9)的收益，而做市商因为期初购入了股票现货，在赚取每股9美元的权利金之外，还能赚到每股3美元的价差收益。

如果股价跌到200美元，期权买方放弃行权，损失全部权利金，做市商在期权上赚取180万美元的权利金，但是在股票上将损失240万美元，总体来说损失60万美元。

从案例7－1可以发现，现货市场上相反的头寸并不能为期权提供很好的保护，事实上通过图7－1会发现，当卖出看涨期权，买入股票时只是将自己的头寸从卖出看涨期权变成了卖出看跌期权，头寸仍然是暴露的。此时，希腊字母们可以大显身手。希腊字母为做市商提供了对冲期权头寸风险的另一种方式。

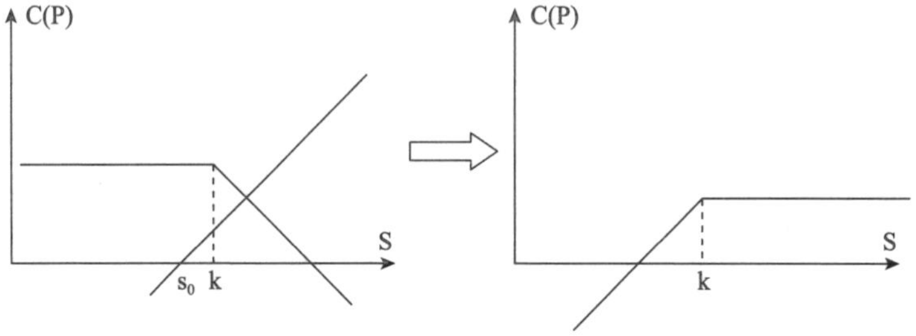

图7－1　卖出买权与买入股票投资组合损益图

此例中，收取的权利金高于将各项条件代入布莱克－斯科尔斯公式后求得的期权的公允价值，高出的部分是卖出该期权得到的超额收益。如果这笔期权只是持有很短的一段时间，可利用delta对冲，保持头寸的delta中性直到头寸了结，就能让这笔超额收益切实落袋为安。策略中以实现该笔超额收益安全为目的。

在期权报价的界面除了显示某一期权的买价和卖价外，往往还会显示该期权的delta值、gamma值、theta值、vega值以及rho值。用希腊字母表示，分别是Δ、Γ、θ、ν和ρ；从数学上等于期权价格对不同的风险因子的偏导数。希腊字母系列经常被期权的做市商或是机构投资者的期权交易员用来进行期权头寸的风险管理。Baird在《期权做市》（Option Market Making）一书中指出，做市商尤其需要关注delta风险与vega风险。因为做市商一般有空头或者多头的净头寸，因此，需要关注delta所代表的方向性的风险；而同时做市商在大部分时候是卖出期权，由于做市商卖出的肯定不止一种期权合约，因此，其整体头寸相当于卖出一系列跨式套利组合，这就产生了对冲掉vega风险的需求；除非出现灾难性的大涨大跌行情，一般较少需要调整gamma。

不考虑分红的前提下期权价格的影响因素有：标的资产的价格、时间、波动率和无风险利率。其中最易变的因素是标的资产的价格和波动率，从数值到变化的方向都存在不确定性；距离到期日的时间虽然是一个不断变化的值，但是不断减小的趋势是确定的；无风险利率相对来说对期权的价格影响较小，同时相对于标的资产价格和波动率来说也更为稳定。用影响因素变动所引起的期权价格变动的大小来衡量期权对该因素的敏感性，越敏感的因素对期权价格的影响越大，换句话说，可能带来的风险也越大。当其他因素保持不变，某一变量的极小变动引起的应变量的变动就是数学上偏导数的概念。分别对影响期权价格的各个因子求偏导，就能得到各个希腊字母的数学表达式。

随着金融理论以及金融创新的不断发展和推进，有一些投资者在交易中使用了比

表 7－1 中所列 5 个希腊字母更为复杂的和高阶的希腊字母，比如 gamma 的 gamma，vega 的 vega（vomma，用来衡量维伽对隐含波动率变化的敏感性的指标），vega 的 delta（vanna，用来衡量维伽对基础资产价格变动的敏感度）等，但是在实践中，这些统计量用处不多，主要还是使用表 7－1 中提到的 5 个希腊字母。

表 7－1　　期权主要希腊字母列表

求偏导对象	对应希腊字母	字母发音
标的资产价格	Δ	delta
距离到期日时间	θ	theta
无风险利率	ρ	rho
波动率	ν	vega
对 delta 求标的资产价格的偏导	Γ	gamma

二、什么是 delta 与 delta 风险？

delta（Δ 或 δ）是金融衍生品价格关于标的资产价格的一阶偏导数，它为投资者提供了关于价格敏感性的信息。期权 delta 是期权价格变化对其标的资产价格变化的比率，数学上看是期权价值对标的资产价格的偏导数，是期权价格与标的资产价格关系曲线的斜率。当价格变化很小时，图 7－2 中欧式看涨期权价格与标的资产价格的关系曲线上 A 点的 delta 即为曲线在该点的切线的斜率。对于曲线上其他的点，这一说法同样成立。一般地，有：

$$\Delta = \frac{\partial f}{\partial S}$$

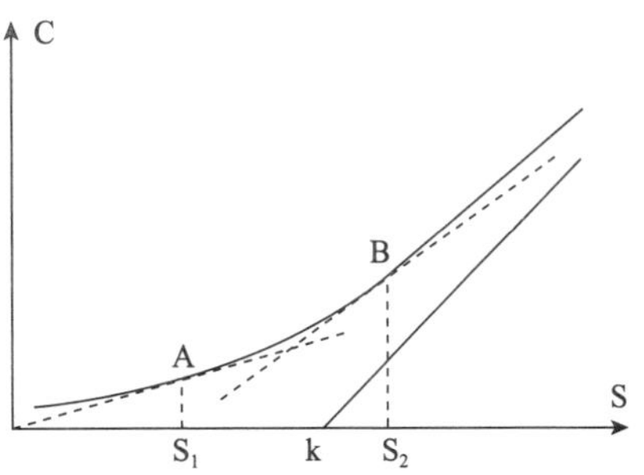

图 7－2　欧式看涨期权的 delta

通过布莱克－斯科尔斯公式计算得到：

对于欧式看涨期权 $\Delta_c = N(d_1), 0 \leqslant \Delta_c \leqslant 1$　　(7－3)

对于欧式看跌期权 $\Delta_p = -N(-d_1) = N(d_1) - 1, -1 \leqslant \Delta_p \leqslant 0$　　(7－4)

期权的 delta 风险是指标的资产价格变化引起的期权价格的波动。

如果标的资产有收益，且其收益率为 q，则有：

$$\Delta_c = e^{-qT}N(d_1) \quad (7-5)$$

$$\Delta_p = -e^{-qT}N(-d_1) = e^{-qT}[N(d_1)-1] \quad (7-6)$$

当标的资产为指数时，q 为指数收益率；当标的资产为外国货币时，q 等于外币的无风险利率。

将案例 7-1 中的数据代入式（7-3）中，求得例中股票看涨期权的 $\Delta = 0.48$。因为持有的是看涨期权的空头，因此，该做市商头寸的 delta 值为 -96 000（= -0.48 × 200 000），要对冲掉头寸的风险，该做市商只需买入 9.6 万股股票即可。

不仅期权有 delta 风险，远期、期货等衍生产品同样也有 delta 风险。利用 delta 的定义，可以得到远期合约的 $\Delta = 1$，这意味着基于一股股票的某个远期空头头寸可以用买入一股该股股票的方法来对冲，而该远期的多头头寸可以用出售一股该股股票的方法来对冲。同样，能算出期货合约的 $\Delta = e^{rt}$。

期权的有效杠杆比率

夏尔佛投资研究会主席和《期权顾问》的作者 Bernie Schaeffer 认为大多数的期权投机者通过选择有很小 delta 和很大杠杆的期权来进行孤注一掷的交易。delta 是用来衡量当基础资产的价格变化 1 美元时期权的价格会变化多少。期权的实际杠杆比率（Effective Gearing）= 股票价格 × 期权 delta/期权价格，这一公式表明当你有一个高价股票和低价期权时杠杆作用最大。对应于一个欧式看涨期权，虚值程度越大，期权价格越低。Schaeffer 认为：“我发现当杠杆比率比 10 大很多时，除极少数的情况外，股票在期权到期之前通常没有足够的时间变动到执行价格之上。”实际上，期权交易新手倾向于购买便宜的虚值期权，虽然投入风险资金（权利金）很小，但承担着很高的所购买的期权到期失效的风险。Schaeffer 认为杠杆比率在 3～10 之间的期权可以为风险和潜在收益提供最好的平衡。

三、delta 有什么特性?

由公式（7-3）和公式（7-5）可知，不支付红利和支付红利的欧式看涨期权的 Δ 分别为 $N(d_1)$ 和 $e^{-qT}N(d_1)$，$N(d_1)$ 为密度函数，取值在 0～1，所以欧式看涨期权的 Δ 在 0 和 1 之间。欧式看跌期权的 Δ 等于 $N(d_1)-1$ 和 $e^{-qT}[N(d_1)-1]$，所以欧式看跌期权的 Δ 在 -1 和 0 之间。当持有看涨期权的多头，意味着应该通过卖空标的资产来对冲头寸的 delta 风险，而看跌期权的 delta 值位于 -1 到 0 之间，这意味着应该通过买入标的资产来对冲看跌期权多头头寸的 delta 风险，而且卖空或买入的标的资产的数量肯定少于期权头寸的数量。

delta 还具有线性特征。如果我们拥有一个投资组合，组合的价值为 $\Pi = W_i \times C_i$，组合的 delta 值等于每种资产的 delta 的线性和，即：

$$\Delta = \sum_{i=1}^{n} W_i \Delta_i$$

其中，W_i 表示组合包含第 i 种期权的数量。对于一个投资组合，当它的 delta 值大于 0，称为牛市组合；当它的 delta 值小于 0，称为熊市组合。

【案例 7-2】

假设美国一家金融机构持有的三种澳元期权头寸如表 7-2 所示。

表 7-2　美国一家金融机构持有的三种澳元期权头寸

头寸种类	执行价格（澳元）	到期期限（月）	Delta 值	头寸大小（澳元）
看涨期权多头	0.55	3	0.545	100 000
看涨期权空头	0.56	5	0.481	200 000
看跌期权空头	0.56	2	-0.508	50 000

那么需要怎样的澳元头寸来进行对冲呢？计算得到：

$100\ 000 \times 0.545 - 200\ 000 \times 0.481 - 50\ 000 \times (-0.508) = -16\ 300$（澳元）

这是一个熊市组合，我们需要持有 16 300 澳元的多头头寸方可对冲上述期权投资组合的 delta 风险。

也可以利用澳元的远期或期货合约来进行对冲。

四、准确计算出某一时刻期权的 delta 值是否就意味着完美的风险对冲，影响 delta 的因素有哪些？

从直觉上也会给出题目否定的答案。这不仅是因为影响期权价格的因子除了标的资产价格，还有波动率、时间等其他因素，也还因为 delta 本身也并不是一个固定的值。Stoikov 在 2009 年的研究中指出，对于一个完全竞争的市场，如果标的资产流动性足够，通过 delta 对冲就可以对冲掉组合的风险；而对于一个非完全竞争的市场，特别是波动率不稳定且存在大量隔空跳开的市场中，需要同时进行 delta、gamma 和 vega 对冲。

从图 7-2 可以看到，期权价值曲线上的 A 点和 B 点的切线斜率显然不同。随着标的资产价格的变动，期权的 delta 值不断变动。事实上，delta 值与距离到期时间以及波动率都有关联。这从 delta 的数学表达式$N(d_1)$也能体现出来。$N(d_1)$的值受到标的资产价格、距离到期时间、波动率和无风险利率的影响。

图 7-3 是看涨期权的 delta 值距离到期日时间以及标的资产价格的三维立体图。从图 7-3 中能够看到，欧式看涨期权随着标的资产的价格不断增大，delta 的值也不断增大，但是在不同的点，其增大的速度并不均匀。而距离到期日时间与 delta 的关系并不稳定，它根据期权处于实值、平值或是虚值情况而有不同的表现。

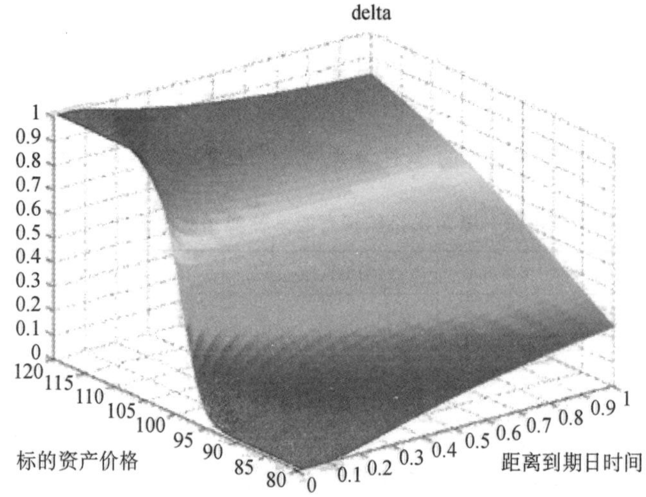

图 7-3　delta 与标的资产价格、距离到期日时间三者间的关系

对图 7-3 截取不同的截面，将其分拆到二维世界来进行进一步的分析。首先固定距离到期日时间，截取 delta 值与标的资产价格的一个截面图，得到图 7-4。随着标的资产价格的增大，欧式看涨期权的 delta 值不断增大，并且在数值上大于 0 小于 1，这从$N(d_1)$的数学含义中也能得到证明，累积密度分布函数的值总是大于 0 小于 1 的。我们还能发现 delta 变化的速度有一个先变大再变小的过程，在等于执行价格的那一点，delta 变动最快。

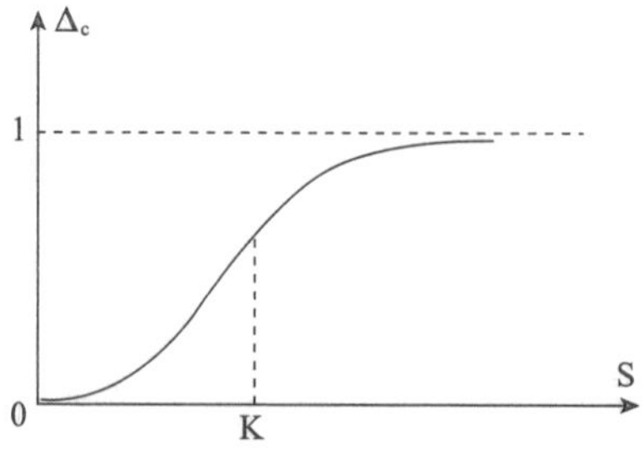

图 7-4　delta 与标的资产价格的关系

对于标的资产，执行价格与到期期限均相同的欧式看跌期权和看涨期权，将图

7 -4中的曲线向下平行移动一个单位即可得到欧式看跌期权的 delta 与标的资产的关系（见图 7 -5）：

$$\Delta_p = \Delta_c - 1$$

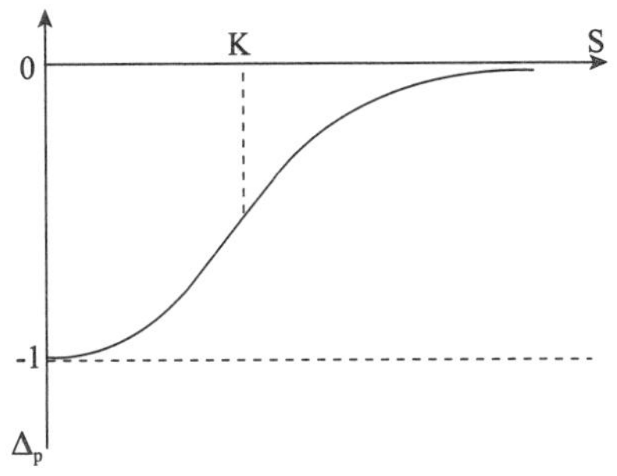

图 7 -5　看跌期权 delta 与标的资产的关系

接下来将标的资产价格固定，截取 delta 值与距离到期日时间的截面图。选取期权处于虚值、平值、实值三种不同状态时的截面，再将这三条曲线放到同一张图中，得到图 7 -6。图中横轴为距离到期日时间，距离原点越远，其距离到期日的时间越长。这三条曲线中，实值、平值、虚值三种情况由上而下依次排列，因为对于欧式看涨期权来说，$S_{实值} > S_{平值} > S_{虚值}$，而标的资产价格越大，delta 值越大。对于实值期权，随着到期日的临近，其 delta 是不断增大的；而对于虚值期权，随着到期日的临近，其 delta 值是不断变小的。考虑一个深度实值的期权，在其他条件不变的前提下，随着到期日的临近，其处于实值以上的概率将越来越大，而从布莱克 - 斯科尔斯公式的介绍中已经知道这一概率正好等于 $N(d_1)$，也就是看涨期权的 delta。所以对于实值期权，越接近到期，其表现越接近于标的资产，其 delta 值随着时间推移而上升，无限接近于 1。而对于虚值期权，随着到期日的临近，标的物价格涨到执行价格以上的概率越小。因此，对于虚值期权，越接近到期，其 delta 值越小，而且随时间推移，期权的时间价值加速下降，最终下降到 0 并停留在那里。由于时间太短，标的资产价格变化已难影响到期权 delta 值变为 0。对于平值期权，不论何时，其价格向上或向下走的概率基本相等，因此，平值期权的 delta 值理论上是等于 0. 5 的。但是由于标的资产价格不可能小于 0，其价格上行的空间要远大于价格下行的空间，因此，平值期权的 delta 值会略高于 0. 5。平值期权的 delta 值是近似线性的，在到期日接近 0. 5。

同样可以将图 7 -6 向下平移一个单位得到欧式看跌期权的 delta 值与到期时间的关系。要注意的是，对于看涨期权是实值的标的资产价格，对于相同执行价格的看跌期权来说反而变成了虚值的情况。比如当股票价格为 15 元时，对于执行价格为 10 元的看涨期权来说是实值，但是对于执行价格为 10 元的看跌期权来说，则变成了虚值的情况。因此在图 7 -7 中由上而下排列的三条线对应的分别是虚值、平值、实值的三种状态。

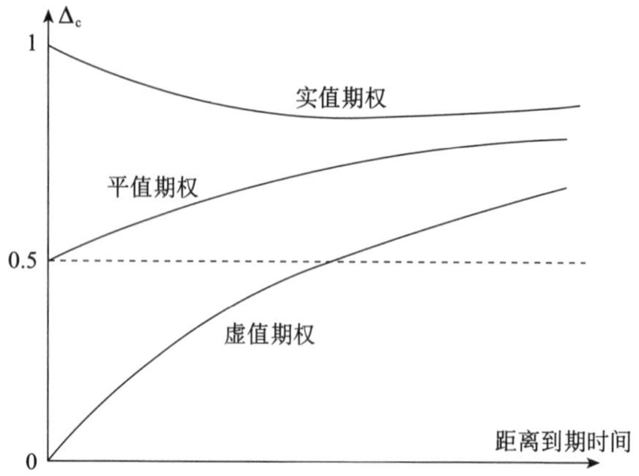

图 7－6　看涨期权 delta 与到期时间的关系

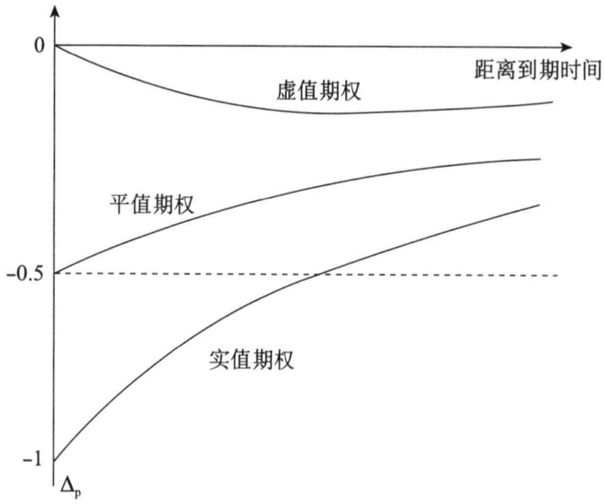

图 7－7　看跌期权 delta 与到期时间的关系

目前为止对 delta 的讨论都是在布莱克－斯科尔斯公式的范畴内基于波动率不变的前提进行的，下面来看看波动率对 delta 有怎样的影响。考虑低波动率与高波动率两种情况。对于波动率低的股票，由它衍生出来的欧式看涨期权所包含的时间价值较少，因此，在虚值状态下，波动率低的股票对股票价格的变动并不敏感，delta 会很小，但是在实值状态下，delta 值就会变得很大。同样的道理，对于波动率高的股票衍生出来的期权，在虚值状态下对标的股票价格的变化会相对敏感，而在实值状态下反应相对迟钝。在图7－4的基础上加入标的物为另一只股票的看涨期权的 delta 曲线，将两条曲线放到一个平面内加以比较，得到图 7－8。图 7－8 中虚线代表低波动率股票期权的 delta 值与标的资产价格的关系，实线代表高波动率股票期权的 delta 值与标的资产价格的关系。

既然已经知道 delta 是不断变动的，那么怎么才能更好地实现一个投资组合的 delta 中性策略呢？回到案例 7－1，如果那笔头寸打算持有一段时间，中间就需要根据 delta

的变化不断调整头寸，这就是所谓的 delta 的动态对冲。理想状态下，对 delta 的调整

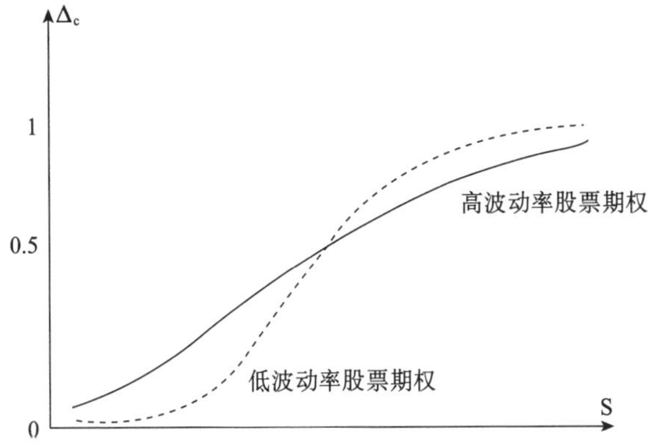

图 7－8　波动率对 delta 的影响

越频繁，期权的复制效果会越好，越接近理论价值，但是在现实中却未必如此。频繁调整带来的大量的手续费可能吞掉投资者赚取的利润，因此，机构投资者在进行 delta 对冲的时候往往还会将投资组合的 gamma 值维持在较低的水平，以减少调整 delta 的频率。

五、我们可以用 delta 来做什么?

前面的分析中已经在不断地谈到 delta 的运用，在这里将其归纳为以下三个方面。

（一）delta 可以用来计算期权头寸的套保比率，进行 delta 套期保值，这是 delta 最为广泛的一种应用

考虑这样一种情况：投资者认为期权的价值被高估（或低估），因此他们卖出（或买入）一份期权，并通过对标的资产的相应操作来对冲掉所有价格随机波动带来的风险以获取利润。投资者买入或者卖出的相应标的资产的数量即为 delta。我们将这种套期保值的方式称为 delta 套期保值。当投资者卖出期权只想赚取时间价值或者想进行期权波动率的交易，赚取波动率变动带来的利润时，往往希望能够对冲掉标的资产价格变动带来的期权价格变动的风险，这时就需要用到 delta 中性的套期保值。案例 7－3 就是这一应用的一个很好体现。

【案例 7－3】

假设 A 公司在 9 月 30 日以 0.0035 元的价格出售了 5 张执行价格为 3.2 元、剩余期限为 18 个交易日的上证 50ETF 看涨期权，期权的 delta 为 0.0047。该公司决定通过买卖标的基金的方式对期权头寸进行 delta 对冲，该公司应该采取怎样的策略？

该公司持有的是看涨期权的空头，需要使用标的基金多头进行对冲，买入基金。需要买入的数量为 $NS = \Delta \times NC = 0.0047 \times 5 \times 10\ 000 = 235$（份）。

因为期权价格变动值仅为变动基金价格变动值的 0.0047 倍，所以对冲期权持仓风险所需要的标的基金数量为期权头寸的 0.0047 倍。该公司对冲 5 张上证 50TEF 看涨期权空头持仓，需要购买 235 份基金。

以上的例子只是一种十分理想化的状态，在现实中并不是所有类型的期权都可以进行 delta 套期保值。比如在流动性不足的市场有可能买不到所需数量的资产，这时 delta 套期保值就会无法进行。在后面对 gamma 的讨论中还将看到，如果 Δ 对于价格变动过于敏感、变动太快，导致调整持仓头寸的成本过高，delta 套利也会难以进行。因此需要选择流动性好、交易成本低的品种来进行操作。

作为对标的资产的一种替代，也可以利用相关标的资产的期货合约来构建期权的 delta 中性头寸。假设 H_S 为保持期权 delta 中性所需的标的资产的数量，H_F 为保持同一期权 delta 中性所需的期货合约的数量，期货合约的 delta 为 e^{rt}，一份期货合约的效果相当于 e^{rt} 份标的资产的效果，所以有 $H_S = H_F \times e^{rt}$。当无法在一个市场上得到足够的合约实现 delta 中性的时候，可以利用这一关系式在期货与现货两个市场建立头寸。

【案例 7-4】

假设某投资银行持有执行价格为 1.5 美元的 6 个月期的欧式看跌期权 100 万英镑的空头，假设英国的无风险利率为每年 2%，美国的无风险利率为每年 1%，当前英镑兑美元的即期汇率为 1.52，英镑汇率波动率为每年 15%。

$S_0 = 1.52$，$K = 1.5000$，$r = 1\%$，$q = 2\%$，$T = 6/12$，利用这些条件可以算出该货币看跌期权的 delta 值为：

$$[N(d_1) - 1]e^{-qT} = -0.3861$$

这是看跌期权的空头，则该投资银行期权头寸的 delta 值为 386 100 元（$=0.3861 \times 1\ 000\ 000$）。该投资银行如果要对冲该头寸的 delta 风险，有两种选择：一是卖出 386 100 英镑的现货；二是利用外汇期货合约。假设选择用 9 个月期的期货合约来进行对冲，需要使用的期货合约的头寸为 389 006 元 [$=386\ 100 \times e^{-(0.01-0.02)\times 9/12}$]。由于每份英镑期货合约的规模为 62 500 元，因此需要出售 7 份（$\approx 389\ 006 \div 62\ 500$）期货合约来对冲。

（二）欧式看涨期权的 Δ 可以用来估计某期权在期权到期日处于实值的可能性，即期权行权的概率

在布莱克-斯科尔斯模型的分析中，执行看涨期权的可能性实际上是 $N(d_2)$，但是因为极少公布该统计量，必须通过计算才能知道 $N(d_2)$ 的值。可以通过很多便利的信息渠道获得 delta 的值，它恰好等于 $N(d_1)$。由于 $d_2 = d_1 - \sigma\sqrt{T}$，只有当标的资产

波动很大或者距离到期日时间很长时，$N(d_2)$ 和 $N(d_1)$ 的区别才很大。根据 Baz 和 Strong（1997 年）发表在《金融实践与教育》上的一个研究结果，看涨期权 delta 对执行期权的概率大概会夸大几个百分点。如果一个看涨期权的 $\Delta=0.67$，可以估计大约有 67% 的可能性在到期日股价高于期权的执行价格，即该期权有 67% 的可能性被执行。例如在 2013 年 4 月 13 日，IBM 股票的收盘价为 211.38 美元，其相应的执行价格为 210 美元，6 月 21 日到期的股票看涨期权的价格为 6.25 美元，它的 delta 值为 0.66，即在到期时，该期权落在价内的可能性为 66%。

（三）Δ 代表了期权价格对标的资产价格的敏感度，指出了模拟股票收益所要求的期权数量

例如一个 $\Delta=0.5$ 的看涨期权，当股票价格变动 1 元时，该期权价格变动为 0.5 元，如果复制买入一份股票的收益，需要买入两份期权。更普遍的有：复制一份股票多头需要买入 $1/\Delta$ 份期权。反过来也可以利用 delta 用股票复制期权。

【案例 7-5】

假设有一个复制沪深 300 指数的价值为 3 000 万元的投资组合。投资组合的管理人打算将该组合持有半年，并为该组合设置了 5% 的止损线，也就是当组合价值跌到 2 850万元以下时平仓出局。为了使证券组合的价值得到充分保护，投资人最理想的办法是能买入一个执行价格为 2 850 万元的看跌期权；还有一种办法就是通过 delta 复制，创造出所需要的期权。

假设无风险利率为每年 3%，红利收益率为每年 1%，市场波动率为 25%，于是有：$S_0=3\,000$，$K=2\,850$，$r=3\%$，$q=1\%$，$T=6/12$，$\sigma=25\%$。可以算出所需期权的初始 delta 值为：

$$e^{-qT}[N(d_1)-1]=-0.3184$$

因此，投资者首先要卖掉证券组合的 31.84%，以匹配所需期权的 delta 值。

如果一天后组合价值降到 2 900 万元，所需期权的 delta 值变化到 -0.3582，需要再卖出 3.98%。如果一天以后证券组合价值变到 3 200 万元，所需期权的 delta 值变化到 -0.199，需要再买回 11.94% 的投资组合。这一不断调整持仓的过程需要根据证券投资组合价值的变化持续进行，一般可以以前一天的收盘价为基准每天进行一次。

当标的资产价格上升，delta 值变大，我们增加标的资产的头寸；当价格下降，我们减少头寸。这就是在“期权的定价方法”一章中提到过的动态复制的过程。这是一个高买低卖的过程，这中间产生的支出就是期权复制的成本，在理想状况下，从无风险套利的角度来说将所有复制成本折现到开始对冲的起点，应该正好等于计算出来的期权的理论价格。在本例中，等于 117.13 万元。

案例 7-5 体现了投资组合保险的思想，通过复制 delta 合成期权，以实现对证券投资组合的保险。也可以借用股指期货进行交易，降低交易成本。

这种方法的缺陷在于，策略本身的机制决定了市场上必须“追涨杀跌”，价格上涨增加持仓，价格下跌卖出减仓；由于交易成本的存在，基金经理必须在交易成本与复制效果之间进行平衡：交易成本越高，操作频率越低；在出现极端行情的时候，投资组合保险的效果将大打折扣；如果采用股指期货进行保险，期货与现货的基差风险也不容忽视。

黑色星期一

1987 年 10 月 19 日（星期一），全球股市在纽约道·琼斯工业股票平均指数带动下暴跌。这一天道·琼斯工业股票平均指数骤跌 508 点，下跌幅度 22%，混乱中，价值超过 6 亿美元的股票被抛售。纽约股市的震荡甚至影响到东京和伦敦，伦敦的 FT 指数滑落 250 点。令人奇怪的是，当日并无任何不利股市的消息或新闻，关于下跌的原因至今仍在争论。1987 年 10 月，有 600 亿美元或者更多的股权资产通过构造合成期权采取了有价证券组合保险策略。1987 年 10 月 14 日至 16 日三天，股市下跌了 10%，对应于采取保险策略的投资组合，应该出售至少 120 亿美元的股权资产或指数期货合约。但是实际上这么大量的成交额很难在瞬间完成，到 10 月 16 日，最后成交的只有 40 亿美元。为了执行该策略，在接下来的 1 周内，需要继续大量卖出股票。据估算，在 10 月 19 日这一天，3 个有价证券组合保险者卖出的指令占纽约股票交易所总出售额的 10%，在指数期货市场上出售的期货合约数量占出售额的 21.3%。因为市场下跌过快，很多交易指令未能执行，没能达到保险的目的。

当运用期权来调整投资组合 delta 值的时候，会发现买看涨期权与卖看跌期权都能带来 delta 值的增加。从交易成本的角度考虑，一种方式需要付出权利金，得到权利；另外一种方式则是收入权利金，承担义务。实践中投资者往往会在二者之间选取一个平衡点，尽量减少现金的额外支出。通过案例 7 - 6 来说明。

【案例 7 - 6】

假设在 7 月份一个投资组合包含 10 000 股某种股票，投资组合管理者决定将市场风险减少一半，使头寸 delta 为 5 000，同时又不想采取卖出股票的方式，投资者可以选择的方式是卖出看涨期权或买入看跌期权。投资者打算选择到期日为 10 月的期权进行对冲，当时距离到期日时间 $t = 0.25$，无风险利率 $r = 3\%$，股票价格波动率 $\sigma = 25\%$，当前股价 $S_0 = 30$。当前可选的期权有两种：10 月看涨期权 1，$K = 33$，看涨期权价格 $C = 0.56$ 和 10 月看跌期权 2，$K = 32$，看跌期权价格 $P = 2.58$。

先来计算两个期权各自的 delta 值：

$\Delta_c = N(d_{11}) = 0.26$

$\Delta_p = N(d'_{12}) - 1 = -0.65$

假设卖出 x 股看涨期权，买入 y 股看跌期权，为了使 delta 对冲的成本最小，且实现预期的 delta 调整目标，列出如下方程组：

$-X \times \Delta_c + y \times \Delta_p = -5\ 000$

$X \times 0.56 - y \times 2.58 = 0$

解得 x = 12 466，y = 2 705，因为 1 份期权对应着 100 股股票，因此卖出 124 份看涨期权，买入 27 份看跌期权。计算加入期权后新投资组合的 delta = 10 000 − 12 400 × 0.26 − 2 700 × 0.65 = 5 021，与目标值5 000十分接近，我们在期权上的花费是：0.56 × 12 400 − 2.58 × 2 700 = −22（元），接近于 0。

六、什么是 gamma 与 gamma 风险？

delta 值随着标的资产价格与时间的变动而变动，而 gamma（Γ）正是用来衡量 delta 对标的资产价格敏感度的一个参数，它是 delta 变化相对于标的资产价格变化的比率，是 delta 的 delta。有时候 gamma 也被称为期权价格与股票价格关系曲线的曲率。所以，期权的 gamma 风险是指标的资产价格变动引起的期权 delta 的波动。

当 gamma 值较小时，delta 变化缓慢，为保持 delta 中性不需要进行频繁的调整，但是当 gamma 绝对值较大时，delta 对标的资产的价格会十分敏感，此时若不对 delta 中性投资组合的持仓进行调整就会产生较大的价格风险。当一个投资组合的 gamma 为 0，我们称该投资组合为 gamma 中性。如果一个投资组合的 delta 以及 gamma 能保持中性，那么在一定范围内不论价格如何变化，delta 值都不会变化。从图7 − 9 可以很清楚地看到如果只考虑 delta 中性由 gamma 造成的对冲误差，如果仅依据在 A 点计算的 delta 进行对冲，当标的资产价格运动到 S_2 的时候，期权价值实际为 C_3，但是 delta 只对冲了 C_2 部分，中间仍有 $C_3 - C_2$ 的风险敞口。

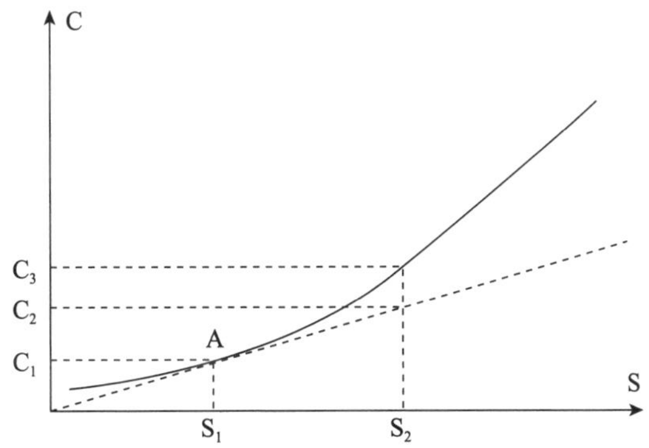

图 7 − 9 看涨期权非线性对冲误差

数学上 gamma 等于期权价值对于标的资产的二阶偏导数：

$$\Gamma = \frac{\partial \Delta}{\partial S} = \frac{\partial^2 f}{\partial S^2}$$

利用布莱克 - 斯科尔斯公式可以算得：

$$\Gamma_c = \Gamma_p = \frac{N'(d_1)}{S_0 \sigma \sqrt{T}}$$

分别对看涨期权和看跌期权的 delta 求标的资产价格的偏导，从 $\Delta_c = N(d_1)$，$\Delta_p = N(d_1) - 1$ 的公式中看出，对于同一标的资产的看涨期权与看跌期权的 gamma 值其实是相等的。而从图 7 - 2 中很容易看出随着标的资产价格的增长，delta 值是不断变大的，即 delta 对标的资产价格的偏导数应为一个正值。所以，对于同一标的资产的看涨期权和看跌期权，它们的 gamma 是一个相等的正数。因此当我们买入期权，不论是买入看涨期权还是买入看跌期权，投资组合都拥有一个正的 gamma 值；当卖出期权，gamma 值则是负的。也有文章用买入 gamma 和卖出 gamma 来表述。

与 delta 一样，证券组合的 gamma 值就等于组合内各种衍生证券 gamma 值的总和：

$$\Gamma = \sum_{i=1}^{n} w_i \Gamma_i$$

对于远期、期货等收益曲线为线性的金融工具而言，它们的 gamma 为 0。

七、gamma 与标的资产价格及时间的关系是怎样的?

以标的资产价格为 x 轴，距离到期日时间为 y 轴，gamma 值为 z 轴，可以得到一幅表示标的资产价格、距离到期日时间与 gamma 值三者关系的三维立体图（见图 7 - 10）。

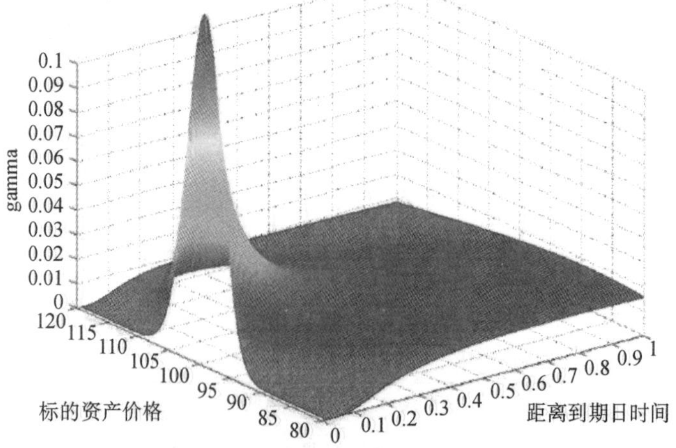

图 7 - 10　gamma 与标的资产价格、距离到期日时间三者间的关系

将距离到期日时间固定，从图 7 - 10 中截取一个显示 gamma 与标的资产价格关系的截面，可以得到图 7 - 11。从图中可以看到，gamma 在资产价格等于执行价格的时候最大。因为在执行价格这一点，标的资产价格细微的变动都会导致期权实值与虚值之间的转换，因此 delta 变动会相当剧烈。而对于一个深度虚值或是深度实值的期权来说，标的资产价格小幅的变动并不能引起其 delta 太大的变动，因此此时的 gamma 值也很小。

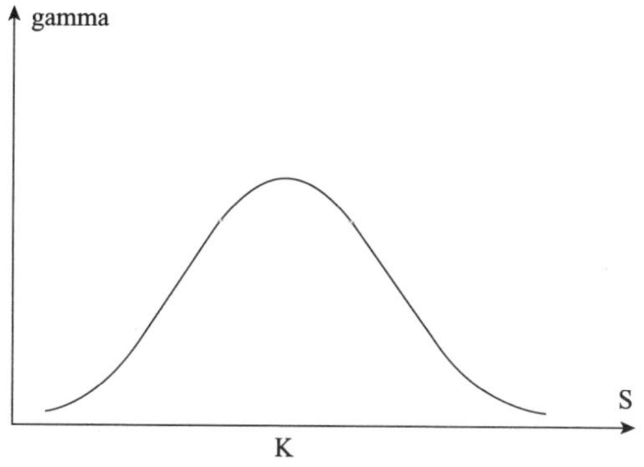

图 7 - 11 gamma 与标的资产价格的关系

观察图 7 - 10 会发现，期权分别在实值、平值、虚值时候的 gamma 与到期时间关系的截图曲线形状是不一样的。我们将这三种状态下 gamma 与到期时间关系的曲线集合到图 7 - 12 中，以便于比较。首先考虑极度实值的情况。当临近到期日时，极度实值的期权其 delta 值接近于 1，这个时候 delta 变得十分稳定，越临近到期，delta 越稳定，也就是其变动的速度会减慢，因此在临近到期时 gamma 会不断下降到 0。同样，对于极度虚值也是如此。我们可以想象一场对手实力相差太过悬殊的比赛，游戏快要结束，结果已无悬念可言，因此 gamma 会迅速下跌。而对于平值期权而言，越临近到期，其 gamma 值越高，就像是一场势均力敌的比赛，一方轻微的变化都将引起整个比赛局面的改变，而且越到最后，比赛越激烈。因此平值期权在临近交割时，gamma 会变得很大。当距离到期时间较长时，delta 随时间变化十分缓慢而稳定，相对应的 gamma 值也比较稳定，且数值不大。

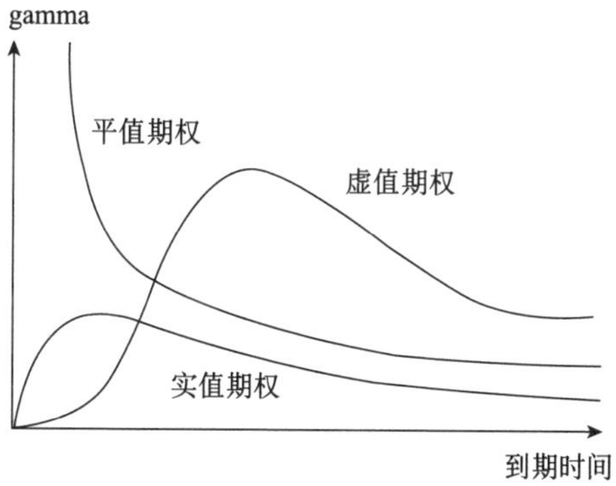

图 7 - 12 gamma 与距离到期时间的关系

八、如何对冲 gamma 风险，gamma 有何用途?

当持有一个 delta 中性的期权投资组合，还要保持组合的 gamma 中性时，需要用什么样的资产来进行对冲呢？因为标的资产及其衍生出来的期货和期权合约的 gamma（二阶导数）等于 0，所以不能通过它们来改变投资组合的 gamma，必须使用像期权那样价格与标的资产价格呈非线性关系的工具来进行对冲。当加入新的期权合约到原来的投资组合中去以后，也改变了投资组合的 delta 值，为了使投资组合重新实现 delta 中性，需要计算新的 delta 值，并利用标的资产或者标的资产的远期（期货）合约来进行对冲，以期实现新的 delta 中性状态。gamma 中性策略可以看作是 delta 中性策略的一个补充。当标的资产价格变动较小的时候，delta 中性即可为投资组合提供足够的保护，但是当价格发生较大变化时，则需要利用 gamma 中性来提供额外的保护。案例 7 –7 体现了 gamma 对冲的过程。

【案例 7 –7】

假设某 delta 中性的有价证券组合其 gamma 值为 –4 500，某具有相同标的资产的看涨期权的 gamma 值为 1.5，delta 值为 0.51，用这个期权来实现 gamma 中性，需要购入 3 000 份（=4 500 ÷ 1.5）这一期权。购入期权后，新的组合的 delta 值为 1 530（=0.51 × 3 000）。为了实现新的 delta 中性，需要卖空 1 530 份标的资产。

当期权既存在 delta 风险又存在 gamma 风险时，仅对冲 delta 风险，标的资产价格波动，期权持仓仍然有风险。

【案例 7 –8】

分析案例 7 –3 的对冲效果，并据此设计更合理的对冲方案。

案例 7 –3 的看涨期权空头，delta 为 –0.0047，gamma 为 –0.1494。当公司买进 235 份标的基金对冲 delta 风险时，由于存在 gamma 风险，delta 会发生变化，将导致期权价格发生变化，期权风险不能完全对冲。

所以，在风险对冲时，既要对冲 delta 风险，也要对冲 gamma 风险。

由于标的基金的 gamma = 0，所以不能用买进或卖出标的基金的方式对冲 gamma 风险。

简单的思路是：

期权多头的 gamma 大于 0，而空头的 gamma 小于 0；且其他条件相同的期权，gamma 的绝对值相同。

对冲看涨期权空头的 gamma，可买进 5 张相同执行价格、相同到期期限的上证 50ETF 看跌期权，期权组合的 gamma 等于 0。

此时，该公司的期权持仓为条件相同的5张看涨期权空头和5张看跌期权多头，看跌期权多头的delta为 -0.9953。

组合的delta = 5 × 10 000 × （ -0.0047 - 0.9953） = 50 000（份）。

由于看涨期权空头和看跌期权多头的组合为标的资产空头，买进50 000份标的基金，相当于对冲了标的资产持仓，因此，买进50 000份标的基金，可对冲期权组合的delta风险，组合的delta和gamma均为0。标的基金价格改变，既不会引起期权价格的改变，也不会引起期权delta的改变。

投资者先决定用于gamma对冲的期权，再计算加入新的期权后整个投资组合的delta值，然后选择相应数量与方向的标的资产进行delta对冲即可。但是，与Delta对冲类似，gamma对冲只能保持短时间gamma中性，要完全对冲掉gamma的风险也需要进行动态对冲。

gamma也可用来估计一个delta中性的投资组合当价格变化时该投资组合价格的变动。

假设波动率保持不变，投资组合的价值可以表达成标的资产价值S与距离到期日时间T的表达式。对投资组合的价值Π进行泰勒展开，可以推出对于delta中性的投资组合有：

$$\Pi_2 - \Pi_1 = \Delta(S_2 - S_1) + 0.5\Gamma(S_2 - S_1)^2$$

式中 Π_1、S_1 分别表示变动前的资产组合价值和标的资产价值，Π_2、S_2 分别表示变动后的资产组合价值和标的资产价值。

【案例7-9】

假设某delta中性的投资组合gamma为 -10 000，当资产价格在极短的时间内发生 -1或者 +1的变动，该投资组合的价值将减少5 000（$=0.5\times10\,000\times1^2$）。

【案例7-10】

案例7-3的对冲策略，当买进235份标的基金时，期权的delta中性，但存在gamma风险。标的资产价格变化0.01元，gamma风险导致期权价格的变化为：

$\Delta C = 0.5\times\Gamma\times\Delta S^2 = 0.5\times(-0.1494)\times(0.01)^2 = -0.00000747$（元），即标的资产价格变化0.01元，该看涨期权多头由于gamma风险的作用，会下跌约0.000747元。

九、什么是theta？

theta（Θ）的定义为：在其他条件不变时，期权或证券组合的价值变化相对于时间变化的比率。其数学表达式为：

$$\theta = \frac{\partial f}{\partial t}$$

通过布莱克－斯科尔斯公式计算的看涨期权与看跌期权的 theta 的数学表达式如下：

看涨期权：$\Theta_c = -\frac{S_0 N'(d_1)\sigma}{2\sqrt{T-t}} - rXe^{-rT}N(d_2)$

看跌期权：$\Theta_p = -\frac{S_0 N'(d_1)\sigma}{2\sqrt{T-t}} + rXe^{-rT}N(-d_2)$

期权的 theta 风险是指剩余期限变化引起的期权价格的波动。

用 Θ 来衡量期权或证券组合时间损耗的速度。随着到期日越来越临近，剩余期限越来越短，期权的时间价值也越来越小，因此 Θ 的值一般为负数。在投资组合中卖出期权，随着时间的流逝，将得到时间价值；反之，买入期权，随着时间的流逝，会不断地损失时间价值。同时，theta 的损耗是非线性的，越临近交割日，其损耗越快。也就是说对于剩余期限 20 天、时间价值为 1 元的期权来说，在剩下的 20 天内并不是每天损耗 1/20 元，而是可能第一天只损耗 1 分钱，第二天损耗 1.2 分，第三天损耗 2 分，到最后的几天每天可能损耗 6 分或者 7 分，甚至更多。

在布莱克－斯科尔斯公式中，所使用的时间是以年来度量的，因此，用布莱克－斯科尔斯公式推导出来的 Θ 也是以年来度量的，将它变换到以天来度量的尺度下的 Θ 值，就能知道在其他因素都不变的情况下每过去一天期权价值的变化。具体计算方式是：每个日历日的 Θ，应用 Θ 公式计算得到的值除以 365；每个交易日的 Θ，应用 Θ 公式计算得到的值除以 252。比如，按照 0.20 的波动率和 2% 的无风险利率，一个 90 天执行价格为 50 美元的平价看涨期权的理论价值应为 2.12 美元，Θ 值为 －4.47。这意味着在一年的过程中它将损失 4.47 美元的时间价值。这对于使用者来说并不是特别直观，因为期权费比这个金额的一半还要少，并且在 3 个月后就要到期。将 4.47 美元除以 365，大约为 0.012 美元，这个结果富有意义。这意味着如果你持有该期权一天，现在期权将损失大约 1.2 美分的时间价值；如持有 10 天，将损失大约 12 美分。

【案例 7－11】

9 月 30 日，执行价格为 3.2 元、剩余期权为 23 天的上证 50ETF 看涨和看跌期权的价格分别为 0.0035 元和 0.2596 元，theta 分别为 －0.0125 和 0.1280（不支付红利的欧式看跌期权，存在 θ 大于零的情形），如果其他条件不变，分析剩余期限 22 天时该看涨期权和看跌期权的价格应为多少。

题中给出的 theta 是以年度量，要分析剩余期限 23 天变为 22 天的期权价格的改变，即时间衰减 1 天，从 23/365 年变为 22/365 年期权价格的改变，时间的衰减为 1/365 年。

看涨期权价格变化 $= -0.0125 \div 365 = -3.4247 \times 10^{-5}$；看跌期权价格变化 =

0. 1280 ÷ 365 = 0. 000351（元）。

所以，在其他条件不变的情况下，第二天，看涨期权的价格应该下跌 3.4247×10^{-5} 元，看跌期权的价格应该上涨 0. 000351 元。

与股价呈随机波动不同，距离到期的时间是一个完全确定的量，其不断缩短的趋势也是确定的，大多数投资者认为 theta 风险无须进行对冲。

同样也能做出 theta 和标的资产价格距离到期时间关系的三维图（见图 7 – 13）。对比图 7 – 10 会发现这两个图十分相似，好像关于水平面对称一样。事实上在实际运用中，theta 经常被当作是 gamma 的镜像值。对于 delta 中性的投资组合而言，gamma 和 theta 是近似互为相反数的两个值。当买入期权，也就是买入了 gamma，但同时也就要承担时间价值，也就是 theta 的损失，即卖出了 theta。这二者的操作是不可能同向的。对于买入期权的投资者而言，他们随时随地承担着因时减值的成本，而期权的卖方则在随时赚取期权的时间价值。

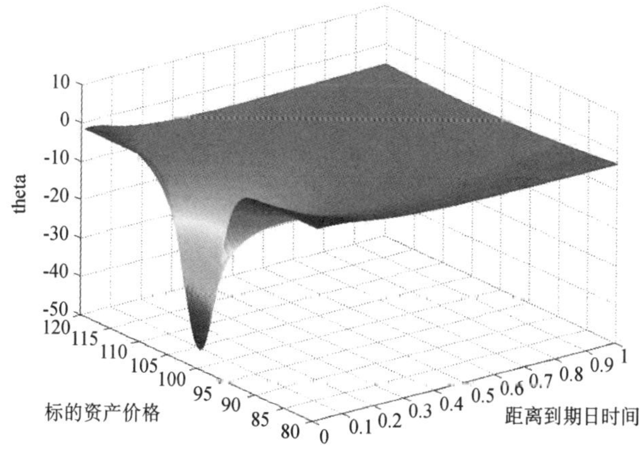

图 7 – 13 theta 与标的资产价格、距离到期日时间三者间的关系

也可以画出 theta 与标的资产价格的关系（见图 7 – 14）以及 theta 与距离到期日时间的关系（见图 7 – 15）。

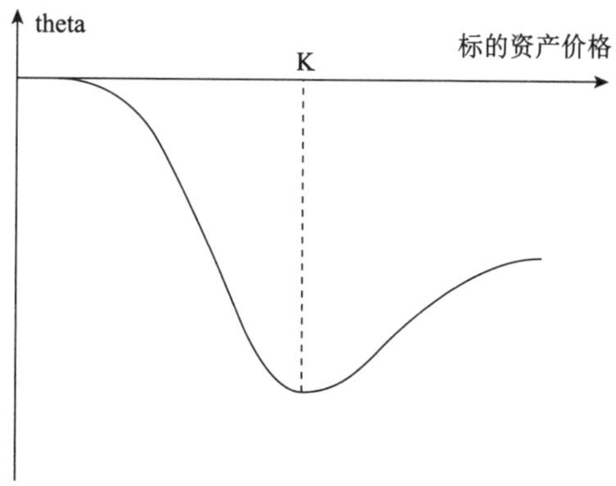

图 7 – 14 theta 与标的资产价格的关系

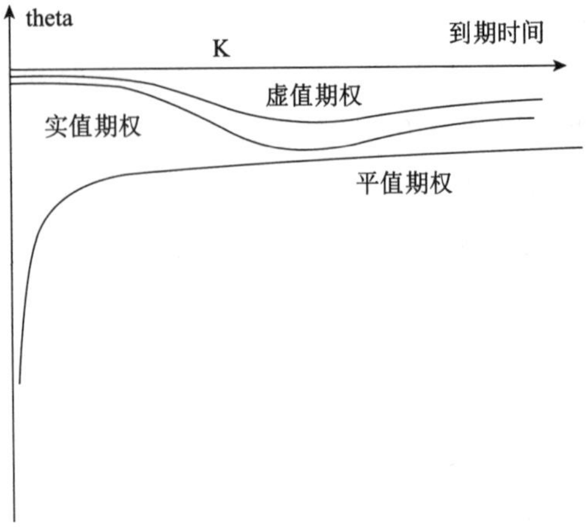

图 7-15　theta 与距离到期日时间的关系

十、delta、gamma、theta 三者之间的关系是怎样的?

至此，我们已经完成了对 delta、gamma 和 theta 的介绍。下面看一下这三者之间的数学联系。

如果把期权价值 c 看作标的资产价格 S 和时间 t 的函数，则由 Ito 公式可得：

$$dc = \left(\frac{\partial c}{\partial t} + rS\frac{\partial c}{\partial S} + \frac{1}{2}\sigma^2 S^2\frac{\partial^2 c}{\partial S^2}\right)dt + \frac{1}{2}\sigma S\frac{\partial c}{\partial S}dZ_t$$

将 Δ，θ，Γ 代入 dt 项可得：

$$\frac{\partial c}{\partial t} + rS\frac{\partial c}{\partial S} + \frac{1}{2}\sigma^2 S^2\frac{\partial^2 c}{\partial S^2} = \theta + rS\Delta + \frac{1}{2}\sigma^2 S^2\Gamma = rc$$

由这个式子可以得到著名的布莱克－斯科尔斯偏微分方程：

$$\frac{\partial f}{\partial t} + rS\frac{\partial f}{\partial S} + \frac{1}{2}\sigma^2 S^2\frac{\partial^2 f}{\partial S^2} = rf$$

也就是：$\Theta + rS\Delta + \frac{1}{2}\sigma^2 S^2\Gamma = r\Pi$

这个公式显示了 theta、delta 和 gamma 之间的关系。当组合在 delta 中性状态时 $\Delta=0$，上式就变为：

$$\Theta + \frac{1}{2}\sigma^2 S^2\Gamma = r\Pi$$

由此看出，当 $\Delta=0$ 时，在其他条件不变的情况下，不论标的资产价格如何变动，投资组合的价值是不变的，也就是此时组合是“无风险”的。理论上此时投资组合取得的是无风险利率 r。这部分无风险利率一部分来自投资组合 gamma，另一部分来自期权价值关于时间的偏导数 theta。

同时可以得到在 delta 中性的情况下，如果 theta 是较大的正数，gamma 就是很大的负数，这就解释了前文中提到过的 theta 经常作为 gamma 的镜像值。

十一、什么是 rho，rho 与标的资产价格及时间的关系是怎样的？

rho 是期权价值对无风险利率的偏导数，度量了期权价值对利率变化的敏感性，其数学表达式为：

$$\rho = \frac{\partial f}{\partial r}$$

从布莱克－斯科尔斯公式推导出来的关于 rho 值的计算公式是：

看涨期权：$rho_c = XTe^{-rT}N(d_2)$

看跌期权：$rho_p = -XTe^{-rT}N(-d_2)$

从公式可以看出：对于看涨期权，rho 值是正的；而对于看跌期权，rho 值是负的。

大部分期权交易者的头寸都是短期头寸，对于短期期权来说，rho 值一般都比较小，且无风险利率相对稳定，因此 rho 是希腊字母中最不重要的，在实际应用中经常不予考虑。对于像 LEAPS 这样的长期期权来说，rho 显得比在短期期权中更为重要。在其他各项条件均相同的前提下，对应较高水平无风险利率的看涨期权价格曲线排列在较低水平无风险利率的看涨期权价格曲线的上方，两条线之间的距离就体现了利率的影响。

给出 rho 关于标的资产价格与距离到期时间的关系图以供参考（见图 7－16 和图 7－17）。

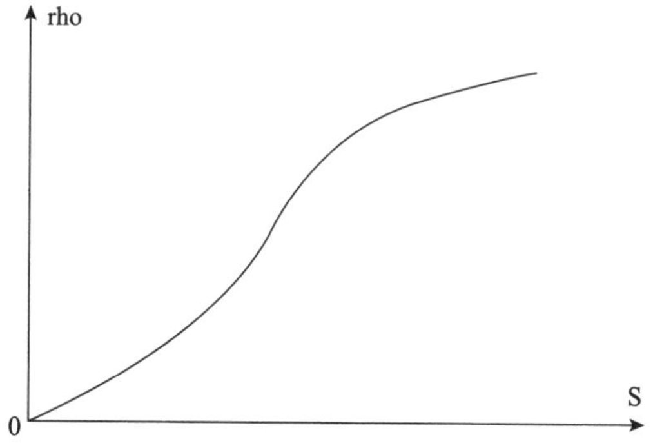

图 7－16 欧式看涨期权 rho 与标的资产价格的关系

关于 rho 需要注意的一点是，外汇期权涉及本币利率与外币利率，因此，有两个 rho，一个对应于本币利率，另一个则对应于外币利率。

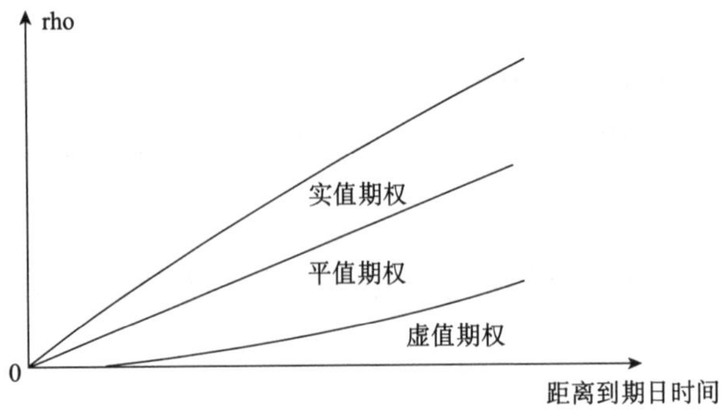

图 7 - 17　欧式看涨期权 rho 与距离到期日时间的关系

十二、什么是 vega，vega 与标的资产价格及时间的关系是怎样的？

之前所有的讨论都是在布莱克 - 斯科尔斯公式的基础上进行的，也就是隐含着这样一个前提：标的资产的波动率是一个稳定不变的值。事实上波动率是一个不断变化的值，期权价格可能会因为波动率的变化而发生改变。

vega(v) 是期权的价值对标的资产波动率的偏导数，度量了期权价值对标的资产波动率的敏感性。假设某期权的 vega 为 100，那么当波动率增加 1%，它的价值就将增加 1（=100×1%）。

vega 的数学表达式为：

$$\nu = \frac{\partial f}{\partial \sigma}$$

从布莱克 - 斯科尔斯公式推导出来的关于 vega 值的计算公式是：

$$vega_c = vega_p = S_0\sqrt{T-t}N'(d_1)$$

如果其他条件保持不变，标的资产的波动率越高，期权的价值越高，所以，对于期权多头，不论是看涨期权还是看跌期权，vega 都是正值。

期权的 vega 风险是指标的资产价格波动率变化引起的期权价格的波动。

虽然利用假定波动率为常数的布莱克 - 斯科尔斯公式对波动率求偏导看上去有违逻辑，但是用别的将波动率当作随机变量的模型推导出来的 vega 值与用布莱克 - 斯科尔斯公式推导出来的结果相差并不大，因此，在实践中使用这个结果并无太大的不妥。

标的资产以及标的资产的远期与期货合约的价格与波动率无关，因此它们的 vega 值均为 0。

当标的资产价格等于执行价格时，波动率的细微改变都将引起期权实值与虚值之间的转换，因此在执行价格这一点，vega 有最大值。而对于深度实值或是深度虚值的期权，波动率的变动并不能引起期权价值太大的变动。图 7－18 展现了 vega 与标的资产价格之间的关系。

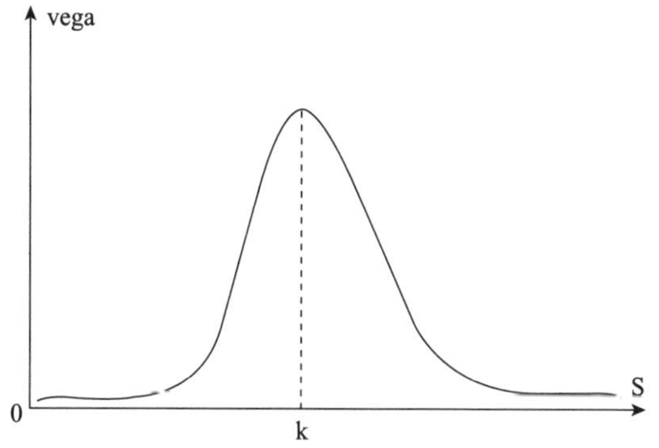

图 7－18　vega 与标的资产价格的关系

当距离到期的时间比较长，标的资产的波动率发生变动，标的资产价格会有充分的时间发生改变，从而影响期权的价格，因此距离到期时间越长，vega 越大；当临近到期，即使波动率变大，也已无足够时间让标的资产价格发生变化，因此当接近到期的时候 vega 值会迅速减少。图 7－19 展现了 vega 与距离到期日时间之间的关系。

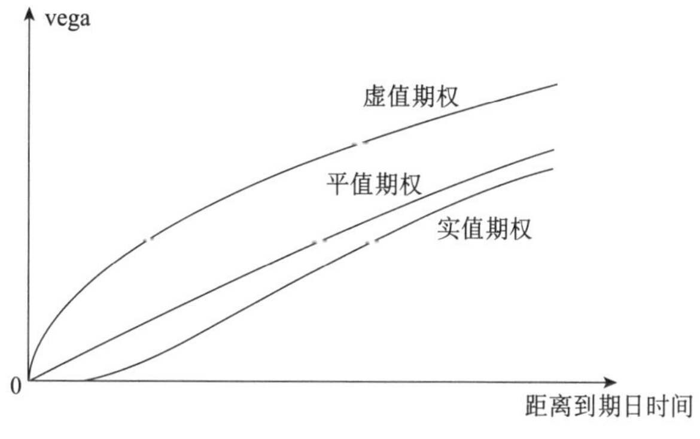

图 7－19　vega 与距离到期日时间的关系

vega 的别称

vega 是天琴星座中的阿法星，并且是 20 颗最亮的星星之一，但是 vega 本身并不是希腊字母，因此有人将 vega 称作凯泊（kappa）或莱姆达（lambda）。

【案例 7－12】

某日，上证 50TEF 的价格为 2.945 元，剩余期限为 81 天（0.222 年）上证 50ETF 期权，用 B－S 模型，按照无风险利率 4%、年波动率 26% 计算的执行价格为 3.0 元的看涨期权和看跌期权的理论价格分别为 0.1307 元和 0.1592 元，vega 为 0.5535。计算在其他条件不变的情况下，波动率变为30%，看涨期权和看跌期权的价格应该为多少？

$vega \times \Delta\sigma = 0.553 \times (30\% - 26\%) = 0.02212$

看涨期权的价格 $C_1 = C_0 + vega \times \Delta\sigma = 0.1307 + 0.02212 = 0.1528$（元）

看跌期权的价格 $P_1 = P_0 + vega \times \Delta\sigma = 0.1592 + 0.02214 = 0.1813$（元）

将波动率30%带入B－S模型，计算出的看涨和看跌期权的价格与以上方法计算出的基本一致；波动率变化越小，两种方法所得结果越接近。

【案例7－13】

标的资产当前价格100元，平值看涨期权价格2.33元，delta值是0.5。当标的资产价格从100元上涨到101元且市场隐含波动率由66%下跌到65%，此时期权价格变为2.80元，计算该期权多头头寸的vega。

$vega = \Delta C/\Delta\sigma$，$\Delta\sigma = 65\% - 66\% = -1\%$，$\Delta C$ 需要根据题目中的条件求出。

当标的资产价格从100上涨至101时，$\Delta C = delta \times \Delta S = 0.5 \times (101 - 100) = 0.5$，期权价格应该从2.33元涨至2.83元；而此时期权价格为2.80元，2.83元至2.80元的变化应该是由波动率变化引起的。所以，波动率变动对期权价格变化1%的影响使期权价格由2.83元下跌至2.80元。

$vega = \Delta C/\Delta\sigma = (2.80 - 2.83) / (-1\%) = 3$

vega等于3，表明波动率变化1%，期权价格同方向变化 $3 \times 1\% = 0.03$（元）。波动率下降1%，期权价格降低0.03元。

十三、如何对冲vega风险？

如同对冲gamma一样，要改变投资组合的vega，必须使用那些vega不等于零的工具，比如期权。当调整期权头寸，使证券组合处于vega中性状态时，新期权头寸会同时改变证券组合的gamma值与delta值，因此，若套期保值者要使delta中性的证券组合同时达到gamma中性和vega中性，至少要使用同一标的资产的两种期权。

【案例7－14】

某处于delta中性的投资组合，gamma值为－5 000，vega值为－9 000，为了使该组合同时达到gamma中性与vega中性，需要运用两个不同的期权。假设存在某看涨期权 C_1，delta值为0.6，gamma值为0.5，vega值为2.0；某看涨期权 C_2，delta值为0.5，gamma值为0.8，vega值为1.2，假设用于对冲的 C_1 与 C_2 的数量分别为 w_1 和 w_2，如果使新组合的gamma值与vega值都为0，有：

$$-5\,000 + 0.5w_1 + 0.8w_2 = 0 \quad (1)$$

$$-9\,000 + 2.0w_1 + 1.2w_2 = 0 \quad (2)$$

求解由方程（1）和方程（2）组成的二元一次方程组，得到 $w_1 = 1\ 200$，$w_2 = 5\ 500$。

此时投资组合的 delta 值为 3 470（ = 1 200 × 0.6 + 5 500 × 0.5）。为了使投资组合达到新的 delta 中性，需要再卖出 3 470 份标的资产。

虽然本章通篇都在讲如何对冲期权价格影响因素所带来的风险，但是有一点要明确的是，必须要预测准某种事情才有可能盈利，也就是说必须承担某种风险才能赚钱。只有做市商和跨市套利者才有可能在扣除手续费后构建出超出无风险收益率完全无风险的头寸。相比预测价格来说，预测波动率看上去要容易得多。使用 delta 和 gamma 就是为了对冲难以预测的价格波动的风险，而将精力放在更容易带来收益的波动率的交易上。还有一点需要明确的是，没有任何"中性"头寸是没有风险的；所谓中性，指在构造头寸之初投资组合的一个或者几个变量是中性的，随后而来的变化可能会对这种中立性产生不利的影响。即使 delta、gamma、vega、theta、rho 都达到中性状态，也只能是某一时刻的中性，针对的只是价格发生微小变化的情况。当价格发生剧烈变动时，这些希腊字母并不适用。因此，只要持有头寸，就需要对这些风险指标加以监控、动态调整，同时也需要引入情景分析等其他风险控制手段来控制头寸风险。

十四、vega 在交易波动率中有何应用？

当使用一个宽跨式套利的策略，希望赚取波动率增大的收益时，需要使用同一标的物，执行价格不同的两个不同的期权。因为波动率微笑以及波动率斜率的原因，这两个期权的隐含波动率很可能是不一样的，那这一策略组合的隐含波动率是多少呢？不仅是宽跨式套利，像垂直价差组合、时间价差组合、马鞍式价差组合、束勒式价差组合、鹰式组合、蝶式组合等组合策略中都涉及两种以上不同的期权。要计算这些策略的隐含波动率，都要用到 vega 来进行调整。

下面用一个例子来说明如何利用 vega 计算期权组合的隐含波动率。

【案例 7 – 15】

假设某投资者持有一个垂直价差套利组合 S1，他持有的头寸状况见表 7 – 3。

表 7 – 3　　投资者持有的头寸状况

	买入 C_1	卖出 C_2
到期时间（月）	8	8
执行价格（美元）	65	70
vega	4.5	8.5
隐含波动率（%）	48	45
期权价格（美元）	3	1.5
组合价值（美元）	3 – 1.5 = 1.5	

显然他持有的两个期权的波动率并不一样，因为两个期权的权重并不相等，因此不能使用简单的算术平均来计算该组合的隐含波动率。那么应该怎么做呢？

假设垂直套利组合 S_2，构成它的两个期权的波动率恰好相等，很显然这个套利组合的隐含波动率就等于构成单个期权的隐含波动率。假设 S_2 的头寸情况如表 7－4 所示。

表 7－4　　S_2 的头寸情况

	买入 C_3	卖出 C_2
到期时间（月）	8	8
执行价格（美元）	65	70
vega	4.5	8.5
隐含波动率（%）	45	45
期权价格（美元）	2.856	1.5
组合价值（美元）	2.856－1.5＝1.365	

C_3 与 C_1 的区别在于隐含波动率不一样，使用 vega 可以计算得到 C_3 的价格为：3－(48%－45%)×4.5＝2.865(元)，因此组合价值为 1.365 美元＝（2.865－1.5），也就是说在 45% 的波动率水平下组合的价值为 1.365 美元。如果买入该组合需要付出 1.365 美元，而卖出该组合则能收到 1.365 美元。

对比组合 S_1 与 S_2，两个组合的价值相差 0.135 美元（＝1.5－1.365）。

vega 具有线性特征，因此，S_1 组合的 vega 等于－4 美元（＝4.5－8.5）。vega 为负数，表示当波动率增大，组合价值下降；当波动率减少，组合价值上升。而 S_1 的价值为 1.5 美元，大于 1.365 美元，因此，应从 S_2 的波动率中减去相应的波幅。

S_1 的波动率应该为：45%－0.135÷（－4）＝48.38%。这个波动率事实上比组合中任何一个期权的波动率都低，印证了这样的观点：垂直价差套利通过投资组合将收益与损失均限定在固定范围，因此风险比单独持有一个期权头寸要小。

可以证明当不是调整 C_1 的波动率，而是上调 C_2 的波动率与 C_1 一致，所得到的结果也是一样的。具体计算过程留待读者自己进行。

需要注意的是，当计算马鞍式套利组合或者束勒式套利组合的时候，因为是同时买入两个期权，因此，组合的 vega 应为两个期权的 vega 值相加，而不是相减。

十五、如何参考希腊字母进行交易？

假设我是一个想要进行期权交易的投资者，对于市场我有明确的看法，想要构造符合自己市场见解的投资组合，可以怎么利用希腊字母来决定进行交易的期权类型呢？

在期权世界里，影响投资效果的不光有价格变动的方向，价格变动的方式（波动率）同样影响投资的效果。比如，如果我们判断未来价格要往上走，可以采取的基本策略有两种：买入看涨期权或者卖出看跌期权。这两种虽然都算是牛市策略，但是投资效果不一样。假设我们又判断价格波动率很大，会迅速向上拉升，这个时候买入看涨期权显然比卖出看跌期权要更吸引人，因为买入看涨期权理论上可以有无限的收益，而卖出看跌期权的收益限于所收的期权费。买入看涨期权的策略对应着正的 delta 值和正的 gamma 值。一般情况下，当我们判断是牛市时，选择构造正的 delta 值；而当我们判断价格波动很大时，选择构造正的 gamma 值。其他情况可以类推。表 7－5 列出了不同情况下的策略选择。

表 7－5　　　　不同市场状况下希腊字母方向的选择

	对市场方向的判断		
	熊市，$\Delta<0$	中性，$\Delta=0$	牛市，$\Delta>0$
价格变动平缓，$\Gamma<0$	出售看涨期权	出售同价对敲期权组合	出售看跌期权
价格变动迅速，$\Gamma>0$	购买看跌期权	购买同价对敲期权组合	购买看涨期权

还有一点值得注意的是：一份同价对敲组合或者异价对敲组合虽然被看作是中性策略，但是并不意味着它们的 delta 就是 delta 中性的。我们用一个例子来说明。

【案例 7－16】

假设一股票当前交易价为 45 美元，该股票的年波动率为 15%，无风险收益率是 6%，某期权交易商决定用 45 美元看跌期权和 48 美元看涨期权出售 6 个月期的异价对敲组合期权，并实现 delta 中性。

先计算出两个期权的 delta 值：

$\Delta_c = N(d_1) = 0.39$

$\Delta_p = N(d'_1) = -0.37$

如果按照 1:1 的比例买入期权，整个组合的 delta 值（$0.39-0.37=0.02$）肯定不为 0。如果要使整个组合的 delta 达到 delta 中性，需要使买看跌期权的数量满足一定的比例。假设买入 x 份看涨期权和 y 份看跌期权，有：

$0.39\times x-0.37\times y=0$

$x:y=37:39$

各个不同金融衍生品的希腊字母比较

希腊字母的不同含义见表 7－6。

表 7－6　　不同金融衍生品的希腊字母比较

项目	期权	远期	期货
理论价格	$C_0 = S_0N(d_1) - Ke^{-rT}N(d_2)$ $P_0 = Ke^{-rT}N(-d_2) - S_0N(-d_1)$	$S_0 - K \cdot e^{-rT}$	$S_0 \cdot e^{rT}$
Δ	$\Delta_c = N(d_1)$ $\Delta_p = -N(-d_1) = N(d_1) - 1$	1	e^{rT}
θ	$\Theta_c = -\frac{S_0N'(d_1)\sigma}{2\sqrt{T}} - rXe^{-rT}N(d_2)$ $\Theta_p = -\frac{S_0N'(d_1)\sigma}{2\sqrt{T}} + rXe^{-rT}N(-d_2)$	$r \cdot K \cdot e^{-rT}$	$r \cdot S_0 \cdot e^{rT}$
ρ	$rho_p = -XTe^{-rT}N(-d_2)$	$t \cdot K \cdot e^{-rT}$	$t \cdot S_0 \cdot e^{rT}$
v	$vega_c = vega_p = S_0\sqrt{T}N'(d_1)$	0	0
Γ	$\Gamma_c = \Gamma_p = \frac{N'(d_1)}{S_0\sigma\sqrt{T}}$	0	0

最特殊的点——标的资产价格等于执行价格的那一点

通过上面的分析我们发现一个有趣的现象：gamma、theta 和 vega 都在标的资产价格等于执行价格附近达到极值。可能因为在执行价格附近价格的随便一点变动都将使期权从实值变为虚值或者是从虚值变为实值，才使得这一点变得如此敏感（见图 7－20）。

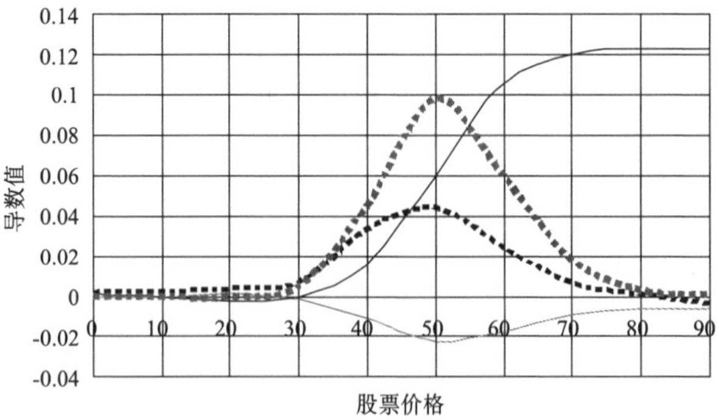

图 7－20　各希腊字母与标的资产价格的关系

期权价格影响因素与希腊字母的关系

影响期权价格的因素有5个，我们主要用到的期权的希腊字母有5个，图7－21展示这些影响因子与希腊字母两两之间的敏感性。

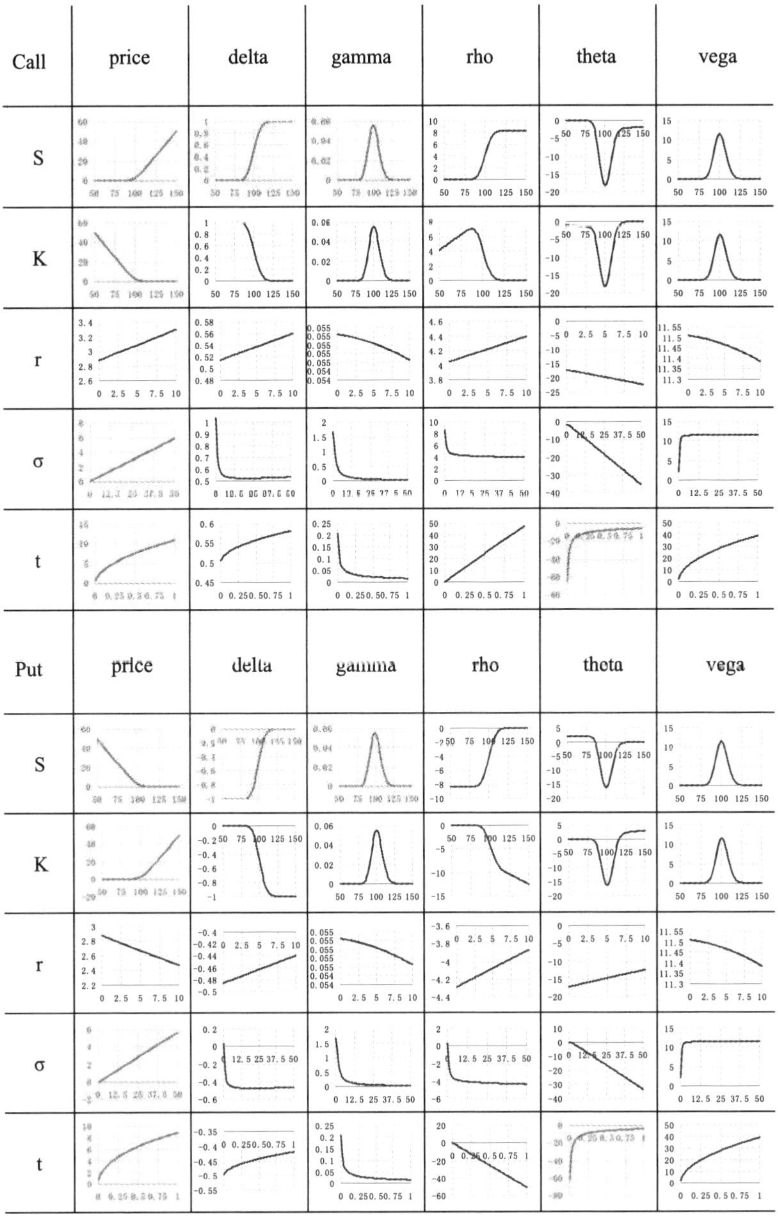

图7－21　影响期权价格的因子与希腊字母两两之间的敏感性

第八章　期权的波动率

波动率在期权产品设计、投资策略制定中有着广泛的应用，但投资者却不太熟悉。从字面意思上来理解，波动率是与价格变动相关的。一只在一年内交易（价格）范围为 20 ~ 40 的股票比交易（价格）范围为 25 ~ 35 的股票的波动率更大。波动率是衡量价格变动的尺度，一般用日收益率的年化标准差来衡量。也许有人会有疑问，一只股票在一年内有高波动率和低波动率的时候，怎么更好地去衡量呢？此外，隐含波动率与历史波动率具体表示什么呢？如何知道波动率是高还是低？这些疑问都将在本章予以解答。

一、什么是波动率，波动率有哪些类型?

波动率是用来描述标的资产价格变动的不确定性，是衡量标的资产价格变动快慢的尺度。通常用资产收益率的标准差来衡量，比如股票的波动率可以用股票的收益率标准差来度量。资产收益率分为百分比收益率和对数收益率。对数收益率假设资产价格是连续变动的，与期权的定价模型假设更为一致，因而往往采用对数收益率。波动率的时间长度默认是 1 年，如股票的波动率是指按连续复利计算的 1 年股票收益率的标准差。

波动率的类型有历史波动率、隐含波动率、预期波动率、未来波动率等。历史波动率容易从历史数据获得。隐含波动率是期权价格反映的波动率，而期权价格是众多参与者竞争的结果。历史波动率和隐含波动率是在实际中运用最多的两种波动率。

历史波动率是基于过去的统计分析得出的，且假定未来是过去的延伸，通过计算标的资产在过去一段时间的标准差而来。历史波动率通常是指标的资产的日收益率在过去一段时间内的年化标准差。过去一段时间可以是最近的 30 天、90 天或其他合适的天数。

隐含波动率是根据期权的价格反推导出来的，是市场上交易的期权价格所隐含的波动率。标的资产价格、无风险利率、近期股息率、期权执行价格、期权到期日和波动率是影响期权价格的 6 个因素，把这 6 个参数代入公式就可以获得期权的理论价格。标的资产价格、无风险利率、近期股息率、期权执行价格、期权到期日都很容易从市场上获得，只有波动率是未知的因素，因此，可以利用期权定价模型，将期权市场价格以及除波动率外的其他参数代入期权定价公式后推导出波动率，由此得出的波动率称为隐含波动率。

预期波动率是指交易者根据市场情况与历史数据对未来价格波动率做出的一种预测。

未来波动率（实际波动率）是指未来特定期间内的日收益率的年化标准差。未来特定期间指的是从现在直到期权到期日的这段时间，即期权的有效期。利用模型计算期权的理论价格时，实际上需要的是未来的波动率，但由于该参数无法获取，实际运用中通常用上述其他波动率来替代。

总的来说，历史波动率和隐含波动率对于期权来说比较重要，历史波动率是基于过去的统计分析得到的，计算相对简单；隐含波动率反映了期权市场参与者对于标的资产在期权有效期内的预期，是众多投资者相互竞争的结果。

度量资产收益率的方式

确定资产收益率的方法根据价格变化假设的不同，大致可以分为两种：百分比价格变动法和对数价格变动法。

百分比价格变动法假设价格是固定的不连续的间隔变化：

$R_i = \frac{S_{i+1} - S_i}{S_i}$，其中 R_i 为资产回报率，S_{i+1} 为今天资产价格，S_i 为昨天资产价格。

对数价格变动法假设价格是连续的变化：

$R_i = \ln\left(\frac{S_{i+1}}{S_i}\right)$，其中 R_i 为资产回报率，S_{i+1} 为今天资产价格，S_i 为昨天资产价格。

在经典的布莱克－斯科尔斯模型中，假设价格变动是连续的，因而对数收益法在确定波动率的公式中更为合适。

波动率的统计学意义

理论上假设资产收益率服从正态分布，因而从统计学来讲，波动率是一个在理论上显示价格可能走势的钟状曲线的标准差。对于服从正态分布的变量来说，在其平均值的一个标准差内，在每3次事件中，预计的结果大约会出现2次；在平均值的两个标准差内，在每20次现象中，预计的结果大约会出现19次；在平均值的3个标准差内，在每370次现象中，预计的结果会出现369次。如果一个标的资产预期有20%的波动率，表明它的价格有2/3的时间会在当前价格20%的范围内上下波动；一个预期有30%波动率的股票，在一年之中，它的价格有2/3的时间会在当前价格30%的范围内上下波动。一只股票价格的波动率通常用其价格变动的年化标准差来表示。如果股票价格为50，波动率为10%，那么表明在3年的时间范围内，该股票可能有两年的时间在45～55的范围内交易。

二、历史波动率指的是什么，如何计算历史波动率？

历史波动率是指标的资产的日收益率在特定时期内的年化标准差。特定时期是指最近的30天、90天或其他合适的天数。它是通过对历史数据进行统计分析而来的，且假定未来是过去的延伸，一般来讲，数据越多，估计的精确度也越高。波动率会随着时间变化而变化，旧的数据对于预测未来波动率的准确性较低，所以并不是时间区间越长越好。通常选择的是90～180天内每个交易日的收盘价数据，也可以采用需要计算的期权价值的剩余期限。如果需要计算两年期的期权，那么就采用最近两年的日收益数据。在年波动率与日波动率的转换中，年波动率等于每交易日的波动率与每年交易日天数平方根的乘积。

从历史数据估计波动率

假设有 $n+1$ 个观察数据，S_i 为第 i 个观察值，$i=1, 2, \cdots, n+1$；τ 为以年为单位表示的时间间隔的长度，以交易日为时间间隔的 τ 为 $\frac{1}{252}$。

首先，计算每个时间段标的资产的对数收益率，$R_i = \ln\left(\frac{S_{i+1}}{S_i}\right), i=1,2,\cdots,n$。

其次，计算收益率 R_i 的标准差的估计值：

$\tilde{\sigma} = \sqrt{\frac{1}{n-1}\sum_{i=1}^{n} (R_i - R)^2}$，R 为 R_i 的均值。

最后，得到波动率的估计值 $\sigma = \frac{\tilde{\sigma}}{\sqrt{\tau}}$。

历史波动率与实际波动率存在差异的原因

估计的历史波动率可能与实际波动率不一致，这主要是由于：

一是选择的时间长度不是典型的波动率时间长度，它可能比正常波动率更高或更低；

二是由于整个时期内的系列数据是非连续的和变化的，存在异方差性；

三是即使数据是同方差的，但缺乏足够的数据得出合理的估计，这是统计上的样本估计问题，即需要多少样本才能得出合理的估计。

三、什么是隐含波动率?

隐含波动率是利用期权价格从期权定价模型中推导出来的，是期权价格中隐含的波动率信息，也是衡量期权市场上关于标的资产不确定性的一个指标。标的资产价格、期权价格、执行价格、到期日、短期利率和股息率都可以从市场上观察到，唯一未知的就是波动率。通过将期权价格和除波动率外的参数代入选用的期权定价模型，就可以求出隐含波动率的大小。

隐含波动率与期权息息相关，到期日和标的资产相同、但执行价不同的期权可能有不一样的隐含波动率，这样同一标的会出现多个隐含波动率，因而需要对隐含波动率进行规范和统一，通常采用某种加权方式来处理。除了交易量加权外，还可以利用标的物价格与期权执行价的距离（虚值、实值的程度）来加权。期权交易量越大，执行价越接近标的物价格，加权值越大，因而在指数中所占比例也越高。此外，由于每日的行情会受到突发因素和随机因素的干扰，从而波动具有随机性，往往采用隐含波动率的平均值来平滑随机因素的干扰。

四、隐含波动率有哪些应用?

隐含波动率可以用来判断期权是昂贵的还是便宜的。如果说“期权是昂贵的”，往往表示期权是以较高的隐含波动率在交易；如果说“期权是便宜的”，那么期权是以较低的隐含波动率在交易。

隐含波动率可以用来预示重要事件的出现。一方面，如果交易者相信标的物在期权的有效期内将是高波动的，那么他就愿意付出较高的价格；如果交易者认为标的资产还有一段波动较小的时期，那么他只愿意付出较低的价格。另一方面，期权所具有的高杠杆性，也使消息灵通的投资者能够以较低的投资成本建立足够多的头寸来充分利用其掌握的资源。因而期权交易量和隐含波动率发生大的变化时，往往暗示有重要事件将会发生。

隐含波动率也可预示行情走向。通常来说，对于股票和指数期权，熊市的波动率往往是增长的，而牛市则伴随着波动率的下降。当指数暴跌、隐含波动率猛升时，市场离底部不远。如果隐含波动率太低，那么可以预见市场近期将会有明显的变化。

五、计算隐含波动率的前提有哪些？

隐含波动率是根据期权市场价格反推出来的，因而要确定隐含波动率，需要知道期权的市场价格；与市场相符的期权定价模型；影响期权价格的其他参数：期权的执行价格、标的资产价格、到期日、股息、短期无风险利率。

六、如何计算隐含波动率？

寻找隐含波动率的方法是引入样本波动率数值，通过不断代入波动率来计算期权价格，直至计算出的期权与市场期权价格一致。期权价值是与波动率成正比的，当计算的期权价格低于期权的市场价格时，采用更高的波动率；当计算的期权价格高于期权的市场价格时，代入更低的波动率。通过不断试错波动率，计算的期权价格逐渐与市场价格接近，从而得到隐含波动率。下面介绍用二分法来寻找隐含波动率。

首先，选择最高、最低的波动率 σ_h 和 σ_1，这可以从历史波动率中找到；

其次，用期权定价模型计算 σ_h 和 σ_1 对应的期权价格 C_h 和 C_1；

再次，代入公式 $\sigma=\sigma_1+(C_0-C_1)\times(\sigma_h-\sigma_1)\div(C_h-C_1)$，计算新的波动率，$C_0$ 为期权市场价格；

最后，用 σ 计算出理论期权价格 C：若 $|C-C_0|\leqslant\delta$，则 σ 就是要找的隐含波动率；否则，若 $C>C_0$，则令 $\sigma_h=\sigma$，若 $C<C_0$，则令 $\sigma_1=\sigma$，重复其次以后的步骤。

七、如何确定隐含波动率的估计值？

读者可能注意到，一个期权价格对应于一个隐含波动率，到期日相同、执行价格不同的期权，计算出来的隐含波动率不一样，那么选用哪种隐含波动率呢？为了对市场有统一的判断，可以用综合隐含波动率来替代。计算综合隐含波动率有下面几种方法：一是利用成交量数据进行加权，成交量越大的期权所占的权重越大，但在盘中可能无法准确得到成交量的详细数据，实时性较差；二是通过利用标的物价格与期权执行价的距离（虚值、实值的程度）来加权，主要是降低深度实值和深度虚值期权的数据影响，这些期权对波动率的敏感性较低；三是靠期权的波动率敏感指标 vega 来加权。

八、波动率微笑指的是什么，形成原因是什么，波动率斜率又指的是什么，股票期权的波动率倾斜形成原因是什么？

波动率微笑是指具有相同到期日和标的资产而执行价格不同的期权，其执行价格偏离标的资产价格越远，隐含波动率越大。货币期权具有明显的波动率微笑。平值期权的隐含波动率最低，而实值和虚值期权的波动率随着实值或虚值程度的增大而增大（见图 8－1）。

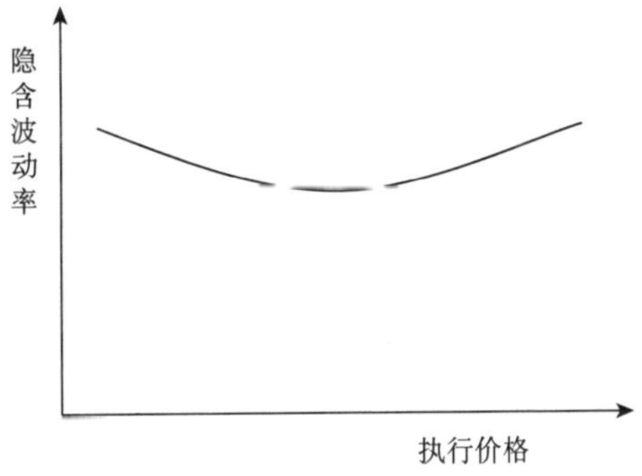

图 8－1　货币期权的波动率微笑：隐含波动率随着实值或虚值程度的增大而增大

隐含分布是由期权波动率微笑所确定的在一定时间内标的资产价格的风险中性概率分布，用实线表示，而虚线表示的是与隐含分布有同样期望值和标准差的对数正态分布。具有波动率微笑的隐含分布相对于对数正态分布有更高的峰值、更肥的尾部，呈现“尖峰肥尾”现象（见图 8－2）。

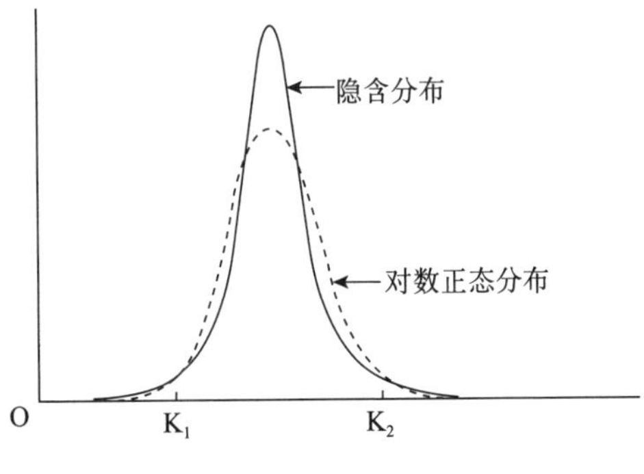

图 8－2　货币期权隐含分布和对数正态分布

（一）外汇期权市场上存在波动率微笑

这主要是由于计算隐含波动率时选用的布莱克－斯科尔斯模型，其中，资产价格服从对数正态分布的两个前提是：标的资产价格服从对数正态分布，且标的资产波动率为常数和标的资产价格变化平稳且没有跳跃。由于央行的干预，汇率波动率并非常数，且具有跳跃性，这些特性使得汇率更为频繁地变化为极端情形，因而虚值或实值期权的价格比理论上的期权价格高。此外，随着时间的增长，非常数波动率对期权价格变化影响的程度越来越大，但对隐含波动率变化影响的程度越来越小。随着期限的增加，跳跃性对于期权价格变化以及隐含波动率变化的影响越来越小。二者综合，当期权有效期增大时，波动率微笑越来越弱。

（二）股票期权存在波动率微笑

与外汇期权相似，股票期权存在波动率倾斜，即隐含波动率是关于执行价格的递减函数，也就是说，执行价格较低的期权对应的隐含波动率要远高于执行价格较高的期权。这表明与突发性的大幅上涨相比，市场对于价格大幅下跌更为敏感。值得注意的是，在 1987 年 10 月前，隐含波动率的形状是扁平或对称的，但在 1987 年股市大崩盘后，指数期权的隐含波动率都是执行价格的递减函数（见图 8－3）。

图 8－4 中，实线表示的是波动率倾斜对应的概率分布，虚线代表与隐含概率分布有同样期望值及标准差的对数正态分布。隐含概率分布比对数正态分布有更肥的左端尾部及更瘦的右端尾部。

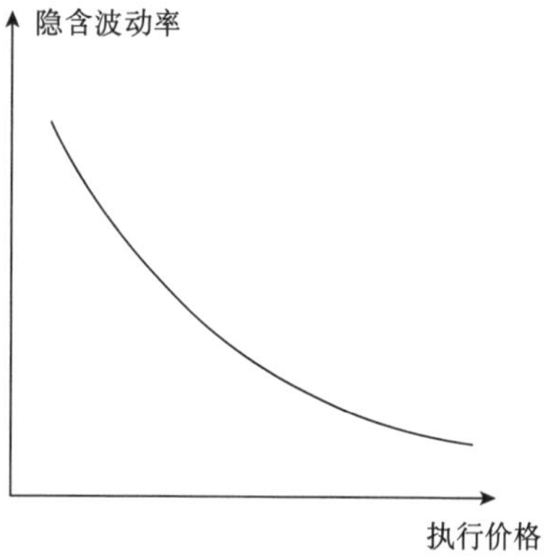

图 8－3　股票期权的隐含波动率与执行价格的关系

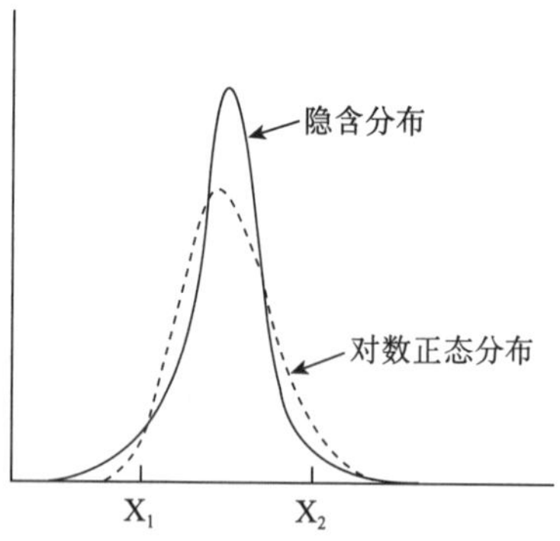

图 8－4　股票期权所隐含的分布与对数正态分布的比较

股票期权波动率倾斜现象存在的一种解释是杠杆效应，当股票价格下跌时，公司市值下降，而公司债务没有变化，从而导致公司杠杆增加，这意味着股票风险性增大，因此波动率增加；股票价格的上涨会降低公司的杠杆比率，从而降低股票的风险，波动率减少。另外一种解释是交易员对于股票市场暴跌的恐惧，因而希望对标的资产价格下降提供保护，也愿意付出较高的价格。

波动率倾斜在股票市场上出现的背景

股票的波动率倾斜在1987年股灾后才出现。1987年股市大崩盘后，虚值看跌期权比虚值看涨期权贵，虚值看跌期权比平值看跌期权贵，虚值看涨期权比平值看涨期权便宜。这是由于交易员害怕市场会出现类似于1987年的大跌，寻求保护的投资者不是卖出股指期货，而是买进指数看跌期权，市场对于保护性看跌期权的需求增加；此外出售裸指数看跌期权所需的保证金也提高了，特别是对于裸看跌期权的主要提供者做市商，对于指数看跌期权的供给也减少了，从而导致虚值看跌期权较为昂贵。另外，机构交易者还通过出售虚值看涨期权来为买入的指数看跌期权提供融资，从而导致看涨期权的供给增加，因而虚值看涨期权变得便宜。

在理论上，波动率微笑形成的相关解释

资产价格非正态分布说：标准布莱克－斯科尔斯模型假设标的资产价格服从对数正态分布，收益率服从正态分布。但实际上，金融标的资产的收益率呈尖峰肥尾特征，在这种分布下，收益率出现极端情况的概率远高于正态分布的概率，因而布莱克－斯科尔斯模型低估了期权转变为深度实值或深度虚值的概率，因而也低估了深度实值和深度虚值期权的价格。

资产价格跳跃说：标准布莱克－斯科尔斯模型采用风险中性定价，且假设资产价格服从带漂移的布朗运动，但没有考虑到市场上资产价格存在跳跃的现象。如果期权接近到期时标的资产价格发生跳跃，且空方根据变化后的价格调整标的资产头寸并持有至到期，到期时复制的组合与期权价值可能会存在较大偏离，此时期权空方将面临额外风险，且该风险无法分散化，因而空方将要求相应的补偿，从而造成期权市场价格对理论价格的溢价。

gamma风险和vega风险说：期权空方的delta套期保值在保持delta中性之外，还面临着gamma风险与vega风险，gamma越大，delta对标的资产变动越敏感，从而使得复制组合偏离理论期权价值越容易。期权空方因交易成本无法连续调整标的资产头寸时，此风险不可避免。vega对期权价格对标的资产波动率的一阶导数，由于实际波动率并不是模型所假设的常数，而是一个变量，当其他条件不变时，vega越大，期权价值越容易发生变化，复制组合的价值也越容易与之产生偏差，从而导致vega风险。由于空方存在额外风险，因而将要求相应的补偿，从而造成期权市场价格对理论价格的溢价。

指数期权的隐含波动率比单个股票期权的隐含波动率低，但股票期权作为保险工具，成本却比指数期权便宜的原因

理由有两点：一是经过波动率调整后，需要购买的指数期权数量更多，这使购买保险的成本高于单个股票期权的成本；二是指数期权存在反向的波动率斜率，虚值的指数看跌期权价格被大幅高估，而股票期权没有。

九、什么叫波动率期限结构？

波动率微笑描述的是期权隐含波动率与执行价格之间的关系，而波动率期限结构描述的是隐含波动率会随期权剩余期限的不同有所变化。平价期权的波动率与期权剩余期限之间的关系是：当短期波动率非常低时，波动率函数是期权剩余期限时间的增函数；当短期波动率较高时，波动率函数是期权剩余期限时间的减函数。这与波动率均值回归有关。从长期来看，波动率大多表现出均值回归，即到期日接近时，隐含波动率变化较剧烈，随着到期日的延长，隐含波动率将逐渐向历史波动率的均值靠近。波动率微笑的形状也受到期权剩余期限的影响。通常来说，期权剩余期限越短，波动率微笑就越显著；期权剩余期限越长，不同执行价的期权的隐含波动率差异越小，越接近于常数。

波动曲面是将波动率期限结构和波动率微笑结合在一起产生的结果，可用于对不同执行价格以及不同期限的期权进行定价。

波动率期限结构形成的三种解释

价格运动过程并非平稳说：即有效期内基本面的变化会引起标的资产价格预期分布的永久性改变。倘若市场预期标的资产将在某一时期发生重大变化，那么事件发生前后的期权隐含波动率将不一致。

波动率非均匀说：实际波动率在不同日期内预期是不一样的，特别是重要事件发生日与其他日差异更为明显。因而波动率应当是期权有效期内发生的事件数量及其重要程度的函数。

波动率均值回归说：指在一个给定的市场，波动率不能长期保持在极端的水平，而是会回到其长期均衡的水平。也可以认为实际波动率从长期来看是一个相对稳定的水平。当波动率水平超过均衡水平时，波动率会回到正常水平，而不是持续维持这种差异。因此，当期权有效期很长时，波动率不可能无限增加，就像枪有射程一样，只有在射程范围内才可能击中目标，如果靶子超过射程太多，射击水平再高也不可能击中目标。但标准的定价模型并没有反映这一点，所以模型推导出的隐含波动率随着时间增加而下降。

十、什么是波动率指数，波动率指数的发展历史如何?

（一）VIX

VIX 是芝加哥期权交易所（Chicago Board Option Exchange，CBOE）于 1993 年推出的波动率指数，是反映股票市场波动性的重要指标。它起初通过计算标普 100（S&P100）指数期权的 30 天隐含波动率来反映市场对于股票市场波动率的预期。在该指数推出 10 年后，CBOE 于 2003 年对 VIX 进行了升级，并将计算基础改为标普 500（S&P500）指数，以更好地反映整个市场。VIX 是以年化百分比表示，如果 VIX 为 15，表示年波动率为 15%。VIX 指数越高，市场越感不安，表明市场预期未来股市的波动性将越剧烈；VIX 指数越低，市场波动越缓和，表示投资者普遍认为未来股市的波动将趋于缓和。由于 VIX 指数能够描述投资者的心理变动状况，因而也称为“投资者情绪指标”。

（二）VIX 被称为投资者恐慌指数

VIX 指数紧跟着期权的市场价格，充分反映了投资者对于未来股市波动性的预期。当出现金融危机时，往往伴随着市场的急剧下跌，期权价格和 VIX 倾向于上涨。市场越恐慌，VIX 水平越高。如果投资者担忧情绪趋于缓和，期权价格将逐步下跌，将导致 VIX 下降。VIX 越高，市场越感不安，VIX 越低，市场波动越缓和，因为 VIX 能充分反映投资者的心理状况，故被称为投资者恐慌指数。

当国际市场发生剧烈波动时，VIX 指数都明显上升，在 1990～1991 年的第一次海湾战争、1997 年的亚洲金融危机、1998 年的长期资本管理公司破产、2001 年的“9·11”事件、2002 年的世通事件出现时，股市都大幅下跌，VIX 指数大幅上涨。

（三）VIX 指数及其衍生品的发展历史

1987 年的全球股市大崩盘后，为稳定股市和保护投资者，纽约证券交易所（NYSE）于 1990 年引进了断路器机制（熔断机制），当股价出现异常波动时，暂时停止交易，以通过降低市场波动性来恢复投资者信心，这引发了市场对如何衡量波动性，也就是当市场振幅达到何种程度时启动熔断机制的需求。1993 年芝加哥期权交易所（CBOE）开始编制市场波动率指数 VIX，用来衡量市场的波动率水平。2001 年 CBOE

推出以纳斯达克 100 指数（NASDAQ100）为标的的波动性指标（VXN）；CBOE 于 2003 年联合高盛重新开发了以标普 500（S&P500）指数为标的的 VIX 指数，旧的 VIX 指数改为 VXO 指数；2004 年推出了第一个波动性期货 VIX futures，同年推出了波动性商品化的期货，即方差期货，标的为 3 个月期的标普 500 指数的现实方差，2006 年关于 VIX 指数的期权在 CBOE 开始交易。

十一、旧 VIX 与新 VIX 有哪些异同?

新指数与旧指数的不同点：为了并入波动率斜率所隐含的信息，计算新的 VIX 时，选取了更多不同执行价的期权，旧指数只考虑了平值期权；新指数使用一个新的公式直接从加权的期权价格中获取预期的波动率，旧 VIX 是从期权定价模型中计算隐含波动率；新指数计算的基础是标普 500 指数期权，它是更为重要的美国股票市场基准，而旧 VIX 是基于标普 100 指数期权价格计算的。

新 VIX 与旧 VIX 的相同之处：新旧 VIX 都是通过指数期权价格来测量市场对于短期股票市场的波动性预期；新旧指数在交易日都是连续实时更新的；新旧指数都是市场 30 天到期的期权的加权平均。

CBOE 为什么要修改 VIX 指数呢?

CBOE 修改 VIX 的目的在于提供一个更加精确和稳定的预期波动率以及建立一个可以作为交易波动性产品的波动率指数。

第一，新的指数计算反映了金融理论家、风险管理师和波动率交易者的意见。新指数的计算相对于旧指数更加贴近实际。新指数更加稳健，在于它收集了更多不同执行价的期权的信息，且考虑了波动率斜率，而不是仅考虑平值期权；新指数更简单，在于它使用公式直接从期权价格中获取期望波动率，而不是使用算法从期权定价模型中获取隐含波动率。

第二，这些修改将增加 VIX 的实际吸引力。新的 VIX 是基于标普 500 指数期权计算的，标普 500 指数作为美国股票更广泛的基准，且是大多数股票基金表现的参考指标；此外，标普 500 指数是场外交易波动率经常使用的指数。

十二、旧波动率指数的编制方法是怎样的?

旧 VIX（VXO）指数是基于 Black、Scholes、Merton 提出的期权定价模型来计算的。由于 CBOE 推出的标普 100 期权是美式期权，并且考虑了标的成分股发放现金股息的情况，因而 CBOE 计算隐含波动率时，采用的期权定价模型是 Cox、Ross 和 Rubinstein 提出的二项式模型。选取标普 100 指数为标的物价格，债券市场上有效期最接近期权到期日且有效期大于 30 天的国库券利率为无风险利率，若期权有效期小于 30 天，则以有效期为 30 天的国库券为无风险利率；现金股息是以连续发放的形式来估算指数的股息率；期权价格采取买卖报价的中间值。值得注意的是，期权有效期是以“调整后的交易日”为计算基础，而不是以日历日来测算。

VXO 由 8 个近月与次近月且最接近平值的期权的隐含波动率构成。8 个期权包含 4 个看涨期权和 4 个看跌期权，且执行价最接近标的物价格。假设现货指数为 S，低于现货指数的执行价 X_l，高于现货指数的执行价 X_h，若标的物价格刚好等于执行价时，选取平值和略低于现货的执行价（见表 8－1）。

表 8－1　　　CBOE 波动率指数（VXO）期权序列选取表

执行价	近月合约		次月合约	
	看涨期权	看跌期权	看涨期权	看跌期权
X_l（<S）	$\sigma_{c,t1}^{X_l}$	$\sigma_{p,t1}^{X_l}$	$\sigma_{c,t2}^{X_l}$	$\sigma_{p,t2}^{X_l}$
X_h（>S）	$\sigma_{c,t1}^{X_h}$	$\sigma_{p,t1}^{X_h}$	$\sigma_{c,t2}^{X_h}$	$\sigma_{p,t2}^{X_h}$

VIX 的隐含波动率加权平均由以下三个步骤完成：

第一步：将相同执行价格和到期日的看涨期权和看跌期权的隐含波动率加权平均，从而得到四个波动率：

$$\sigma_{t1}^{X_l} = (\sigma_{c,t1}^{X_l} + \sigma_{p,t1}^{X_l})$$

$$\sigma_{t1}^{X_h} = (\sigma_{c,t1}^{X_h} + \sigma_{p,t1}^{X_h})$$

$$\sigma_{t2}^{X_l} = (\sigma_{c,t2}^{X_l} + \sigma_{p,t2}^{X_l})$$

$$\sigma_{t2}^{X_h} = (\sigma_{c,t2}^{X_h} + \sigma_{p,t2}^{X_h})$$

第二步：分别将同一到期日不同执行价的期权波动率加权平均，权数为执行价与标的物价格的差距，计算后得到两个不同到期日的波动率：

$$\sigma_{t1} = \sigma_{t1}^{X_l}\left(\frac{X_h - S}{X_h - X_l}\right) + \sigma_{t1}^{X_h}\left(\frac{S - X_l}{X_h - X_l}\right)$$

$$\sigma_{t2} = \sigma_{t2}^{X_l}\left(\frac{X_h - S}{X_h - X_l}\right) + \sigma_{t2}^{X_h}\left(\frac{S - X_l}{X_h - X_l}\right)$$

第三步：以期权距离到期日的时间长度为权数，对近月和次近月合约的隐含波动率进行加权平均。N_{t2}为次近月合约距离到期日的交易日数，N_{t1}为近月合约距离到期日的交易日数：

$$VIX = \sigma_{t1}\left(\frac{N_{t2} - 22}{N_{t2} - N_{t1}}\right) + \sigma_{t2}\left(\frac{22 - N_{t1}}{N_{t2} - N_{t1}}\right)$$

十三、新 VIX 的编制方法是怎样的?

CBOE 在 2003 年 9 月 22 日推出了新的 VIX 指数，不只是使用平值期权，也利用一系列不同执行价的期权来计算隐含波动率。新的 VIX 指数不是通过 BS 期权定价模型计算而来，其计算方式与其他期权定价模型无关，而是由加权平均价外看涨期权、看跌期权权利金计算而得。CBOE 新 VIX 的计算公式为：

$$\sigma^2 = \frac{2}{T}\sum_i \frac{\Delta K_i}{K_i^2} e^{RT} Q(K_i) - \frac{1}{T}\left[\frac{F}{K_0} - 1\right]^2$$

$$\sigma = VIX / 100 \rightarrow VIX = 100 \times \sigma$$

其中 T 是期权有效期，按日历日的分钟来计算，F 是从期权价格中所推出的预期指数，K_i 为第 i 个价外期权的执行价，当 $K_i > F$ 时选择看涨期权，当 $K_i < F$ 时选取看跌期权；ΔK_i 为执行价格的距离，等于 K_i 的上下执行价之间距离的一半：

$$\Delta K_i = \frac{K_{i+1} - K_{i-1}}{2}$$

对于最低执行价来说，ΔK 是最低执行价与次低执行价的差；对于最高执行价来说，ΔK 是最高执行价与次高执行价之差。

K_0 为低于预期指数 F 的第一个执行价格；R 为期权有效期内的无风险利率；$Q(K_i)$ 为每个执行价为 K_i 的期权的买卖价的中间值。

新的 VIX 指数选用最近到期日的两个月份的看涨期权和看跌期权，来拟合 30 天的日历日的期权。当距离到期日仅有 8 天时，新 VIX 指数会改为采用次近月和第 2 个次近月的合约，以减轻临近到期日时可能发生的价格异常。此外，CBOE 计算 VIX 的时间为芝加哥时间早上 8:30，新 VIX 指数的有效期 T 是以分钟为计算单位，不是以日为计算单位，距离到期日的时间的计算公式为：

$$T = \{M_{\text{当日}} + K_{\text{结算日}} + M_{\text{其他日}}\} \div \text{一年的分钟数}$$

其中，$M_{\text{当日}}$ 为现在时刻到当日凌晨 12 点所剩的分钟数；$K_{\text{结算日}}$ 为从当日凌晨 12 点到 SPX 清算日早上 8 点的分钟数；$M_{\text{其他日}}$ 为 SPX 清算日早上 8 点到到期日之间的总分钟数。

下面具体介绍新指数的计算步骤，其中无风险利率为 1.162%。

第一步：选择计算 VIX 的合约。

首先，计算预期指数 F，以价平期权价格来选择预期指数 F，价平期权的执行价为看涨期权权利金与看跌期权权利金差距最小的执行价；执行价为 900 的近月与次近月的标普 500 看涨期权价格与看跌期权价格差距最小（见表 8－2）。

表 8－2　　价格差距

近月期权				次近月期权			
执行价	看涨期权	看跌期权	看涨期权减看跌期权差的绝对值	执行价	看涨期权	看跌期权	看涨期权减看跌期权差的绝对值
775	125.48	0.11	125.37	775	128.78	2.72	126.06
800	100.79	0.41	100.38	800	105.85	4.76	101.09
825	76.70	1.30	75.40	825	84.14	8.01	76.13
850	54.01	3.60	50.41	850	64.13	12.97	51.16
875	34.05	8.64	25.41	875	46.38	20.18	26.20
900	18.41	17.98	0.43	900	31.40	30.17	1.23
925	8.07	32.63	24.56	925	19.57	43.31	23.74
950	2.68	52.23	49.55	950	11.00	59.70	48.70
975	0.62	75.16	74.54	975	5.43	79.10	73.67
1 000	0.09	99.61	99.52	1 000	2.28	100.91	98.63
1 025	0.01	124.52	124.51	1 025	0.78	124.38	123.60

预期指数的计算公式为：$F=$执行价$+e^{RT}$（看涨期权价格－看跌期权价格）；选取执行价为 900 的近月与次月合约，则近月预期指数 F_1 和 F_2 分别为：

$F_1=900+e^{(0.01162\times 0.041095890)}\times(18.41-17.98)=900.43$，$F_2=900+e^{(0.01162\times 0.117808219)}\times(31.40-30.17)=901.23$

其次，决定 K_0，其为低于预期指数 F 的执行价，本例中的近月与次近月的 K_0 均为 900。

最后，以递增的方式排序所有的执行价，选取执行价大于 K_0 且买价不为零的看涨期权合约，若连续碰到两个买价为零的看涨期权合约时，则不再选取任何其他看涨期权合约；选取执行价小于 K_0 且买价不为零的看跌期权合约，若连续碰到两个买价为零的看跌期权合约时，则不再选取任何其他看跌期权合约。对于执行价为 K_0 的期权，选取的期权价格为看涨期权与看跌期权价格的平均值。

第二步：计算近月与次近月期权的波动率。

首先，计算近月与次近月合约距离到期日的时间，分别用 T_1 和 T_2 来表示：

$T_1=(930+510+20\ 160)\div 525\ 600=0.041095890$

$T_2=(930+510+60\ 480)\div 525\ 600=0.117808219$

其次，将 T_1 和 T_2 代入新 VIX 指数的编制公式中：

$$\sigma_1^2=\frac{2}{T_1}\sum_i\frac{\Delta K_i}{K_i^2}e^{RT}Q(K_i)-\frac{1}{T_1}\left[\frac{F_1}{K_0}-1\right]^2$$

$$\sigma_2^2 = \frac{2}{T_2}\sum_i \frac{\Delta K_i}{K_i^2} e^{RT} Q(K_i) - \frac{1}{T_2}\left[\frac{F_2}{K_0} - 1\right]^2$$

比如执行价位 775 的近月看跌期权，其对于 VIX 的贡献为：

$$\frac{\Delta K_{775,put}}{K_{775,put}^2} e^{RT} Q(K_{775,put}),$$

$$\Delta K_{775,put} = 800 - 775 = 25,$$

$$\frac{\Delta K_{775,put}}{\Delta K_{775,put}^2} e^{RT} Q(K_{775,put}) = \frac{25}{775^2} e^{0.01162 \times 0.041095890} \times 0.11 = 0.000005$$

以类似的方式计算每个期权合约，并将所有近月合约值加总后乘以$\frac{2}{T_1}$，将所有次近月合约值加总后乘以$\frac{2}{T_2}$，所有合约汇总见表 8-3。

表 8-3　　合约汇总

近期期权执行价	期权执行价	中间价	贡献度	近期期权执行价	期权执行价	中间价	贡献度
775	看跌期权	0.11	0.000005	775	看跌期权	2.72	0.000113
800	看跌期权	0.41	0.000016	800	看跌期权	4.76	0.000186
825	看跌期权	1.30	0.000048	825	看跌期权	8.01	0.000295
850	看跌期权	3.60	0.000125	850	看跌期权	12.97	0.000449
875	看跌期权	8.64	0.000282	875	看跌期权	20.18	0.000660
900	看跌/看涨期权报价均值	18.19	0.000562	900	看跌/看涨期权报价均值	30.78	0.000951
925	看涨期权	8.07	0.000236	925	看涨期权	19.57	0.000573
950	看涨期权	2.68	0.000074	950	看涨期权	11.00	0.000305
975	看涨期权	0.62	0.000016	975	看涨期权	5.43	0.000143
1000	看涨期权	0.09	0.000002	1000	看涨期权	2.28	0.000057
1025	看涨期权	0.01	0.000000	1025	看涨期权	0.78	0.000019
$\frac{2}{T}\sum_i \frac{\Delta K_i}{K_i^2} e^{RT} Q(K_t)$			0.066478				0.063683

接着，计算$\frac{1}{T_1}\left[\frac{F_1}{K_0} - 1\right]^2$，近月和次近月分别为：

$$\frac{1}{T_1}\left[\frac{F_1}{K_0} - 1\right]^2 = \frac{1}{0.041095890}\left[\frac{900.43}{900} - 1\right]^2 = 0.000006$$

$$\frac{1}{T_2}\left[\frac{F_2}{K_0} - 1\right]^2 = \frac{1}{0.117808219}\left[\frac{901.23}{900} - 1\right]^2 = 0.000016$$

最后，计算 σ_1^2 和 σ_2^2：

$$\sigma_1^2 = \frac{2}{T_1}\sum_i \frac{\Delta K_i}{K_i^2}e^{RT_1}Q(K_i) - \frac{1}{T_1}\left[\frac{F_1}{K_0}-1\right]^2$$

$$= 0.066478 - 0.000006$$

$$= 0.066472$$

$$\sigma_2^2 = \frac{2}{T_2}\sum_i \frac{\Delta K_i}{K_i^2}e^{RT_2}Q(K_i) - \frac{1}{T_2}\left[\frac{F_2}{K_0}-1\right]^2$$

$$= 0.063683 - 0.000016$$

$$= 0.063667$$

第三步：将 σ_1^2 和 σ_2^2 以内插法来撮合有效期为 30 天的波动率：

$$\sigma = \sqrt{\left\{T_1\sigma_1^2\left[\frac{N_{T_2}-N_{30}}{N_{T_2}-N_{T_1}}\right]+T_2\sigma_2^2\left[\frac{N_{30}-N_{T_1}}{N_{T_2}-N_{T_1}}\right]\right\}\times\frac{N_{365}}{N_{30}}},$$

其中：

N_{T_1} = 近月合约距到期日的分钟数（21 600）

N_{T_2} = 次近月合约距到期日的分钟数（61 920）

N_{30} = 30 日内的分钟数 = 60 × 24 × 30 = 43 200

N_{365} = 365 日内的分钟数 = 60 × 24 × 365 = 525 600

$$\sigma = \sqrt{\left\{\left(\frac{21\,600}{525\,600}\right)\times 0.066472\times\left[\frac{61\,920-43\,200}{61\,920-21\,600}\right]+\left(\frac{61\,920}{525\,600}\right)\times 0.063667\times\left[\frac{43\,200-21\,600}{61\,920-21\,600}\right]\right\}\times\frac{525\,600}{43\,200}}$$

$$= 0.253610$$

VIX = 100 × σ = 25.36%

十四、如何从波动性的变化中获利，预期波动率上升所能运用的策略有哪些，预期波动率下降所能运用的策略有哪些，如何针对波动率斜率的变化来获利？

（一）从波动性的变化中获利

直接买卖与波动性指数相关的衍生品是利用波动性预期来获利的一种方式。此外，由于隐含波动率与期权息息相关，在影响期权的其他参数不变的情况下，期权价格与隐含波动率呈正比例关系，当波动率上升时，期权价格往往上涨，当波动率下降时，期权价格往往下跌，因而有人称买入期权就是买入波动率。但如果只买入看涨期权或看跌期权，还存在标的资产价格变动所带来的影响，因而为了降低标的资产方向性变动对总头寸的影响，需要构造期权组合来从波动性的变化中获利。如果认为波动率将下降，可以出售宽跨式套利和运用比率套利；如果认为波动率太低，将会回到正常水平，可以买入跨式套利和运用反套利。

（二）预期波动率上升所运用的策略

预期波动率上升所运用的策略称为波动率买入策略。如果波动率太低，预期波动率将上升时，可以通过买入跨式套利和运用反套利策略从波动率上升预期中获利。期权的 delta 是指标的资产每变动 1 点期权价格的变化大小，是量度期权对于标的资产的敏感性，随着标的资产的变化会发生变化。

买入跨式套利是通过买入一手看涨期权和一手看跌期权来实现的，两个期权具有相同的执行价，且执行价接近于当前标的资产的价格。由于两个期权都是平值期权，看涨期权的 delta 为 0.5，看跌期权的 delta 大约为 -0.5，因而总头寸的 delta 大约为零，即总头寸为 delta 中性。也就是说当标的资产小幅变动时，无论价格上涨还是下跌，总头寸的价值将保持不变。

买入跨式套利两种情况下都可以获利：一是标的物价格有实质性运动，即上涨或下跌超过一定幅度，至少有一个期权价值大幅攀升到足以覆盖买入期权的成本；二是隐含波动率上升，从图 8-5 可以看出，如果隐含波动率上升，那么从低波动率曲线到高波动率间的距离是波动率上升带来的收益，因而当波动率处于低位时，波动率的回升将使得跨式套利有利可图。但由于期权价值会受到时间的损耗，特别是到期日在 1 个月内的期权因时减值速度更快，那么买入到期日 3 个月以上的跨式套利较为可取，这样期权因时间减值的速度不会太快，也可以给标的物大幅运动留下充足的时间。如果将跨式套利变为宽跨式套利，那么由于买入的期权是虚值的，所需的投资成本较低，但其获利的概率较低，即盈利需要标的资产运动的幅度更大。

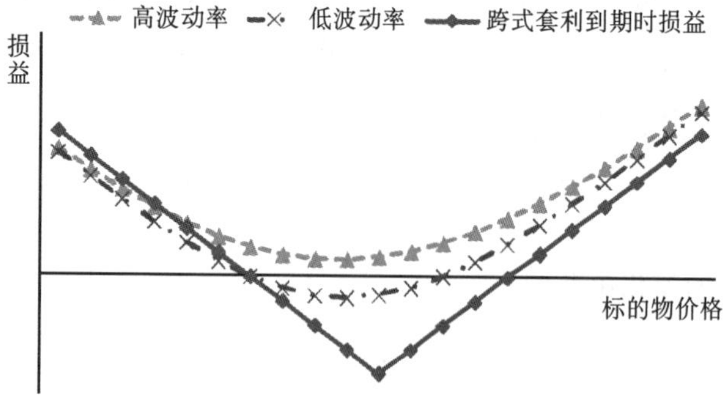

图 8-5 买入跨式套利

反套利也是买进波动率策略的一种，其买进的期权数量多于卖出的期权数量。反套利是指卖出 1 手期权的同时，买入更多数量的具有相同到期日、虚值程度更高的期权。看涨期权反套利是指卖出 1 手看涨期权，同时买入更多数量执行价更高的看涨期权，买入与卖出的数量比称为比率，一般来说，比率为 2:1 或 3:2。

从期权的 delta 来构造反套利。对于看涨期权来说，执行价格越高的看涨期权虚值程度越深，其 delta 也越低。因而反套利中买入期权的 delta 小于卖出期权的 delta，因而构造 delta 中性套利，买入期权数量大于卖出期权数量。比如买入两手虚值看涨期权，假设其 delta 为 0.25，买入的看涨期权头寸的 delta 为 0.5，卖出 1 手平值的看涨期权，其 delta 为 0.5，其头寸的 delta 为 -0.5，因而总头寸的 delta 为 0，即 delta 是中性的。

从图 8-6 可以看出，如果标的物上涨，那么看涨期权反套利策略就有无限的潜在收益；如果标的物下跌，该策略的损益都是有限的。看涨期权反套利策略的损益与跨式套利的损益类似，都能从波动率的上行中获利，在上行方向上有无限的盈利，潜在的风险都是有限的。但相比跨式套利而言，反套利建立的成本较低，能运用的杠杆更高，因而是杠杆策略的一种。此外，反套利在下行方向上有有限的盈利或亏损，这取决于反套利是以债务还是以信用建立的。

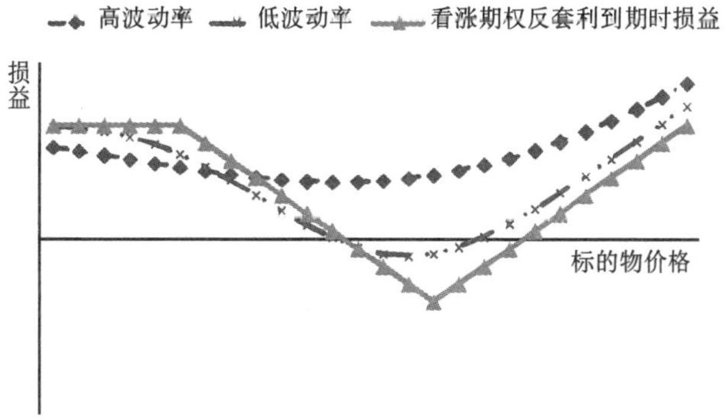

图 8-6　看涨期权反套利

看跌期权反套利策略是指买入看跌期权的同时，卖出具有相同到期日的执行价更高的看跌期权，买入期权与卖出期权的比率大于 1，并尽量使总头寸的 delta 接近于 0。该策略将从波动率上升中获益，当标的物上升时潜在损益有限，若标的物下跌时潜在收益可能很大（见图 8-7）。

（三）预期波动率下降所运用的策略

预期波动率下降所运用的策略称为波动率卖出策略。当隐含波动率太高时，投资者通过卖出波动率从波动率回归正常水平运动中获利。波动率卖出策略主要有三种：卖出 1 手裸宽跨式套利；运用比率套利；蝶式套利，即卖出 1 手裸宽跨式套利的同时，买入虚值期权作为保护。

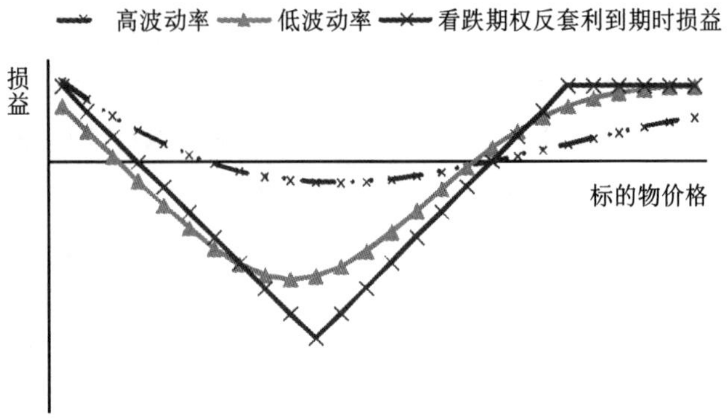

图 8－7 看跌期权反套利

卖出裸宽跨式套利也就是出售 1 手虚值的看涨期权和 1 手虚值的看跌期权。如果觉得潜在风险不可控，也可以买入极度虚值的期权作为保护。卖出宽跨式期权相对于跨式期权来说，盈利范围更大，当标的物朝反方向变动时，调整的频率要小。如果标的物价格保持相对稳定或波动率下降，宽跨式套利的卖出者将获利（见图 8－8）。

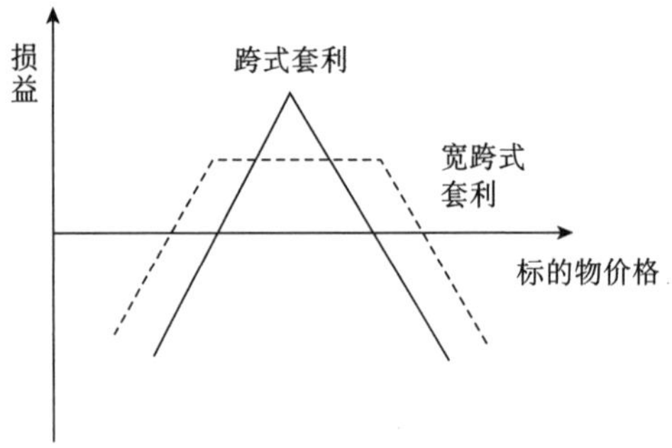

图 8－8 卖出宽跨式套利和卖出跨式套利

从图 8－9 可以看到，宽跨式套利到期时的盈利曲线像梯形，标的物价格变动较小时，对卖出者是有利的，但若标的物价格大幅运动，其面临的亏损是无限的。如果中途对头寸进行平仓，那么两条曲线间的距离是波动率下降所带来的获利机会。如果标的资产变动较少，两条曲线都有盈利，但如果标的资产上涨或下跌太多，那么二者都有损失。但波动率太高时应用该策略将获得一个“优势”：波动率回归正常水平所带来的期权价值下跌，回补头寸所需的成本将下降（见图 8－10、图 8－11）。

（四）如何从波动率斜率的变化中获利，如何利用波动率斜率获利

从波动率斜率的变化中获利的策略称为交易波动率斜率。波动率斜率指的是同一标的物不同执行价格的期权具有不同的隐含波动率，例如标的 AB 的价格为 90 元，和它有关的期权报价见表 8－4。从表 8－4 可以看出，看涨期权虚值程度越深，隐含波动率越低。指数期权存在波动率斜率，执行价越高的期权，隐含波动率越低，这样

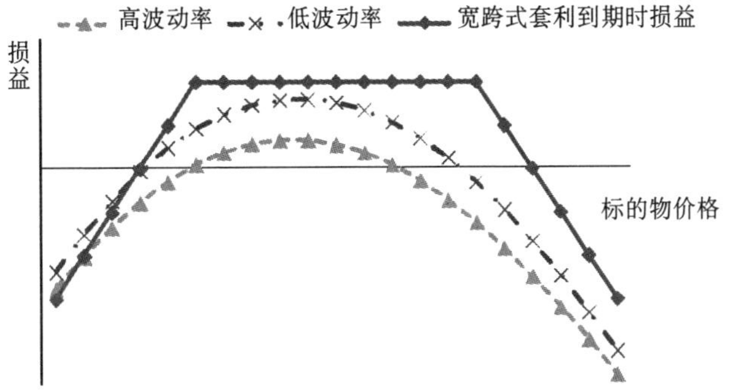

图 8－9　卖出宽跨式套利

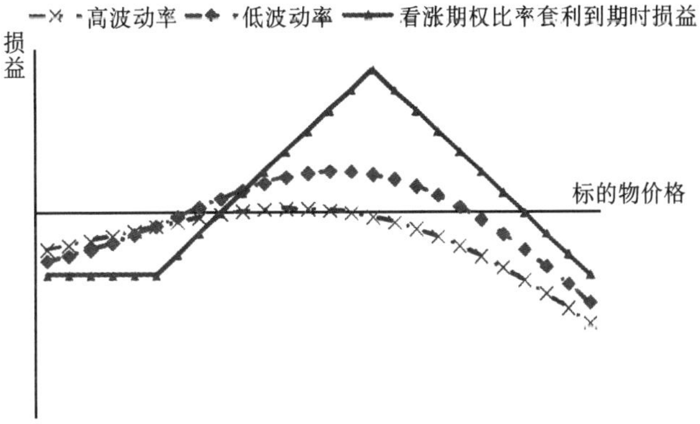

图 8－10　看涨期权比率套利

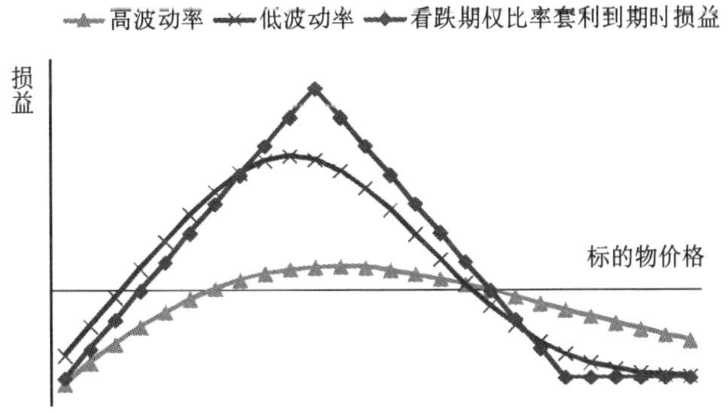

图 8－11　看跌期权比率套利

的波动率模式为反向波动率斜率；如果执行价越高，期权的隐含波动率越大，这样的波动率模式为正向波动率斜率（见表 8－4）。

表 8－4　　　　　　　　　　　　期权报价

期权	期权权利金	隐含波动率（%）	delta
1 月到期执行价为 90 的看涨期权	7.4	31	0.91
1 月到期执行价为 95 的看涨期权	4.3	27	0.44
1 月到期执行价为 100 的看涨期权	2.3	25	0.2

对于股票市场的反向波动率斜率，并不是由于股票下跌的机会大于上涨的机会，而主要是由于市场对于下跌的恐慌大于上涨，因而愿意付出更高的价格来对于标的进行保护。如果能够保持头寸至到期，那么所有期权的隐含波动率将一致，只需要买进低隐含波动率的期权，卖出高隐含波动率的期权，就可以从波动率的相对变化中获利。

对于具有反向波动率斜率的期权市场，有三种策略可以从波动率斜率中获利：买进熊市看跌期权套利；构造看跌期权比率套利；构造看涨期权反向比率套利。其中熊市套利虽然也是卖出期权的隐含波动率比买入期权的隐含波动率要高，但其对于标的物是看空的，需要标的物适当运动才能获利。

【案例 8 -1】

假设 ABC 指数期权存在反向波动率斜率，ABC 指数期权的波动率均值为 16%，各个执行价的期权的隐含波动率见表 8 -5。

表 8 -5　各执行价的期权的隐含波动率

执行价（元）	期权的隐含波动率（%）
1 980	23
2 000	20
2 020	17
2 040	16
2 060	15
2 080	14
2 100	13

可以建立如下策略来交易波动率斜率（买入低隐含波动率的期权，卖出高隐含波动率的期权）：

（1）买入 1 手 10 月到期的、执行价为 2 020 元的看跌期权，卖出 1 手 10 月到期的、执行价为 1 980 元的看跌期权，建立一份熊市看跌期权套利；

（2）买入 1 手 10 月到期的、执行价为 2 020 元的看跌期权，卖出 2 手 10 月到期的、执行价为 1 980 元的看跌期权，从而建立一份比率为 2:1 的看跌期权比率套利；

（3）买入 2 手 10 月到期的、执行价为 2 020 元的看涨期权，卖出 1 手 10 月到期的、执行价为 1 980 元的看涨期权，从而建立一份比率为 2:1 的看涨期权反套利。

【案例 8 -2】

看跌期权比率套利属于净卖出期权的一种，其潜在收益有限，下行风险无限，上行损益与初始投资相关。假设标的指数为 1000 点（每点 100 元），10 月到期的看涨期权价格见表 8 -6。

表 8-6　　10 月到期的看跌期权价格

执行价格（点）	期权的隐含波动率（%）	期权价格（点）	delta
880	32	0.83	-0.03
940	30.2	5.54	-0.15
980	25	11.78	-0.32

通过买入 1 手执行价为 980 的看跌期权，卖出 2 手执行价为 940 的看跌期权，建立了 1 手看跌期权比率套利，初始投资成本为 0.7×100=70（元），头寸的 delta 为 -0.02。如果标的资产价格到期时在 980 上方，所有期权无价值过期，损失为初始投资成本 70 元；若标的资产价格到期为 940，卖出的期权无价值过期，该策略获得最大潜在盈利是 3 930（=40×100-70）；下行损益平衡点为 900.7（=940-3 930÷100）。

【案例 8-3】

看涨期权反套利属于净买入期权的一种，其潜在损失有限，上行潜在收益无限，下行损益与初始投资相关。假设标的指数价格为 2010 点（每点 100 元），5 月到期的看涨期权的价格见表 8-7。

表 8-7　　5 月到期的看涨期权价格

执行价格（点）	期权的隐含波动率（%）	期权价格（点）	delta
1950	21	101.21	0.74
2000	19.8	66.2	0.61
2050	16	31.71	0.43

卖出 1 手执行价为 1950 看涨期权，买入 2 手执行价为 2050 的看涨期权，从而建立比率为 2:1 的看涨期权反套利，头寸的 delta 为 -0.12，初始投资收益为 3 779 元。如果标的指数下降到 1950 下方，那么所有的看涨期权都将无价值过期，投资者就会获得初始的投资收益 3 779 元（不算手续费的话）。如果标的指数价格上涨至买入期权的执行价时，投资者将遭受该策略的最大损失。

最大损失 = 初始收益 -（执行价的差）= 3 779 -（2050 - 1950）×100 = -6 221（元）

该套利上行方向的损益平衡点计算公式为：每点价格 = 2050 + 6 221 ÷ 100 = 2112.21（点）

上行损益平衡点 = 买入期权执行价 + 最大损失 ÷（买入期权数量 - 卖出期权数量）

因此该例中的上行损益平衡点为 2112.21 点。

当波动率斜率是正向时，即执行价格越高的期权隐含波动率越高，看涨期权比率套利和看跌期权反套利是较为可取的策略。二者的共同点都是买入的期权执行价较低，而卖出的期权执行价较高，因而卖出的期权具有较高的隐含波动率，在波动率斜率消失时将获利。

当隐含波动率处于低位时，运用看跌期权反套利较为适合，由于隐含波动率较低，期权是相对便宜的，因而买入净期权更好。看跌期权反套利对下行方向有无限的潜在盈利，上行潜在损益与初始投资有关，最大损失比跨式套利要小，因为上行方向的盈利被放弃了。假设标的指数价格为500点，10月到期的看跌期权价格见表8－8。

表8－8　　10月到期的看跌期权价格

执行价格（点）	期权的隐含波动率（%）	期权价格（点）	delta
475	17	1.65	－0.12
500	19.1	9.66	－0.42
525	21	25.63	－0.71

建立的反套利，由于0.71÷0.42≈1.7，因而买入2手执行价为500点的看跌期权，卖出1手执行价为525点的看跌期权，总头寸delta为－0.13，初始投资收益为6.31（＝25.63－2×9.66）点，即初始盈余631元。若标的指数价格到期时在525点上方，所有期权无价值过期，所获盈利为初始盈余；若标的资产价格刚好等于买入期权的执行价，该策略面临最大亏损为：

最大亏损＝初始投资收益－执行价之差×每点价格＝631－（525－500）×100＝－1 869（元）

下行损益平衡点＝低执行价－最大亏损×每点价格＝500－1 869÷100≈482（点）

当隐含波动率处于高位时，运用看涨期权比率套利更适宜，此时期权是较为昂贵的，因而净卖出期权更有利。假设标的股票价格为98元，8月到期的看涨期权价格见表8－9。

表8－9　　8月到期的看涨期权价格

执行价	期权的隐含波动率（%）	期权价格（元）	delta
90	30	9.63	0.85
95	32.1	6.17	0.68
100	35	3.86	0.49

由于0.85÷0.49≈2，故买入1手执行价为90的看涨期权，卖出2手执行价为100的看涨期权，初始投资成本为1.91元（＝9.63－2×3.86），即初始总投资成本为191（元）（＝9.63×100－2×3.86×100），总头寸delta为－0.13。若标的资产价格到期时低于90元，所有期权无价值过期，则亏损191元；若标的物价格等于100元，卖出的期权无价值过期，则获得最大潜在盈利是809元[＝（100－90）×100－191]；上行损益平衡点为108元（＝100＋809÷100）。

第九章 金融期权的用途

本章要点

> 介绍金融期权的各种重要用途。单个期权能作为对应标的资产的替代，同时不同的期权组合能对标的资产进行完全复制，从而使投资策略更具多元化。除此之外，期权中的一些统计量，例如成交量、波动率等指标还能作为判断市场走向的依据。作为重要的风险管理工具，期权可以有效对冲标的资产的市场风险。由于期权本身的特点，使得使用期权进行风险对冲的策略更为灵活，同时期权组合在风险对冲中的运用，可让投资者低成本甚至零成本地实现风险控制的目标。本章还比较了期货套期保值和期权套期保值的不同，详细介绍了如何使用期权进行套期保值操作。

一、如何应用股票期权来替代对应的股票，使用这种替代有什么优缺点？

股票投资者如果想使用更多的杠杆或希望承担更少的风险，可以通过买入该股票看涨期权的方式来实现，因为看涨期权具有收益无限、风险有限的特点，同时买入方只需支付少量权利金就可以享受到在到期期限内以执行价格购买股票的权利。

但是，用看涨期权替代股票的这一策略有可能让投资者损失股息收益，不过这部分损失可以通过短期债券或定期存款的利息收入弥补。具体来说，由于期权具有杠杆作用，股票投资者利用期权作为替代之后还能结余大部分资金，因此可以将这部分结余资金存为定期存款或者购买短期债券以获取利息收益，期限可以设置为与期权的到期日相同。当股票价格上涨时，看涨期权可以让投资者享受到股票价格上涨带来的盈利，与此同时，定期存款或短期债券还能为投资者带来利息收入；当股票价格下跌时，投资者可以放弃执行期权，投资者损失了期权权利金，但定期存款或短期债券的利息收益可以为投资者弥补一定的损失。

此外，看涨期权的时间价值衰减也会让投资者遭受一定的损失，因此在利用看涨期权作为股票替代品时，投资者一般会偏向于实值甚至深度实值看涨期权。实值期权的时间价值相对较小，因此持有实值看涨期权遭受因时间价值衰减产生的损失也较小。

期权的套保功能

投资者如果既不想损失股息的收益，又不想承担股价下跌的风险，可以用更低的成本来实现这一目标，那就是在持有股票的同时买入一手长期看跌期权。如果股票价格上涨，投资者选择放弃行权，而拥有的股票获得收益；如果股票价格下跌，看跌期权获得收益用以弥补股票头寸所遭受的损失，从而实现了风险可控。这就是期权的套保功能。

除了持有看涨期权外，还可以通过卖出看跌期权来替代对应的股票。经过前几章的介绍，我们知道深度实值看跌期权空头的 delta 值接近 1，这就使这种头寸也可以变成股票的可行替代品。深度实值看跌期权空头的收益几乎和股票价格上涨保持同步，直至股票价格上涨至该看跌期权的执行价格。作为看跌期权的空头，其收益有限，因此当股票大幅增长时，卖出看跌期权这一策略将不能替代对应的股票多头头寸。卖出看跌期权这一股票替代策略的诱人之处在于，出售深度实值看跌期权合约可以获得可观的现金收入，这笔现金还可以通过短期债券或存款的方式获得利息收入。

此外，卖出看跌期权可以通过选择不同的执行价格来实现投资者在更低价位买入股票的目标。我们常常听到投资者发出类似感慨：“如果这只股票能再下跌 5%，那就是买入的最佳时机了。”有了股票期权，投资者不需要再等待。例如，某日某只股票的价格为 42 美元，投资者觉得若该股票能跌到 39 美元，他将毫不犹豫地买入，这时候他可以选择出售执行价格为 40 美元的该股票看跌期权，获得的权利金为 1 美元。如果期权被指派，该投资者便以 40 美元/股的价格购买该股票，减去权利金后得到的修正成本为 38.75 美元，也就是说投资者可在 39 美元以下买入股票；如果直到期权到期日，股票的交易价格始终在 40 美元之上，那么这份看跌期权过期了，投资者便轻松获得了 1.75 美元/股的收益。

当然，作为实值看跌期权的空头，投资者将被要求在经纪账户中存入一定的保证金，不过相比较持有实际股票所需的资金，保证金就显得微不足道了。这种股票替代品也有缺陷，作为深度实值期权，其含有的时间价值可以忽略不计，这就使得期权被执行的可能性加大（一般情况下，期权合约的买方申请执行期权会损失期权的时间价值，因此并不鼓励买方执行期权），一旦期权被执行，就需要买入相应的股票，从而导致该替代策略被迫结束。为了避免这种问题出现（除非投资者本来就有买入股票的意愿），投资者可以选择不太深的实值期权，即执行价格高出股票市价的差价不太大，这样的期权有一定的时间价值，从而降低被执行的可能性。另外，在选择看跌期权的时候，还要注意期权合约的未平仓合约数量，未平仓合约数量越高，投资者被要求履约的可能性越低。

【案例 9－1】

假设 4 月初，A 股票的交易价格为每股 15 美元。投资者希望通过期权合约构造一个 3 个月期的股票头寸，于是选择了 7 月份到期的看跌期权合约。假设投资者以每股 5.3 美元的价格出售 1 份 7 月到期、执行价格为 20 美元的看跌期权合约。

这样这个期权合约包含每股 0.3 美元的时间价值［权利金－实值部分＝5.3－(20－15)＝0.3（美元）］，这使得期权被执行的概率降低。如果这份期权合约的未平仓合约数量也很大，投资者被要求履约的可能性就大大降低了。

再来计算出售该期权所需要的保证金，按照股票价格的 25% 加上该期权的权利金的方式缴纳保证金，出售 1 份看跌期权所需要缴纳的保证金为 905 美元［(15×25%＋5.3)×100］，扣除出售期权获得的收入 530 美元，事实上投资者为这笔交易只需付出 375 美元，远低于实际购买 100 股 A 股所需要的 1 500 美元。当然，卖出该看跌期权所需缴纳的保证金并不是固定的，它随着股价及权利金的变化而变化，但总是远低于实际购买股票的成本。

如果 A 股票价格在 3 个月内上涨至 20 美元或 20 美元以上，此时作为看跌期权的空头，投资者获得其最大收益，即全部权利金，但投资者不能享受股票在 20 美元以上的那部分上涨收益。这就是卖出看跌期权替代股票的另一个劣势，其最大收益有限。

同样，也可以用买进看跌期权作为卖出股票的替代，这一替代策略与用看涨期权作为股票的替代相比更有操作上的便利。为了便于理解，以国内融券业务为例来说明卖空股票在操作上的难度。当预测某只股票将下跌的时候，决定做空该股票，这时候需要先向证券公司借入证券后才能卖出，但证券公司会对投资者的融券资格进行严格的考核并有一定的资金要求。如果投资者在证券公司从事证券交易不足半年、证券投资经验不足、缺乏风险承受能力或者有重大违约记录，证券公司就不能也不会融券。但如果投资者看空的股票有对应的看跌期权，那么只需支付少量权利金购买该看跌期权，就可以享受该股票下跌带来的收益。因此买进看跌期权是卖出股票的一个较好的替代。

除买进看跌期权外，深度实值看涨期权的空头也可以作为股票空头的替代品，深度实值看涨期权的空头所获得的收益几乎和股票价格的下跌速度保持同步，直到股票价格接近该看涨期权的执行价格。和卖出股票一样，这种股票的替代品可以用出售昂贵的深度实值看涨期权合约来获得可观的现金收入，将这笔现金投资于短期债券或定期存款，可以获得利息收入。

此外，卖出看涨期权还可以实现投资者在目标点位卖出股票的目标。我们常常会听到投资者发出类似的感慨："如果这只股票再涨几个点，我就将手上的这只股票止盈出场。"有了该股票的看涨期权，投资者只需要选择合适的执行价格卖出看涨期权就能达到自己的期望。例如，某只股票的交易价格为77美元，投资者持有一定数量的这只股票，他将止盈的目标设置为80美元，这时他可以卖出执行价格为80美元的该股票看涨期权，获得权利金收入4美元。如果投资者被指派行权，投资者将以每股80美元的价格出售他所有的股票，这正好满足他最初的期望；如果直到期权到期日，股票的价格始终低于80美元，这期权将过期，而投资者可以因为这笔交易获得4美元/股权利金收益。不过他所持的股票头寸还保留着，因为没有达到他的止盈目标点位。

卖出深度实值看涨期权同样也需要投资者在经纪账户中存入相应的保证金。相对于深度实值看跌期权而言，深度实值看涨期权被执行的概率较低，但如果遇到股票发放红利的情形，期权被执行的可能性比较高，因为看涨期权的买方为了获得股票中的红利，很有可能在期权合约到期之前申请执行该期权。

卖出股票同样可以获得现金流以及具有一定的杠杆作用，使用深度实值看涨期权的空头来合成股票空头的策略并没有太大的优势，因而在实际中运用得较少。

用长期期权替代股票头寸能更好地发挥期权的优势

虽然期权相对股票具备风险有限的优势，但在期权剩余时间较短的情况下，股票价格的波动范围有限，因此这种优势难以得到发挥。对于具有长期持有股票意愿的投资者来说，利用长期期权（leaps）来替代股票头寸则可以享受到期权所具备的这种优势。以长期看涨期权为例，一旦股票价格在某一期间出现大幅跳水，在股票持有者被"深度套牢"之时，长期看涨期权的持有者可以通过行使放弃权利使自己的权益受到保护。

二、如何通过交易期权组合来交易对应的标的资产，这比直接投资标的资产更有优势吗？

通过前面的章节我们可以知道，期权间存在着平价公式：

$$C + Ke^{-r(T-t)} = P + S$$

这里的字母 C、P 分别代表看涨期权和看跌期权的价格，K 为执行价格，S 为标的资产的价格，由此可以很容易得到通过期权来合成对应标的资产的方法：

（1）买入一份看涨期权，同时卖出一份相同执行价格及相同到期时间的看跌期权，相当于持有对应的标的资产；

（2）卖出一份看涨期权，同时买入一份相同执行价格及相同到期时间的看跌期权，相当于做空对应的标的资产。

【案例 9－2】

2019 年 7 月 3 日，股票 ABC 的交易价格为 180 元，8 月 170 看涨期权的交易价格为 20 元，8 月 170 看跌期权的交易价格为 10 元。买进一份看涨期权，同时卖出一份看跌期权的收益情况见表 9－1（一般 1 手股票期权对应着 100 股股票）。

表 9－1　买进看涨期权同时卖出看跌期权的收益　（单位：元）

股票 8 月到期时的价格	持有股票头寸的收益	买进看涨期权的收益	卖出看跌期权的收益	期权总收益
160	－2 000	－2 000	0	－2 000
170	－1 000	－2 000	+1 000	－1 000
180	0	－1 000	+1 000	0
190	+1 000	0	+1 000	+1 000
200	+2 000	+1 000	+1 000	+2 000

表 9－1 显示，持有期权组合与持有对应的股票获得的收益是完全相同的，因此应用看涨、看跌期权的组合来作为持有股票头寸的替代是可行的。

这时，投资者或许会出现一个疑问，为什么不直接购买股票而是要应用期权组合来合成股票呢？期权的杠杆作用在这里发挥了作用，购买股票需要全额支付，但购买期权只需要付出少量权利金，虽然卖出期权需要缴纳一定的保证金（股票价格的 20%～25%），但相比之下，这两部分资金相加仍远小于全额购买股票所需金额，而低成本的期权组合却能与股票投资具有相同的收益。

同样，也可以通过卖出看涨期权和买入看跌期权的组合来做空对应的股票标的。虽然做空股票同样有一定的杠杆作用，但其收取的保证金比例比卖出期权所收取的保证金比例高，因此，采用期权组合来替代直接卖空股票也有减少资金占用成本的优势；与此同时，交易期权组合还有操作上的便利，因为不必等到借到股票之后才能卖空股票（本章第一问中有详细说明）。

期权组合合成股票头寸的缺陷

利用期权组合合成股票头寸也有一些缺陷。如果真实的股票分发红利，那么期权的替代组合不能享受到红利收益；此外，如果股票价格显著下跌，组合中卖出的看跌期权有被要求提前执行的可能，组合持有者不得不履行义务，从而导致期权合成股票的组合成为只含有看涨期权的多头头寸。期权合约是有时间限制的，因此一旦期权合约到期，为了继续合成股票，投资者不得不构造新的期权组合。

三、如何应用股票期权来弥补股票投资上的失误？

当购买某只股票被套牢的时候，有些投资者会非常后悔当初做出买入股票的这个“愚蠢”决定，也许会这样抱怨：“如果可以保本出局就好了，我也不指望赚钱了，只要别在这只烂股票上让我亏本就好了。”现在是否只能坐等股票反弹到购买成本价，然后保本出局吗？这是大部分中国股民的做法，从开始买入股票梦想大赚一笔，到后来套牢后转变成为“价值投资”思路。如果非常看好这只股票的未来，其实可以采取“越跌越买”的方式来降低股票购买成本。比如你最初是以100元/股的价格购买1 000份股票，当股票价格下跌至90元的时候，你再购入1 000份股票，这样你购买股票的平均价格从最初的每股100元下降至95元。所以一旦股票价格反弹至95元，你就可以保本出局了，但这时候随着所持股票头寸的增加，风险也增加了。

不过如果投资者想降低股票的购买成本，但又实在不想再往这只股票里投钱，也不想再承担更多股票下行的风险，那么，期权就提供了实现投资者这种想法的工具，即在不增加额外投资的基础上降低股票的购买成本。

假设投资者持有500股中等稀有金属公司（GSM）的股票，该股票目前的交易价格为55美元。不过这些股票是投资者在几个月之前以每股65美元的价格买进的。现在考虑建立这样一个期权组合：

买入5手6月执行价格为55美元的看涨期权，权利金为4美元/股；卖出10手6月执行价格为60美元的看涨期权，权利金为2美元/股。

建立这样一个期权组合，由于出售期权所得的权利金收入正好用以弥补购买期权的支出，因此是不需要任何额外支出的，即构建该期权组合是零成本的（不考虑交易手续费）。而这个期权组合为投资者实现了这样一个目标：原本股票价格反弹至65美元投资者才能保本出局，现在只需要股票反弹至60美元，投资者就可以成功逃离这只股票的困境了，而且不需要为构建这个组合投入额外的资金，建立这个期权组合也不会给投资者带来更多的风险。表9-2是股票在各种价格下，投资者全部头寸的损益情况。

根据表9-2，可以直观地看到，一旦股票价格达到60美元，投资者就可以保本出局了。不需要额外的投资，也不需要增加更多的风险，但能降低股票的购买成本，世上真有免费的午餐吗？

表 9－2 全部头寸损益情况 （单位：美元）

到期日的股票价格	股票头寸的损益（500 股）	买入 5 手看涨期权的损益	卖出 10 手看涨期权的损益	总损益
54	－5 500	0	0	－5 500
55	－5 000	0	0	－5 000
56	－4 500	＋500	0	－4 000
57	－4 000	＋1 000	0	－3 000
58	－3 500	＋1 500	0	－2 000
59	－3 000	＋2 000	0	－1 000
60	－2 500	＋2 500	0	0
61	－2 000	＋3 000	－1 000	0
62	－1 500	＋3 500	－2 000	0

显然天上不会掉馅饼，构建这个组合之后，投资者将放弃股票价格在 60 美元之上的收益，也就是说，一旦股票价格出现反弹，并上涨至 60 美元之上，那么无论股票上涨多少，都无法享受股票上涨带来的收益。这就是构建这个期权组合需要付出的成本，只是这仍符合构建组合的初衷：投资者并没有寄希望于通过这只股票获利，想的只是尽快“解套”。

四、如何在股市中发挥期权的保险功能？

假设我们希望为单只股票保险，最有效的办法就是就该股票买入对应的股票看跌期权，通常是就股票买入略微虚值（即执行价格略低于股票市价）的股票看跌期权。例如，如果你拥有 1 000 股 XYZ 股票，市价 50 美元，那么你可以通过买进 10 手执行价格为 40 的看跌期权进行保护。如果你想获得更大的保护，可以买入 10 手执行价格为 45 的看跌期权，甚至选择执行价格为 48 的看跌期权。

如果要为一个股票投资组合进行套保，为投资组合中的每一个股票买入相应的单股看跌期权往往是该投资组合最有效、最省钱的套保方式。组合中不管哪一只股票出现下跌，看跌期权都会在它们各自的执行价格下提供保护。

如果想降低保险的成本，股票拥有者在买进一手相应的虚值看跌期权作为保险的同时，可以出售一手虚值的看涨期权以支付其购买看跌期权的大部分或者全部费用，此时投资者所拥有的头寸为：买进股票、买进虚值看跌期权、卖出虚值看涨期权，这个策略称为领圈套利，其潜在的盈利如图 9－1 所示。

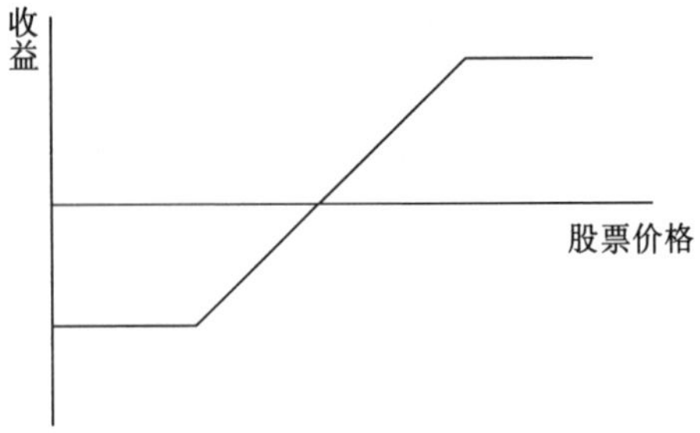

图 9-1　领圈套利收益图

期权领圈套利在对冲风险中的应用

这种领圈套利不仅在股票市场极受欢迎，在其他市场也得到了广泛的应用。以外汇期权为例，某一欧洲企业担心持有的美元头寸的暴露风险，因此希望通过购买外汇期权来规避美元贬值所带来的风险，但外汇期权的权利金较高，该企业又不愿意为此支付过高的成本。假设当前的汇率是 1.2 美元/欧元，该企业担心欧元兑美元可能会上涨，突破 1.3 美元/欧元，因此作为经纪人，你可以建议企业购买一份执行价格为 1.3 美元/欧元的看涨期权（简记为看涨期权 A），不过一旦美元升值至 1.1 美元/欧元之上，企业愿意放弃美元继续升值所带来的利益，于是经纪人为企业推荐期权组合“买入看涨期权 A，同时卖出看跌期权 B”，这里的看跌期权 B 是指执行价格为 1.1 美元/欧元的看跌期权，卖出看跌期权 B 所获得的权利金可以部分甚至全部抵消购买看涨期权 A 所需支付的权利金，这样，该欧洲企业以极小的成本甚至零成本地代价为自己的美元头寸上了一份保险。企业之所以可以零成本地为其美元头寸上保险，是因为企业放弃了美元升值带来的可能收益。

投资者也可以使用股指期权来保护整个投资组合，这种方式相对为组合中每只股票保险在操作上更为便利，但需要承担相应的跟踪误差，所谓的跟踪误差就是指投资组合的表现同指数表现间的差别。此外，单股期权的交易通常使用的是与该股票历史波动率非常接近的隐含波动率，而股指期权的交易往往会使用较高的隐含波动率，这使得投资者为购买这份保险需要付出更高的价格。尽管使用指数期权具有这些缺点，投资者仍愿意使用股指期权来为他们的股票组合上保险，特别是对于大规模的投资组合来说，不必再为上百种股票一一买进看跌期权，当然还有该股票是否具有对应的期权这一问题。

由于跟踪误差的存在，在利用股指看跌期权对投资组合进行保护时，需要计算投资组合相对于股指的 Beta 值，简单来说，如果某股票的 Beta 值为 2，它的运动速度就是这个股指运动速度的两倍。这与应用股指期货为股票投资组合进行套期保值的思路一样，因此不再具体展开。

买入虚值看跌期权是一种比较便宜的保险方式，这同购买一份灾难保险类似，保险最终被实施的可能性相对较小。众所周知，不管是火险、意外险、人身险还是其他保险，保险被实施的概率越低，保险所需的费用越少。同理，购买虚值看跌期权所需的费用比购买实值看跌期权所需的费用低很多，这从期权定价的角度来看也很显然。以保险思路来运用期权时需要决定两件事：（1）保险的期限；（2）愿意承担的风险。当然愿意承担的风险越大，所需要支付的保险金就越少，意味着可以购买虚值程度越深的看跌期权。

为股票投资组合选择保险的时候，投资者愿意承担的最大风险，就是现有股指价值与买进的虚值看跌期权的执行价格之间的距离。比如 4 月法国 CAC40 指数是 3000 点，你可以购买 6 月 2900 看跌期权，这表明你这两个月中愿意承担的风险是 100 个 CAC40 的点。在假设投资组合与 CAC40 的跟踪误差为 0 的情况下，如果 CAC40 跌至 2900 点之下，你的投资组合就得到了保护。

如果你愿意承担的风险更大，比如你愿意承担 150 个 CAC40 的点，那你可以选择执行价为 2850 的看跌期权，这时候你所需要支付的保险金（即看跌期权的权利金）相对较小。

虽然使用单个指数看跌期权保护投资组合的想法非常自然，但在实践中并未广泛运用，这是因为购入看跌期权的成本较高，尤其在牛市的时候，投资者常常会认为买看跌期权保护自己的头寸其实是白白浪费钱。突如其来的股市下跌或许会造成致命的打击。有个众人皆知的道理，那就是我们不能因为现在很健康，就不去为有可能发生的大病做任何准备，相信很多人愿意花一点钱购买一份大病保险以备不时之需。幸运的是一般情况下，股票价格的下跌不会那么突然，股市崩盘事件较为少见，因此当股票价格开始出现下跌，我们仍有机会为股票买保险。值得一提的是，当投资者持有的股票头寸已有可观盈利，这时候投资者应该考虑购买看跌期权为所持头寸上一份保险。

正是由于看跌期权并不便宜，使利用领圈套利为股票保险的方式更为普遍，它通过买进一手虚值看跌期权为股票上保险，同时卖出一手虚值看涨期权用以支付部分甚至全部的保险成本，因而极大地降低了保险的成本，但与此同时，投资者也失去了部分或者全部因股票上行盈利的可能性。

【案例 9－3】

某只股票 FG 在 2019 年上半年的运行情况很好，但是，9 月下旬在收益报告公布后，股价受挫。股票卖价在 90 美元左右，一个持有 1 000 股股票的投资者想锁住股票在这一年里所产生的高于 50% 的收益。假设他愿意冒 10% 的险（股价下跌到 81 美元），一旦股价跌破 81 美元，则有保险来保护。市场上有以下的价格：

FG：90；12 月 81 看跌期权：0.75；12 月 95 看涨期权：1.5。

因为看涨期权的售价是看跌期权价格的两倍，他可以出售 5 手 12 月 95 看涨期权，买进 10 手 12 月 81 看跌期权，零成本地构造期权组合来保护所持的股票头寸。在该期权组合的保护下，不但整个 1 000 股的头寸刚好在股价 81 美元时受到保护，而且，他所有的股票在股票价格达到 95 美元之上时还能获得盈利。当股票价格突破 95 美元时，他有 500 股股票没有对应的卖出看涨期权，因此这 500 股股票仍然能够提供上行方向的潜在盈利。该投资者最终的收益曲线图见图 9－2。

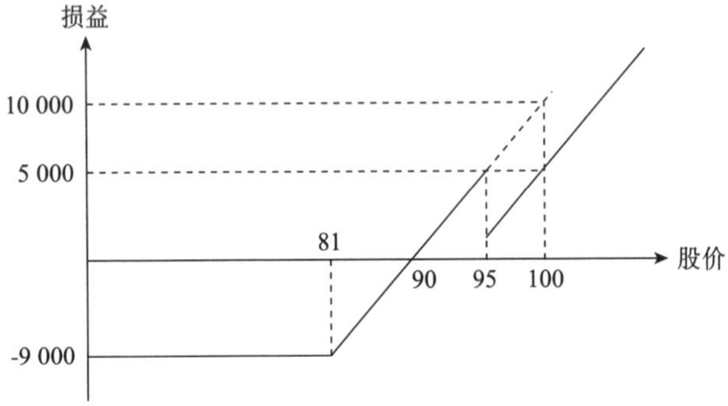

图 9－2　在期权组合保护下 FG 股票投资者的收益情况（单位：美元）

不难发现，投资者所实现的零成本套期保值，是以损失部分盈利为代价的。一旦 FG 股价突破 95 美元，由于投资者卖出的 5 手 95 看涨期权正好对冲了 500 股股票的收益，因此当股价在 95 美元以上时，投资者只能获得 500 股股票的收益。不过该期权组合使得投资者所承担的风险有限，投资最大损失为 9 000 美元。

领圈套利中的长期期权

从国外的经验来看，在股市中构造领圈套利最好的期权常常是长期期权，因为长期期权的定价方式同正态分布相符，这恰巧与股票价格的运行方式相同。

五、如何使用场外期权对冲风险?

场外期权市场的存在使几乎所有可能的风险管理问题都有了应对措施，正因为如此，场外期权对投资者有着巨大的吸引力。相比较交易所交易的标准期权合约，场外期权可以理解成根据投资者需求为投资者量身定做的非标准合约，可以满足投资者各种各样的风险管理要求。

以股票投资组合为例，除了在交易所买入相对应的看跌期权为组合套保之外，许多大规模的机构股票持有者使用的另一条途径为场外期权。他们可以根据所持有的投资组合来买进场外看跌期权或卖出场外看涨期权，按照这种方式，套保者不需要承担跟踪误差带来的损失，因为场外看跌期权可以实现对投资组合中每个股票的完全跟踪。

譬如，某投资者持有一个投资组合，他只愿意承担该组合市值下跌8%的风险，他愿意支付一定的保险金为该投资组合购买一份保险，这时他可以通过场外期权的经纪人达成一笔交易："卖出虚值10%的看涨期权或买进虚值8%的看跌期权。"跟他交易的公司会构造这样的期权来满足保值投资者的需求。

为了满足给不同的投资组合进行套保的需求，国际市场上出现了极其复杂的期权合约，这些期权合约统称为奇异期权（Exotic Options）。一般情况下，奇异期权合约可以理解为标准期权合约的变化，常见的有：

（1）复合期权，即购买或出售期权的期权；

（2）改变标准期权的到期期限的期权，例如百慕大期权（在期权有效期内的某几个特定日期才能执行）；

（3）路径依赖的期权（Path - dependent Options），即期权的损益取决于期权到期期限内某个标的资产价格的行为，而不只是期权到期日标的资产的价格，例如亚式期权；

（4）多因素期权（Multi - factor Options），即期权的损益取决于两种或两种以上标的资产的价格，而不只是单一标的资产的价格，例如彩虹期权（Rainbow Option）、篮子期权（Basket Option）等。

【案例9-4】

下跌-敲出期权（Down - and - Out Option）是障碍式期权（Barrier Option）的一种，是路径依赖的期权。这个期权在普通期权的基础上加了一个附加条件：如果股票价格在期权到期前的任何时候下跌到一个预定好的价格，这个期权自动作废。譬如，苹果（AAPL）股价为460美元，某投资者看好苹果股票的短期走势，认为6月之前股价会涨，并且在6月前即便出现回调，股价也不会低于450美元，于是该投资者可以购买一个6月执行价格为460美元的看涨期权并附加条件：下跌作废设定在450美元。如果在6月期权到期前，苹果股价跌破了450美元，这张看涨期权合约就作废了，即便跌破450美元后苹果股价止跌反弹，并最终在到期日之前上涨至460美元之上，这也已经和该投资者无关了。如果6月期权合约到期之前，苹果股价始终坚挺地维持在450美元之上，那么投资者所购买的这份下跌作废期权和普通的看涨期权的收益状况完全相同。

由于增加了附加条件，使得持有该期权获得盈利的概率有所降低，从而也让该期权的购买成本较普通期权低，这也是投资者愿意选择下跌作废期权的原因。如果苹果股票看涨期权的买家预测股价在到期日之前不可能跌破450，他当然会选择购买价格更为便宜的下跌作废期权。

【案例 9-5】

延迟支付期权（Pay Later Options）只是对期权合约的标准到期期限作了改变，这些期权的权利金只在期权被执行的时候才支付，对于延迟支付看涨期权来说，只要标的资产等于或大于期权的执行价格，期权就必须被执行。

对于期权的买方来说，延迟支付期权的最大优势在于，如果期权到期时仍处于虚值状态，买方不必支付权利金。因此，延迟支付期权的主要目标客户是那些不愿在套期保值时支付权利金的客户。例如，很多股票投资者认为花钱买期权为所持股票头寸上保险是白白浪费钱，因为他们不认为自己所持的股票会弱势下跌，这类投资者就比较愿意购买类似延迟支付期权的期权。只有当股票真的出现下跌并超出他们的心理承受界限时，他们才需要支付权利金，也同时享受到了期权带来的保护作用。

六、如何应用金融期权的统计数据量来发挥期权的预测功能?

在某些情况下，期权的统计量是情绪指标（例如 VIX 指数），它能在市场变盘前对投资者做出一个警示作用，这就是期权的预测功能。可以用作金融标的预测指标的期权统计量较多，例如股票期权或期货期权的交易量、期权价格以及隐含波动率等。下面简单介绍几个作为预测指标的期权统计量。

（一）股票期权的交易量

股票交易者时常渴望能提前知道关于某只股票的“内幕”消息，抓住先机赚取利润，而股票期权的交易量就提供了“泄露天机”的功能：在某家上市公司兼并或其他意想不到的消息正式公布之前，该股票期权的交易会提前一天或者几天出现异动。一般来说，股票期权交易量忽然增长往往是标的股票出现异动的一个预兆，如何确定期权“交易量增长”比较关键。

首先，增长的“交易量”必须是由投机交易产生的，因此在利用期权交易量剧增这一指标进行预测的时候，应判断该交易量增长中有多少是套利单引起的，如果期权交易量的增量基本是由套利单引起的，则交易量剧增并不代表股票将出现异动。

其次，交易量的“增长”指的是与股票期权日平均交易量相比该期权增加的交易量，一般情况下交易量忽然增加至该期权平均交易量的 3 倍左右，就可以认为该股票期权交易量“增长”了。

除此之外，确定期权“交易量增长”还有一些筛选规则。比如，一般预示股票即将有异动的期权交易量中相当大的部分会是平值或者虚值期权，另外到期日较近的期权交易量忽然增加也是该预测指标有效的有力证明。

【案例9－6】

假定某日收盘后股票X对应的期权交易量情况如表9－3所示（剧增的交易量并非由投机交易产生的情况）。

表9－3 某日X股票期权交易情况

期权	交易量
4月12看涨期权	1 000手
4月13看涨期权	1 056手
5月12看涨期权	60手
5月13看涨期权	78手
总交易量	2 194手

而X股票期权平均日交易量只有200手，因此期权交易量确实有明显的增长，不过我们注意到大部分交易发生在4月到期的执行价格分别为12元和13元的看涨期权上，这些交易并非投机交易，而是垂直套利交易，所以不能由此判断X股票近期有可能出现异动。

【案例9－7】

假定某日股票X收盘价格为35元，当日期权的交易量远大于平均日交易量，具体交易量分布情况见表9－4（交易量集中在实值期权的情况）。

表9－4 某日X股票期权的交易量情况

期权	交易量
8月30看涨期权	400手
8月25看涨期权	400手
8月30看涨期权	100手
8月45看涨期权	100手

根据表9－4，可以发现80%的交易发生在执行价格分别为25元和30元的实值期权上。事实上，如果个别交易者提前知道某上市公司的内幕消息，并由此判断该公司对应的X股票将会大涨，这些交易者会更偏向于买入成本较低的虚值期权，因此，表9－4中的期权交易量并不足够说明X股票将出现异动。

（二）期权价格

对于股票、股指和期货期权来说，除了期权交易量这个统计指标外，期权的权利金也可以同样提供预测标的价格走势的功能。当期权特别贵或者特别便宜时，其对应的标的资产或许将出现大概率的上涨或下跌可能。

在解释如何通过期权价格来预测标的价格走势之前，先制定一个衡量期权价格的标准，即，如何判断某一期权是贵的还是便宜的。前面章节已经介绍了一些期权定价的模型，其中影响股票期权价格的因素有股票价格、执行价、剩余到期时间、利率、股息、波动率。事实上，除了波动率因素外，其余的因素都是已知的，因此给出了权利金之后，可以根据模型反向推导出波动率的值，这个波动率就称为隐含波动率。隐含波动率越大，期权的权利金越高，即该期权越贵。

隐含波动率的选取

同一金融标的的不同期权对应着不同的隐含波动率，因此，需要将各个期权对应的隐含波动率平均成一个数字。在《麦克米伦谈期权》一书中，作者建议将期权按交易量以及其执行价格离平值期权执行价格间的距离对隐含波动率进行加权，期权交易量越大，加权比例越高，平值的或者越接近平值的期权加权的比例越高。为了让隐含波动率表现平稳，作者偏向于使用隐含波动率的移动平均率。据作者测试，10天或者20天的平均移动率效果最好。

一般来说，昂贵的期权可能预示着该期权对应的金融标的将出现上涨，事实上，在兼并或其他重要公司新闻发布之前，可以发现期权的交易量和隐含波动率同步增长，即便交易量没有出现明显增长，但隐含波动率增加了，也是股票可能上涨的重要信号。因此，“定价过高的期权才值得买”这一说法，虽然不符合逻辑规律，有时却是很有效的一种操作策略。当然盲目买入定价过高的期权，也会让交易失败。

（三）隐含波动率

分析隐含波动率变化不仅可以预测金融标的资产价格将出现异动，还能预测股票、股指的走向。

一般情况下，股市熊市时伴随着增长的隐含波动率，而牛市时伴随着下降的隐含波动率，比较极端的例子是股市崩盘时，隐含波动率创出历史新高。

造成波动率变化的其中一个因素是，股票有一个特点，就是“跌得快、涨得慢”，因为比起价格高的股票来说，价格低的股票更容易有百分比更大的变动。举例来说，一个5元的股票1天变动0.5元的情况并不少见，这种变动不需要太大的买进或卖出压力，这10%的变动对于一个100元的股票（10元）来说就比较困难，需要大量的资金才能推动这样一个涨跌幅。因此，可以预期股票在下跌时波动率上升，而在股票上涨时波动率会下跌。由于股指是由股票合成的，因此，股指和股票呈现出相同的特征。

股票价格下跌，隐含波动率就上升，因此如果能在股价将要见底时买入这只股票，或许可以发现，该股票期权正处在价格的最高点，虽然股票可能不会马上见底回升，但它至少会出现止跌企稳的迹象，如果这个时候采用买入该股票并卖出该股票的看涨期权这一策略将有很好的收益。

应用反向理论也可以解释隐含波动率的变化。如果股票已经下跌了一段时间，最后，看跌期权的买家失去了理智，开始愿意为这些看跌期权付出高的不太合理的价格，这将使这些期权的隐含波动率快速上升。反向理论告诉我们，市场大多数人的意见通常是错的，现在每个人都想拥有看跌期权，这是这个股票即将见底的一个信号，即使股票不会立即反转，至少股票的反转行情也是“指日可待”，这是买入该股票的大好时机，大多数看跌期权的买家会因此成为输家。

隐含波动率用作指数期权的预测指标时准确率更高，当市场暴跌，隐含波动率猛升时，市场是在朝底部接近；当隐含波动率见顶回落，常常对应的是股市达到底部；当隐含波动率变得太低时，市场可能即将出现大的行情。

VIX 指数的预测功能

2001 年美国发生“9 · 11”恐怖事件后，股市在 9 月 17 日重新开盘时一路下跌，9 月 21 日道 · 琼斯工业指数跌至8235.8点，S&P100 指数也跌至 491.7 点，VIX 则升到 48.27 的高点。9 月 24 日，股市即出现 368 点的大幅反弹，反弹幅度约 4%，之后美股多头走势一直持续到 2002 年第一季度。2002 年 3 月 19 日，美股上涨至 10635.3 高点，S&P100 指数也达 592.09 点，此时 VIX 处于 20.73 的低点；2002 年 7 月，美股在一连串会计报表丑闻影响下，下跌至 5 年来低点 7702 点，S&P100 跌至 396.75 点，VIX 高达 50.48；7 月 24 日，股市同样出现 489 点的大反弹。由此可见，作为预测美股趋势的指标，VIX 很有参考价值，可以从 VIX 指数看出 S&P 指数变盘征兆：VIX 到达相对高点时，表示投资者对短期未来充满恐惧，市场通常接近或已在底部；反之，则代表投资者对市场现状失去戒心，此时应注意市场随时有变盘的可能。

（四）看跌 - 看涨比率

我们将看跌 - 看涨比率定义为：某一天交易的看跌期权的数目除以同一天交易的看涨期权的数目。这是一个很有参考意义的反向指标。当有过多的人看多的时候，即市场出现过多的看涨期权成交，对持反向理论观念的人来说，大多数人所持的看法通常是错误的，这时便是卖空市场的好时机。类似的，如果过多的人看空而买进过多的看跌期权，此时出现做多市场的时机。看跌 - 看涨比率，作为看跌、看涨期权数目的比值，对投资者来说是一个很容易量化的指标，在实际操作上有很好的指导意义。

图 9－3 显示的是理想状态下，看跌－看涨比率与标的资产价格走势的关系。当看跌－看涨比率增长时，说明大量的看跌期权被买走，这是标的价格见底的一个信号，投资者可以考虑进行买入操作。当看跌－看涨比率下降时，说明大量的看涨期权被买走，这是市场见顶的信号，投资者可以趁机卖出操作。市场上扬时，看跌－看涨比率就下跌；当看多情绪变得极为强烈的时候，市场达到了顶部，看跌－看涨比率落到底部。在此之后，市场下跌，看跌－看涨比率上升，直到又开始新一轮的周转。理想状态下，市场走势正好为看跌－看涨比率的反向影像。

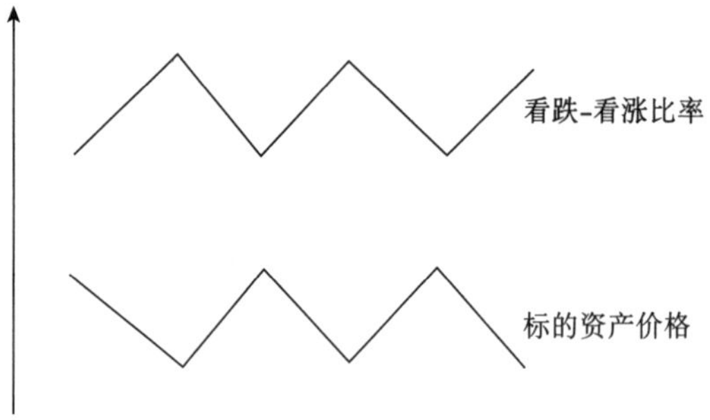

图 9－3　看跌－看涨比率

看跌－看涨比率作为反向指标，对于判断股票、股指以及其他金融标的走势都是相当有用的，但并非所有情况下都适用。例如，对于某些指数期权，大规模交易该指数期权的是套保或套利头寸，那么看跌－看涨比率作为反向指标的指示功能就减弱了。

这里介绍一种应用看跌－看涨比率的预测功能非常有效的情形。为了预测整个股市的走势，我们计算市场中所有正在交易的股票期权的看跌－看涨比率，当该比率给出信号的时候，投资者可以根据该信号来交易股指期权，例如标准普尔 500 指数（SPX）、标准普尔 100 指数（OEX）或者道・琼斯指数（DJX），这种策略将非常有效。

看跌－看涨比率的计算

一般来说，为计算看跌－看涨比率，可将期权按相似的范畴组合在一起。如，计算一个指数期权的看跌－看涨比率。为了减小每天数字中的起伏波动，人们一般跟踪的是看跌－看涨比率的某种移动平均率，这种典型的、只考虑成交量的比率称为“标准的”看跌－看涨比率。除此之外，还可以跟踪以期权价格加权的看跌－看涨比率，通常称为“加权的”看跌－看涨比率。这种加权比率相对标准比率，具有更好的预测指示功能。

七、期权套期保值和期货套期保值有何区别，它们各自有什么优势?

利用期货和期权进行套期保值是金融市场风险管理中最通常的两大做法。目前国内市场最常用的套期保值策略是利用期货避险，即按一定比例在期货市场进行与现货市场相反方向的操作以对冲风险。利用期货进行套期保值避险成本相对较低，但也存在着一定的不利因素。比如现货价格处于高位时，采购商买入相应期货进行套保反而将成本锁定在了高位，或者为了规避现货价格下跌风险卖出相应期货后，现货价格反而出现了上涨。期货套保策略为套保者有效规避了标的价格发生不利变化时的风险，但也同时让套保者失去了标的价格发生有利变动时所产生的收益。而期权与现货收益率呈非线性关系，投资者可以在对冲现货风险的同时保留现货价格发生有利变动时产生的利润。需要注意的是，天下没有免费的午餐，期权合约虽然可以为套保者保留标的价格有利变动时的好处，但不同于期货合约的是，期权合约不是免费的。

在利用期货给标的资产做套保的时候，如果套保者担心标的资产价格上升，可以选择买入相应的期货进行套保；反之，如果担心标的资产价格下跌，则卖出相应的期货进行套保。期权合约的要素较为丰富，使利用期权合约进行套保的方式也变得更为灵活，譬如投资者可以选择不同执行价格的期权合约进行不同程度的套期保值。与此同时，使用期权进行套期保值的方式非常多元，套保者既可以单独使用期权合约，也可以多个期权组合使用，甚至可以与期货合约共同使用。

利用期权合约进行套期保值相对期货合约来说有下列优势：

（一）资金占用成本更少

无论是期货的买方还是卖方，都需要缴纳一定比例的期货保证金（一般在15%左右），而期权合约的买方不需要缴纳任何保证金（只需支付期权的权利金），因此通过买入期权进行套期保值的方式极大地提高了套保者的资金使用效率。

（二）在规避套保标的市场风险的同时保留了获利的机会

期货套期保值的原理是利用期货与现货部位相反、价格变化相同，从而达到规避风险、锁定成本的目的。随着价格的变化，期货套保者一个部位盈利，另一个部位肯定亏损，这样在规避风险的同时，投资者也失去价格有利变化情况下获得收益的能力。通过买入期权也同样可以为现货或期货进行套期保值。当套保标的部位出现亏损时，期权部位的盈利正好可以弥补这一亏损，从而让套保者规避了价格波动引发的风险。

在这种情况下，利用期权与期货进行保值的效果基本相同，二者均可以规避价格不利变化时的风险。但在套保标的部位盈利的时候，虽然期权多头部位出现亏损，但不论套保标的价格变化有多大，期权的亏损仅限于套保者支付的权利金，但套保标的部位的盈利却可以随着价格的有利变化而不断扩大。因此，买入期权等于为套保者的生产经营上了“保险”，而不仅仅是锁定利润或锁定成本。

（三）期权的买方不存在追加保证金的风险

由于期权买方的风险有限，在支付权利金后，即便标的价格朝着不利方向运行也无须交纳保证金，也就不存在追加保证金的问题。但套保者在运用期货为现货保值过程中，如果期货部位亏损，将面临追加交易保证金的风险。如果套保者因为资金紧张或亏损过大而不能及时补足保证金，还会导致期货头寸被强行平仓的后果，从而使整个保值计划归于失败。通过买入期权进行套期保值，最大损失是有限而明确的，从而可以有效地避免这个问题。由此可见，期权套期保值更能满足套期套保者厌恶风险的需求。

（四）期权的保值效果更加确定

期货保值中，套保者规避了较大的价格波动风险，取而代之的是承担了较小的基差风险。基差的变化对于套期保值效果而言十分关键，基差风险的存在使得期货市场套保者进行套期保值的有效性具有了不确定性。运用期权套期保值则不存在这样的问题。首先，期权执行价格的设置固定了标的资产在到期日的交割价格；同时，期权的买方拥有权利而无须承担责任，风险是可以预见的，其最大损失无非就是购买期权所支付的权利金。投资者可以通过买入看涨期权确定未来最高的买价，也可以通过买入看跌期权确定未来最低的卖价。因此，对于厌恶风险的套保者来说，期权是一种更有效的风险管理工具。

（五）期权套期保值策略更具多样性和灵活性

在期货保值策略中，为避免价格上涨的风险，投资者只能选择买入相应的期货合约；为避免价格下跌的风险，投资者只能选择卖出相应的期货合约。有了期权，套保者可以有更多的选择，如买入看涨期权或卖出看跌期权可以规避价格上涨的风险，买入看跌期权或卖出看涨期权可以规避价格下跌的风险。再加上不同执行价格、不同到期月份的选择，可以为不同需求的套保者实现不同成本预算的保值效果。

【案例 9－8】

以标准普尔 500 指数（S&P500）为例，比较 S&P500 股指期货和 SPX（即标准普尔 500 股指期权）进行套期保值的效果。某投资者持有某一股票组合，该组合完全根据 S&P500 进行复制，因此收益率变化与股指保持同步，建立组合头寸时 S&P500 为 1500 点。投资者可以采用三种方式对其所持头寸进行套保：卖出 S&P500 股指期货、买入 SPX 看跌期权以及卖出 SPX 看涨期权。

（1）卖出期货的套保策略：在卖出期货那一刻起，股票组合便维持在那时刻股指期货的价格水平。假设 S&P500 股指期货的价格为 1600 点，投资者若此时卖出股指期货对所持股票组合进行保护，则接下来无论市场如何变化，投资者的股票组合价值始终维持在 1600 点（这里不考虑跟踪误差以及交易费用）。因此卖出期货的套保方式是相当稳定的，该投资者的收益被固定在 100 个点。

（2）买入看跌期权的套保策略：投资者可以根据自己所能承担风险的能力来选择执行价格，假设投资者希望股指在 1600 点下方得到保护，因此选择了执行价格为 1600 的 SPX 看跌期权。如果股指跌破 1600 点，由于买入看跌期权所获得收益正好对冲掉股票组合的损失，因此投资者的股票头寸受到了保护，无论股指怎么下跌，其损益是固定的（100 点 - 看跌期权的权利金）。而如果股指上涨，投资者可以放弃看跌期权，从而仍旧通过所持股票组合享受到股指上涨带来的收益。

（3）卖出看涨期权的套保策略：投资者同样可以根据自己的需求选择不同执行价格的期权进行套保，卖出看涨期权获得的权利金可以用来弥补股指可能下跌所带来的损失，从而实现套保的目标。假设投资者选择卖出执行价格为 1600 的 SPX 看涨期权。如果股指下跌的幅度不大，权利金收益可以完全或部分对冲股指下跌带来的损失，但在股指下跌幅度很大的情况下，这种套保方式所能对冲的风险有限。如果股指上涨至 1600 点之上，作为看涨期权的卖方，投资者股票组合获得的收益将完全用以支付做空看涨期权的损失，因此其损益也将是固定的（见图 9 - 4）。

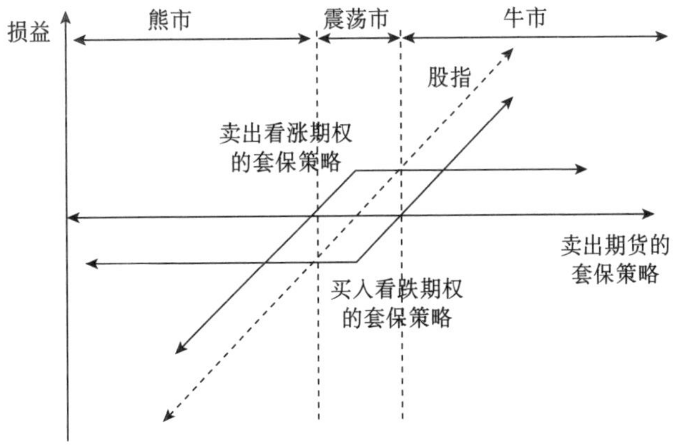

图 9 - 4　不同状态下市场各套保策略的收益情况

如果将股市简单地分为熊市、震荡市以及牛市三类，可以通过表 9 - 5 来对卖出 S&P500 股指期货、买入 SPX 看跌期权及卖出 SPX 看涨期权这三种不同套保策略的效果进行排名。

表 9－5　不同股市状态下各个套保策略的效果排名

套保策略	熊市	震荡市	牛市
卖出期货	1	2	4
买入看跌期权	2	4	2
卖出看涨期权	3	1	3
未套保	4	3	1

在熊市中，通过卖出股指期货进行套保的方式是最有效的，由于购买看跌期权需要支付一定的权利金，从而使其套保成本比直接在期货市场做空股指期货高，因此，熊市中卖出期货可以比买入看跌期权获得更好的套保效果。卖出看涨期权只是通过有限的权利金收入去弥补股指下跌的损失，当股指下跌幅度较大的时候，投资者仍会承受较大的损失。熊市中不进行任何套保操作将有可能让投资者蒙受巨大损失，股票组合的价值将随着股指的下跌而下跌。

在震荡市中，卖出看涨期权的套保方式是最有效的。震荡市中股指波动范围较窄，投资者股票组合头寸的损益变化较小，此时买入看跌期权是最不明智的选择。买入看跌期权的初衷是投资者希望提前支付一定的权利金以规避市场下跌带来的风险，如果市场表现稳定，投资者付出的权利金就打了水漂。这和我们平时乘坐飞机时购买意外险一样，如果飞机安全抵达目的地，你购买意外险所花费的钱就白白地让保险公司赚去了。这里有个很有意思的联想，意外险被白白浪费是大概率事件，那你是否还愿意在乘坐飞机前浪费这笔钱呢?

在牛市中，不进行任何套保对投资者来说是最有利的，即便买入看跌期权保留了投资者享受股指上涨带来收益的权利，但权利金的支付降低了投资者的盈利水平。牛市中效果最差的套保方式是卖出股指期货，随着股指的上涨，投资者所持股票组合的盈利正好用以弥补股指期货空头的损失，因此投资者并不能享受到牛市的成果。

读者可能发现了一个现象，就是不论市场处于何种状态，买入看跌期权永远都不是最佳的套保策略。既然如此，为什么还有人愿意通过买入看跌期权的方式对其所持头寸进行套保呢?原因很简单，没有一个人能肯定市场是下跌、保持稳定，还是上涨，在这种不确定性下，每个人都希望自己的投资在市场下跌时受到保护，又希望在市场上涨时也能分享收益，这时候买入看跌期权的套保策略是非常有吸引力的。特别是在投资者判断市场波动率较大的情况下，买入看跌期权是非常好的一种套保方式。此外买入看跌期权的具体效果还跟执行价格的选择有关，投资者想获得越大的保护，就须承担越大的权利金支出。

案例 9－8 中，我们以 S&P500 为例对期货、期权套保的效果进行了比较，但需要强调的是，这只是用单一的期权对所持股票组合进行了套保，事实上，期权的套期保值非常灵活，可以根据投资者设置的目标选择多样化的套保方式，例如本章第 3 问中介绍的，投资者还可以选择零成本的期权组合对所持现货头寸进行套保。

八、如何使用期权合约进行套期保值?

期权有看涨、看跌之分，同时还有不同的到期日及不同的执行价格可供选择，这使期权套保方式相比较期货套保更为灵活、更具多样性，但也给投资者在应用期权合约进行套期保值操作时带来了难度。不过，我们可以简单地将期权套期保值分为三大类。

（一）买期保值

在期权套保时，投资者所持有的期权对应的是套保标的的多头部位，这种套保方式称为买期保值，所以买入看涨期权或卖出看跌期权进行套保的方式均为买期保值。例如，某投资者在未来某一时间需要买入某一资产，或在未来某一时间需要用某种货币支付一定的金额，资产价格上涨或货币的升值会增加投资者的成本，此时投资者可以买入看涨期权或卖出看跌期权来进行买期保值。若套保资产价格上涨，该投资者可以借助看涨期权合约锁定最高买价，最高买价等于买入看涨期权的执行价格加上买入看涨期权所支付的权利金。利用看涨期权进行买期保值的优点是既可以保留套保资产价格下跌时的好处，也可以在套保资产价格上涨时锁定最高买价。

（二）卖期保值

在期权套保时，投资者所持有的期权对应的是套保标的的空头部位，则此套保方式称为卖期保值，所以买入看跌期权或卖出看涨期权进行套保的方式均为卖期保值。例如，某投资者目前拥有某种资产或预计未来某一时间将出售某种资产，或将收到某种货币形式的资金，担心目标资产价格下跌或货币贬值带来损失，则可以买入看跌期权或卖出看涨期权来进行卖期保值。该投资者可以通过买入看跌期权锁定最低卖价，最低卖价等于买入看跌期权的执行价格减去买入看跌期权所支付的权利金。利用看跌期权进行卖期保值的优点是既可以保留套保资产价格上涨的好处，也可以在套保资产价格下跌时锁定最低卖价。

（三）复合保值

投资者在买入看涨期权进行买值套保时配合卖出一定数量的看跌期权，在买入看跌期权进行卖期保值时配合卖出一定数量的看涨期权，这是降低套保成本最常用的方法，我们将这类套保方式归入复合保值。除此之外，投资者还可以用期权对已有期货套保的头寸进行第二重套保，这些通过期权组合或者期货和期权的组合进行套保的方式，称为复合保值。复合保值可以有效降低单纯买期保值或卖期保值的套保成本（例如构造零成本的期权组合进行套期保值），也可以通过多元的组合方式满足投资者不同的套保需求。

在制定具体套保策略时，投资者可以从套期保值方向、头寸比例、对冲策略制定及期权溢价率等方面确定最终的期权避险策略。

首先，套期保值方向的选择。为了对冲现货市场风险，公司需按一定比例在期权市场进行相反方向的投资，这与期货套保的思路一样。例如作为欧元的需求方，为了规避欧元兑美元汇率上涨的风险，投资者可以买入欧元/美元汇率看涨期权或卖出欧元/美元汇率看跌期权；作为债权的持有者，为了规避利率下调的风险，可以买入利率看跌期权或卖出利率看涨期权；股票持有者为了避免股价下跌的风险，可以买入股票看跌期权或卖出股票看涨期权等。方向选择的原则是，担心套保标的价格上涨的投资者选择买期保值，担心套保标的价格下跌的投资者则应选择卖期保值。

其次，套期保值策略的制定。从理论上，只有买入期权才能享受权利而不用承担责任，因此，这是最佳的期权投资策略，但是某些时候，期权的价格可能非常昂贵。例如，股市近期呈现较明显的弱势下跌趋势，某股票目前价格为 100 美元，某机构投资者重仓了该股票，此时执行价为 90 美元的该股票看跌期权的权利金是 3 美元/股，对于重仓该股的机构来说这是一笔不小的开销。那么一个可行的选择是在买入看涨期权的同时卖出一个执行价高于现价（例如执行价为现价 1.2 倍即 120 美元）的看涨期权，从而获得一笔期权权利金以降低套保的成本，这样当股价在看涨期权执行价格 120 美元以下区间运行时公司仍能获利，而卖出看涨期权所获得的权利金收入可以弥补买入看跌期权的费用。但当股价上涨超过 120 美元时，投资者可能会蒙受一定的损失，这同看涨期权卖出的份数有关，因此策略的制定非常关键。

再次，套期保值头寸比例的确定。一般而言，以套期保值为目的的企业在期权市场所持有的对应头寸与现货市场相匹配，否则可能导致过度避险或者不完全避险等问题。通常情况下，期权头寸是通过所使用的期权的 delta 来确定的。在下一问中我们将详细介绍如何确定套期保值头寸的比例。

最后，期权溢价率的分析（场外期权交易时非常关键）。在买入期权进行套期保值的时候，期权价格是否合理也是期权套期保值效果好坏的重要影响因素，这就需要套保者对期权的溢价率进行分析。期权的溢价率是怎么产生的呢？以投资者从外资投行买入期权为例，假设投资者买入期权的价格为 1.3，其期权的理论价值可能仅为 1，考虑必要的对冲成本（如 0.1），剩下的 0.2 即为外资投行的利润。也就是说外资投行买卖期权的主要利润来源为期权溢价率，而不是通过与投资者对赌标的物走势获利。

所以套保者在买卖期权合约的时候，尤其是进行场外期权交易时，需要通过分析期权的隐含波动率判断自己所签订期权合同价格是否公平合理。

【案例 9－9】

塑料企业 E 签订的外贸进口合同用于支付的货币为欧元（合同期一般为 3 个月），而企业自身的外汇储备主要为美元定活期存款，2012 年下半年欧元兑美元指数一直处于上升趋势，欧元相对美元汇率的变化使企业承担了巨大的汇率风险。企业 E 与欧洲某企业在 2012 年 8 月 1 日签订进口 100 万欧元废旧塑料的合约，企业从签订合同至支付款项的周期约为 3 个月，当天欧元兑美元汇率收盘价为 1.2238，而 4 个月后即 2012 年 12 月 1 日，企业 E 预测欧元兑美元汇率有可能上涨至 1.3244，汇率的变化导致企业 E 需要在合同签订的 4 个月后多支付100 600 美元［＝（1.3244－1.2238）×1 000 000］。因此，企业 E 决定对此进行套期保值，以避免汇率变动蒙受损失。

企业 E 可以通过欧元期货合约或者欧元/美元外汇期权合约来对 100 万欧元进行套保，企业担心欧元兑美元汇率上升，所以可以买入欧元期货或买入欧元/美元看涨期权。不过如果欧元兑美元汇率出现回调，这对企业 E 来说是一个不错的节约成本的机会，因此，企业 E 决定购买欧元/美元看涨期权来进行风险对冲。

企业 E 经过分析测算，决定对欧元兑美元汇率在 1.2250 上方的风险进行对冲，用等市值套保比率的方式，企业购买了 100 万欧元的 2012 年 12 月到期的执行价格为 1.2250 的欧元/美元看涨期权，看涨期权的权利金为 0.015 欧元/美元，因此，企业 E 需要付出 15 000 欧元（＝1 000 000×0.015），一旦 4 个月后欧元兑美元汇率涨至 1.2250 之上，企业可以通过执行该期权将成本固定在 1.2250 这一汇率上，从而实现风险控制的目标。

事实上 4 个月后，欧元兑美元汇率从 1.2238 上涨至 1.3062。如果 E 企业没有进行套保操作，由于汇率的上涨，企业需要比签订合同时多支付 82 400 美元［＝（1.3062－1.2238）×1 000 000］，此外贸合同总计成本为 1 306 200 美元。不过，由于企业购买了欧元/美元看涨期权，无论汇率上涨多少，企业都有权利以 1.2250 的汇率购买欧元，因此对企业来说，总计成本 1 240 000 美元（＝1.2250×1 000 000＋15 000），这为企业节约了 66 200 美元的成本。如果 12 月份欧元兑美元汇率反而出现了下调，那么企业可以选择放弃期权，当然企业损失了权利金，但企业可以享受到汇率下降所带来的成本的减少。

九、在运用期权进行套期保值操作时，如何确定套期保值的比例?

期权套期保值比例的确定可简单地分为等量对冲、静态中性对冲和动态中性对冲三类方法。delta 值反映持有期权相对于标的资产价格变化的敏感性，也就是说，要达到套期保值的目的，套保后的投资组合在市场价格波动时其总体价值保持不变，投资组合的 delta 值必须为 0。

（一）等量对冲

等量对冲也称等市值对冲或市值对冲，是指期权市值与现货市值按照 1:1 的比例进行对冲的方式。这种策略完成建仓后，通常只在需要展期时才进行换仓，且通常选择同一执行价的期权。套期保值期间的期现比例始终保持 1:1 的关系。因为期权的 delta 小于 1，所以等量对冲策略并不完全对冲掉现货的市场风险。

等量对冲策略的特点是简单直观。目前在以美国为代表的成熟金融市场十分常见，有备兑看涨期权组合（Covered Call）和保护看跌期权组合（Protective Put）。

【案例 9－10】

某日建仓时，股指现货价格为 2000 点，投资者拥有现货头寸的市值为 1 000 万美元，此时投资者买入执行价格为 2100 点两个月后到期的股指看跌期权为现货头寸进行风险对冲，买入期权的份数可以通过等量对冲的方式计算而得，股指期权的乘数为 100/点，在不考虑现货头寸 delta 值的情况下，买入看跌期权的份额≈47 [= 10 000 000 ÷ （2 100 × 100）]，即投资者需要买入 47 份看跌期权才能实现现货头寸的等量对冲。

（二）静态中性对冲

期权价格与标的资产价格的收益曲线为非线性，这导致一旦标的资产价格变化，整个套期保值对冲组合便不再保持市场中性，因此，等量对冲仅仅能够对冲部分标的资产价格风险。如果要对冲所有标的资产价格风险，使策略组合的收益不受标的资产价格影响，则必须达到 delta 中性。期权市值与现货市值比例应为 1: delta。

在实际操作中，为了保持组合的 delta 中性，除了调整期权持有量外，还可以通过调整现货或期货头寸来实现。当 delta 绝对值增大导致套保期现比例降低时，调整方式有三种：一是减少期权持有量；二是增加现货持有量；三是买入一定量的标的期货。其中，由于期货便于操作且成本较低，在实际应用中受到许多投资者的青睐。

静态 delta 中性对冲与等量对冲相比，操作略为复杂，但能够更好地覆盖套期保值期间的现货市场风险。

【案例 9－11】

承案例 9－10，如果执行价格为 2100 点，到期期限为两个月的看跌期权的 Delta 为－0.75，那么开始建仓的时候，期现市值的比例应设置为 4:3，因此投资者需要买入看跌期权的份额≈63 [= 10 000 000 × （4 ÷ 3） ÷ （2 100 × 100）]，这高于等量对冲方式下所需的看跌期权份额。

1个月后投资者需要对期权合约进行展期操作，此时股指现货价格上涨至2200点，而看跌期权的delta变为－0.8，那么投资者需要对之前所建立的期权头寸做部分平仓了结，以满足5:4的期现比例要求。

（三）动态中性对冲

期权价格与标的资产价格收益曲线的非线性，导致了期权delta是不断变动的。静态delta中性对冲策略除了在建仓和换仓的时点外，同样不能真正实现在套期保值期间的期现组合delta中性。

为了使期现组合delta更趋于中性，在静态delta中性对冲的基础上，根据建仓后期权delta变化不断调整期现比例，这就是动态delta中性对冲策略。从换仓的形式来看，静态delta中性对冲策略是定期换仓，动态delta中性对冲策略则是定量换仓。

期权delta是时时变动的，在实际中不可能真正实现任何时刻的delta中性。在实际操作中，通常的做法是设定某一触发期现比例调整的阈值。除了通过调整期权持有量实现期现组合delta中性外，也可以通过调整现货或期货头寸来实现delta中性。

【案例9－12】

继前文例子，在投资者建仓后的1个月内（定期调仓前），若某日股指现货价格上涨1%至2020点，此时期权的delta变为－0.5，此时投资者需要将期现市值的比例从4:3调整到2:1，并继续监控现货走势。

动态中性对冲策略

动态中性对冲策略的本质是delta－gamma套期策略，即构造一个delta和gamma都为中性的投资组合。若套保者希望在此基础上进一步规避由波动率的变化对套期保值结果产生的风险，可以在delta－gamma中性组合基础上，构造一个中性组合，令vega＝0。

国外的套期保值运用中，风险管理人员并不会不断调整期权组合中的期权头寸以达到delta、gamma及vega中性，这样会使套保的成本大幅上升，但gamma值和vega值仍将受到严格的监控，一旦它们出现较大的正、负偏值时，风险控制人员将会采取校对措施，构造新的组合来减少gamma、vega的偏值幅度。

【案例9－13】

某基金经理拥有市值为2 500万美元的股票组合，目前股指为2500点，基金经理预计在某重要经济会议闭幕后的1个月内股市有大概率的下跌可能，基金经理决定通过期权市场为所持股票组合进行套保操作。由于股票组合包含的股票种类较多，基金经理决定用股指期权来保护自己的股票头寸。通过计算得到，该股票组合与股指之间的 beta 系数为 1.1；此外，股指期权的乘数为 100 美元/点。

制作套保方案的第一步是确定套保的方向，由于基金经理担心股指下跌导致所持股票组合的市值下降，因此他决定买入看跌期权来保护股票组合头寸。

需要买入多少份看跌期权？这就涉及套保比例的计算。

（1）买入虚值看跌期权：如果基金经理希望通过期权市场使其所持有的现货头寸获得类似意外险的保险效果，那么他可以通过买入足够的虚值看跌期权来实现自己的目标，在看跌期权的执行价格之下，他的现货头寸将 100% 受到保护。基金经理能容忍的股指最大跌幅为 50 点，于是他选择买入执行价格为 2450 点 1 个月后到期的股指看跌期权为股票头寸套保，通过等市值的对冲方式，他需要买入看跌期权的数量≈112 手［=25 000 000×1.1÷(2 450×100)］，即买入 112 手股指看跌期权后，股指在 2450 点下方，基金经理的股票组合将受到完全的保护。

（2）买入平值看跌期权：如果基金经理想为所持组合的当前价值套保，不想股票组合再有任何下行方向的亏损，那么，基金经理一般会买进平值或实值的看跌期权，而且需要使用看跌期权的 delta 构建一个完整的套保方案。执行价格为 2500 点 1 个月后到期的股指看跌期权的 delta 为 -0.45，他需要购入的看跌期权的数量≈244 手［=25 000 000×1.1÷(2 500×100)÷0.45］。

相比较情况（1），基金经理需要购买更多更贵的期权合约（平值期权比虚值期权贵），从而需要支付更多套保成本，但是这种新的方案使他所持的股票组合立即得到了保护。如果套保方案实施后，股指出现下跌，那么基金经理所购买的看跌期权将对其整个股票组合的亏损进行对冲。当然，如果股指上涨，基金经理将损失套保所花费的成本。此时，如果基金经理愿意放弃部分股指可能上涨的获益，他可以通过卖出一定数量的看涨期权来降低之前构造的套保方案的成本（可参考问题 3 中的案例）。

第十章　期权风险类型及风险管理

本章要点

> 虽然期权是金融市场中最重要的风险管理工具之一，但同期货交易一样，在期权交易过程中投资者面临各种类型的风险，作为期权投资者来说，了解这些期权风险的种类非常关键。本章将以期权投资者和经纪商为主体分别介绍他们可能面临的各种风险，并同时给出风险管理的建议。

一、期权投资者面临的风险有哪些，如何管控这些风险？

期权投资者主要面临代理风险、操作性风险、合约违约风险、预期投资收益的不确定性风险、流动性风险、场外期权合约的特殊条款风险等。

二、期权的代理风险及管控方式是什么？

金融期权的代理风险主要是指投资者在参与金融期权时选择了不适当的期权中介机构，从而给自己带来损失的风险。代理风险主要表现为：投资者所选择的公司不具有合法的代理期权交易的资格，如地下投资公司等非法从事期权交易的组织或个人。

此外，极少数期权中介公司在从事代理业务时，利用投资者期权风险意识不强的弱点，采取过度投机、信息误导等欺骗手段，给投资者带来损失和风险，从而侵犯客户的利益。因此，选择好的期权经纪公司，是规避期权代理风险的有效防控手段。

三、期权的操作性风险及管控方式是什么?

投资者在进行期权交易时，由于人为操作错误或计算机系统故障而引发的风险称为操作风险。由于期权合约不仅有看涨、看跌之分，而且合约要素较为丰富，因此出现操作风险的可能性相对期货交易更大。

投资者减少操作风险的方法除了要熟练掌握交易软件的操作方法，更要在市场行情剧烈波动时或周围有干扰时要保持高度集中的注意力。首先，注意防止出现下单方向的错误，也就是买卖方向的错误；其次，注意防止出现下错期权合约的类型，即在看涨、看跌期权中选择错误；再次，注意防止下单中选择错误的要素，确认所选择期权的执行价格及到期期限是否正确；最后要注意开平仓方向的错误。一旦出现错误，应及时处理，避免损失进一步扩大。

四、期权合约的违约风险及管控方式是什么?

期权合约的违约风险来源于期权卖方可能无法履约的情况。当期权买方获得行权条件要求行权时，如果期权卖方不具备履约的条件（比如卖方无法提供所要求的标的资产或者现金），则将发生违约。通常，场内交易所交易的期权由于对卖方保证金的要求非常严格，因此，在成熟的场内市场很少出现这类违约。但是在场外市场交易中，如果期权卖方提供的抵押物或者押金不够，则有时会产生违约风险。对这类风险的管控方式主要在于保证金或者抵押物（抵押金）等的收取，或者对某些“裸期权”交易的限制。

五、预期投资收益的不确定性风险及管控方式是什么?

期权的投资策略设计与投资者本身的经济状况、投资目的等均有关系。作为一个成熟的投资者，需要注意的是，任何一种期权投资策略的收益都将面临一定的不确定性。作为期权买方，在支付权利金后，可以享受执行权利，而无须履行义务，但是权利金的支出能否获得预期的收益或者起到所需的套保功能是需要精密测算的。深度虚值期权由于可执行的概率极低，即使非常便宜，买入后的预期投资收益也可能很低。卖出期权面临的最大可能亏损额理论上甚至会是无穷大，这也是投资者必须面对的风险。

最有效的管控投资收益不确定性风险的方式是严格遵守止损和止盈纪律。在资本市场中，不确定性是永恒存在的，正因为有不确定性的存在才体现出投资选择的价值。无论多么优秀的市场投资者、多么完美的投资策略，都会面临一定程度的投资结果不确定性。期权较高的杠杆性决定了期权价格波动往往很大、投资结果不确定性程度较高，因此严格遵守止损和止盈纪律是保证投资者能够长期生存于资本市场的重要法则。

六、流动性风险及管控方式是什么?

期权交易涉及的流动性风险主要有两种类型：一种是与特定的产品或市场有关，可称为市场流动性风险；另一种与交易者的资金充分与否有关，可称为资金流动性风险。

市场流动性风险主要是指由于缺乏合约交易对手而无法以合理价格建立或了结头寸的风险。造成这一风险的原因有两点：一是由于市场深度、广度不够造成委托指令无法成交。如果仅是无法开仓还好，但如果是平仓委托，一旦遇到市场剧烈波动，难以寻找到交易对手，发生损失，也不能及时止损，只能眼睁睁地看着损失不断扩大，市场流动性风险极大。又比如，对于持有买权的投资者，当市场可能下跌，投资者不想持有至到期日而使期权作废损失全部权利金，希望尽快平仓了结，但由于市场缺乏交易对手，投资者只能以很低的价格卖出所持买权，极端情况下无法在到期日前卖出，就只能使期权至到期日作废，损失全部权利金。

还有一种情况是在“快市”的时候，因为市场价格急剧变化，使期权持有者无法在一定价位上对特定头寸予以轧平或对冲而产生流动性风险。相对来说，场内的标准化合约由于市场规模大，交易者可随时根据市场环境的变化决定头寸抛补，流动性风险较小。

影响市场流动性风险的因素主要包括以下几点：(1) 未平仓合约的数量。一般来说，未平仓合约越多，市场流动性风险越大。(2) 合约的种类。场外交易的期权比场内交易标准化期权的市场流动性风险要大；近月合约比远月合约交易活跃、交易量大，所面临的流动性风险也相对较小；平值期权比深度实值或深度虚值期权的交易量流动性风险要小。

管理市场流动性风险，在讨论设立交易限额时应当尽量了解交易品种的性质、市场的广度和深度以及未平仓的合约数，要控制参与流动性较低的期权合约的交易量，且应使用能够长期占用的资金来进行这类交易。在进行场外交易时还要尽量避免与不能提供相应流动性的对手交易，并设立投资于场外衍生品交易的投资限额。交易品种不能过于集中，应分散交易，充分研究不同品种、不同市场间的相互联系；当市场发生异常变动时要及时反映。

资金流动性风险是指交易方因为流动资金的不足，造成合约到期时无法履行支付义务，或者在结算日或需要时无法按合约要求追加保证金，从而被迫平仓，造成亏损的风险。对于资金管理的失控是造成这种流动性风险的主要原因。资金流动性风险往往给投资者带来巨大的损失。当投资者遇到资金流动性紧张时，或者大量抛售手中的衍生品合约，以图短时间内套现；或者为了筹措保证金，不惜高息借贷，这两种方法都会带来资金的损失。

管理资金流动性风险，要通过建立一套详尽的资金调动政策和措施，定期检查和预测资金需求情况，建立资金调动限额，制定突发事件的应对策略等措施实现资金的合理安排。应适当安排对现金流的需求，进行多元化投资，随时留有应对可能亏损的资金。

对于期权来说有一点不同的是，由于期权的买方已经全额支付了全部的权利金，因此，期权的买方面临的流动性风险主要就是市场流动性风险；而对于期权的卖方而言，由于卖方支付保证金进行杠杆交易，因此，不仅面临市场流动性风险，还面临资金流动性风险。

七、场外期权合约的特征条款和奇异特性带来的风险及相应的管控方式是什么?

场外市场期权交易近年发展十分迅速，许多带有特殊条款和奇异特性的期权都在场外市场进行交易。由于这类期权不在交易所内交易，很多条款不是标准化的，投资者如果对合约不够了解，很容易遭遇难以预料的风险，甚至面临巨大的损失。对这类风险的管控需要依靠金融市场专业人士的把关，尤其对合约中的特征条款和奇异特性必须考虑各种极端情况，务必做出风险提示。

【案例 10－1】

香港市场的累计期权（Accumulator）合约产品

2008 年，香港曾经流行一种累计股票期权合约产品，该产品通常由投资银行向客户发行。所谓累计期权，是指这样一种期权产品：该期权合约通常为一年，合约设有行权价（即执行价）和取消价。通常，该期权产品出售时标的资产的市场价格略高于行权价，换句话说，该产品出售之时投资者便已有盈利（因为投资者可以马上以低于市场价的行权价买入标的资产）。按照合约规定，如果挂钩的标的资产市场价格涨过取消价，则该合约终止，即投资者不能继续以行权价买入标的资产；而如果标的资产的市场价格跌破行权价，则投资者按照规定必须以双倍甚至4倍的行权价买入标的资产。该产品初看起来可以在购买时即刻盈利（因为投资者可以马上以低于市场价的行权价买入标的资产），但是一旦市场暴跌，投资者将被迫投入越来越多的资金，以高于市场价的行权价买入标的资产而带来越来越快的巨额亏损。反之，如果市场暴涨，出售方的损失也是可控的，因为如果标的资产价格涨过取消价，则合约自动终止。2008年，香港资本市场遭遇股灾，投资者在累计股票期权上遭遇的亏损高达约6 000亿港元，其中不乏许多著名的富豪。许多富豪投入资金量大，在购买该产品之初即能获得很高的账面盈利，但一年之内股市变化如此之快，继而被迫不断追加资金以高于市场价的行权价购买股票，甚至倾家荡产。香港上市公司中信泰富则是另一个在累计期权上遭遇滑铁卢的例子。为了规避澳元相对美元可能不断升值而给公司运营带来的负面影响，中信泰富购买了累计外汇期权（澳元兑美元）。在购买该合约后，看起来似乎澳元升值对中信泰富的运营不会带来任何困扰，但可怕的是，中信泰富未能充分评估澳元暴跌可能带来的风险。结果在该期权合约履行后不久，由于受国际金融危机的影响，澳元暴跌了30%，截至2008年10月31日，中信泰富由于这笔累计外汇期权交易亏损147亿港币。

从以上案例可以看到，累计期权实际上是一种奇异期权，对于这类在场外交易的奇异期权，投资者平时较少接触，对其风险评估和特征的理解往往不够到位。因此，通过了解这些历史案例，投资者应特别注意场外期权合约的特征条款和奇异特性带来的风险，并采取相应的管控措施，对于理解不够到位的条款还应请专业人士把关。

八、在期权市场中同样存在着信用风险、流动性风险、法律风险、市场风险等种种风险，期权经纪商面临的具体风险是怎样的，需要采取何种方式来管理和控制风险？

对经纪商面临的风险进行分类，可以分为：信用风险、流动性风险、法律风险、操作风险、市场风险和系统风险。这些风险不论其成因如何，结果都会引起经纪商可能的资金损失。经纪商进行风险管理的目的就是尽可能避免这些风险的发生或是在风险发生时尽可能减少损失的金额。

信用风险是由于客户个人信用原因对经纪商造成的损失。造成信用风险的主要原因有：客户隐瞒自己的真实身份信息，用虚假信息开户或交易；客户虚构自己的财务状况，当价格发生不利变动时不能及时追加保证金，或是在卖出期权后不能履行相应的交割义务。信用风险会涉及客户的欺骗或违约行为。对于经纪商而言，最重要的一点就是去伪存真，识别虚假信息，保证自身权益。首先，在开户环节一定要做好征信工作，通过系统验证客户身份的真实性，同时在接受客户电话委托下单时也需要对客户的身份信息进行确认，做好电话录音，并验证委托密码。其次，要充分足额收取客户保证金，一旦发生保证金不足的情况应及时追缴，将损失控制在可控制的范围。最后，当客户违约事件发生后，要及时上报主管机关，并知会同行，防止其他公司再次发生损失。建立相应的诚信档案机制十分重要。

经纪商的流动性风险主要来自投资者因为市场流动性或者资金流动性的原因给经纪商带来的损失。为了防范流动性风险，经纪商首先应对投资者收取足额的保证金；其次是要利用自己的研发团队分析当前市场的广度与深度，引导投资者投资于市场流动性好的合约，不要因为贪图便宜投资流动性不足的深度虚值的期权合约；再次是要做好投资者教育，向投资者讲清分散化投资与资金管理的重要性，帮助客户降低流动性风险的过程也就是经纪商保护自我的过程；最后是为了应对极端行情的发生要做好风险预案，一旦风险发生，当客户符合强平条件，就应抓准时机当机立断，如果期权市场无法成交，应指导客户在相关联的期货或其他市场进行对冲交易，降低损失。

经纪商与客户签订经纪合同，接受客户的委托，为客户提供通道服务。造成经纪商法律风险的原因主要有两点：一是合同本身存在缺陷，不够完备周密；二是客户的身份不具有进行期权交易的合法性。针对这些原因，经纪商可以采取的应对措施有：(1) 制定严密、合规的经纪合同。要聘请法律专业人士对合同条款认真审核，确保合同条款包含监管部门要求的所有规定，且对特殊情况下的免责条款作充分说明。在开户时要向客户充分解释合同条款，尽量减少模棱两可的语言描述。(2) 要充分审核开户客户的身份信息，确保是本人开户，且符合《期货管理条例》与相关法律法规对从事期权交易的客户的要求，确保客户不是市场禁入者，在接受客户电话委托下单时一定要核对客户的身份信息与预留委托密码，以保证是本人下单。(3) 做好员工的培训工作，要求每一个员工学习、掌握与期权相关的法律法规，并时刻保持预防法律风险的警惕性。

经纪商的操作风险是指经纪商的内部人员在交易过程中，由于制度不健全、管理系统及控制系统失效、欺诈等人为因素造成的可能的损失。操作风险的产生可能是由于内部员工的疏忽大意或操作的不规范，也可能是由于内部人员的恶意欺骗，或者是由于内部操作流程的不完备造成员工即使合规操作仍然可能对公司造成损失。例如在客户环节，开户专员未对客户充分提示期权的交易风险，也许只是少说一句话，却埋下了客户日后可能与公司发生纠纷的隐患。又比如对于复杂的期权投资组合，保证金收取方式也更为复杂多变，如果风控、结算人员不能制定适当的保证金收取方式，保证金设置过高，影响客户的资金使用效率，容易导致客户流失，保证金设置过低，则公司将暴露在较大的风险下。如果结算人员不能合理测算客户的可取资金，也会加大公司的风险暴露。应对操作风险，最根本的是要制定出规范合理的操作流程，同时提高内部操作人员的业务水平，涉及客户权益变动的操作做到一人操作，一人复核。

经纪商的市场风险是指当市场行情波动剧烈的时候给经纪商带来的风险。面对剧烈波动的风险，总有一部分客户会面临较大的损失，这时，经纪商要适当提高保证金比例，该强平时应当机立断，不能犹豫。

系统风险是影响所有资产的、不能通过资产组合消除的风险，这部分风险由影响整个市场的风险因素引起。这些因素包括宏观经济形势的变动、国家经济政策的变动、税制改革等。如金融危机就是很典型的系统风险。这种系统风险的诱因发生在企业外部，公司本身无法控制它，而其带来的影响一般比较大。对于期权经纪商来说，还有一种系统性风险是由技术系统或结算系统崩溃造成的。因此防范系统性风险，经纪商应做到以下几点：（1）增强与资金量大的客户的联系，及时向客户提供研发报告，帮助客户在风险到来之前提前反应；（2）确定客户承担风险的能力；（3）做好技术系统、结算系统的灾备系统，当一套系统崩溃时可以迅速切换到备用系统，减少损失。

综合考虑以上各种风险，经纪商应该建立自己的风控制度，成立专门的风控部门与风险决策委员会。在风控制度中应就风险的界定与衡量及风险值的计算给出明确定义。对客户资金的使用、开仓额度的使用以及各种风险指标严密监控。针对公司的经营状况定期或不定期地发布风险报告，就重大事项进行揭露。当风险事件发生时，及时反应。

具体到操作流程可以分为事前管控、实时监控和事后管控三个阶段。事前管控主要是对客户开户的控制，包括对客户身份信息与投资资质的确认；实时监控包括对风险度、客户仓位、期权组合保证金的收取等方面的监控；事后管控包括对保证金不足的客户发送追保通知以及对穿仓或违约客户资金的追缴。

参 考 文 献

1. 罗恩·艾历里，颜诗敏译：《智取期权：风险管理及获利进阶指南》，中国人民大学出版社 2012 年版。

2. 劳伦斯 G. 麦克米伦，郑学勤译：《期权投资策略》，机械工业出版社 2010 年版。

3. 劳伦斯 G. 麦克米伦，郑学勤、朱玉辰译：《麦克米伦谈期权》，机械工业出版社 2011 年版。

4. 罗伯特·汤普金斯，陈宋生等译：《解读期权》，经济管理出版社 2004 年版。

5. 劳伦斯 G. 麦克米伦，王建满译：《如何从期权投资中获利》，中国青年出版社 2007 年版。

6. Robert Tompkins, Options Explained 2nd Edition.

7. Michael S. Williams, Amy S. Hoffman, "Fundamentals of the Options Market".

8. John C. Hull, "Options, Futures, and Other Derivatives", Sixth Edition.

9. Lawrence G., "McMillan Options as a Strategic Investment", 4th Edition.

10. Black Fischer, Scholes Myron, "The Pricing of Options and Corporate Liabilities", *Journal of Political Economy*, 81 (3): 637 - 654.

11. Merton, Robert, "Theory of Rational Option Pricing", *Bell Journal of Economics and Management Science*, 4 (1): 141 - 183.

12. Palmer, Brian (July 14, 2010), "Why do We Call Financial Instruments 'Exotic'? Because some of them are from Japan".

13. John C. Cox, Stephen A. Ross, and Mark Rubinstein. 1979. "Option Pricing: A Simplified Approach." *Journal of Financial Economics* 7: 229 - 263.

14. Kamrad B., Ritchken p. Multinominal approximating model for options with k states variables J. Management Science, 1991, 37: 1460 - 1652.

15. Boyal pp. A lattice framework for option pricing with two state variables J. Journal of Financial and Quantitative Analysis, 1988, 23: 1 - 23.

16. Tian Y. A modified lattice approach to option pricing J. Journal of Future Markets, 1993, 13: 563 - 577.

后　记

新版《金融衍生品系列丛书》适合于对金融衍生品感兴趣的投资者阅读，同时也可作为期货业内及相关领域从业人员的专业参考书使用。

新版《金融衍生品系列丛书》是在第一版丛书的基础上修订而来的。本次修订承继了第一版丛书的特点与体例，仍采用问答形式，并通过“小贴士”“延伸阅读”等内容增加信息量，提高阅读的趣味性、可读性、通俗性。另外，在内容上将《股指期货》纳入丛书体系。本次修订在第一版的基础上增加了新的金融衍生品品种的介绍，选取了新的金融衍生品实操案例，也更新了各种数据，以便更加符合金融衍生品市场发展现状。

与证券、债券等金融工具相比，期货作为风险管理工具，专业性更强，杠杆率更高，风险更大，这在客观上要求投资者具备更专业的投资知识、经济实力以及风险承受能力。

“期市有风险，入市需谨慎！”

作为《金融衍生品系列丛书》之一，本书由中国期货业协会组织编写，中国期货业协会原副会长李强负责拟定大纲并修改定稿。参加本书的编纂人员有刘宏、杨园东，同时还要感谢本书第一版编写人员陶勤英、李卉、黄澍、王进对本书的贡献。

因编写水平有限，书中难免存在错误与不足，敬请业内人士与广大投资者批评指正。

《金融衍生品系列丛书》编委会

2020 年 3 月